Martin van Creveld
WIR WEICHEIER

Martin van Creveld

Wir
Weicheier

*Warum wir uns nicht mehr wehren können
und was dagegen zu tun ist*

ARES VERLAG

Umschlaggestaltung: DSR – Werbeagentur Rypka, A-8143 Dobl, www.rypka.at
Umschlagabb. Vorderseite: Mag. Wolfgang Dvorak-Stocker
Titel der englischen Originalausgabe: Martin van Creveld: Pussycats: *Why the Rest Keeps Beating the West and What Can Be Done About It*, CreateSpace Independent Publishing Platform, 2016 | Kindle Edition, Amazon Digital Services LLC, 2016. © Martin van Creveld

Aus dem Englischen ins Deutsche übertragen von Dr. Claudia Tancsits

Bibliographische Information der Deutschen Nationalbibliothek
Die Deutsche Nationalbibliothek verzeichnet diese Publikation in der Deutschen Nationalbibliographie; detaillierte bibliographische Daten sind im Internet unter http://dnb.d-nb.de abrufbar.

Hinweis: Dieses Buch wurde auf chlorfrei gebleichtem Papier gedruckt. Die zum Schutz vor Verschmutzung verwendete Einschweißfolie ist aus Polyethylen chlor- und schwefelfrei hergestellt. Diese umweltfreundliche Folie verhält sich grundwasserneutral, ist voll recyclingfähig und verbrennt in Müllverbrennungsanlagen völlig ungiftig.

Auf Wunsch senden wir Ihnen gerne kostenlos unser Verlagsverzeichnis zu:
ARES Verlag
Hofgasse 5 / Postfach 189
A-8011 Graz
Tel.: +43 (0)316/82 16 36
Fax: +43 (0)316/83 56 12
E-Mail: ares-verlag@ares-verlag.com
Weitere Informationen finden Sie im Internet unter:
www.ares-verlag.com

ISBN 978-3-902732-67-5

Alle Rechte der Verbreitung, auch durch Film, Funk und Fernsehen, fotomechanische Wiedergabe, Tonträger jeder Art, des auszugsweisen Nachdrucks oder der Einspeicherung und Rückgewinnung in Datenverarbeitungsanlagen aller Art, sind vorbehalten.

© Copyright der deutschen Erstausgabe: ARES Verlag, Graz 2017

Layout: Ecotext-Verlag, Mag. G. Schneeweiß-Arnoldstein, A-1010 Wien
Gesamtherstellung: FINIDR, s. r. o., Český Těšín

Inhalt

Vorwort 7

EINLEITUNG
Chronologie eines Scheiterns 11

KAPITEL I
Die gebändigte Jugend 23
    1. Zwei Kindheiten 23
    2. „Sie schaffen es nicht" 25
    3. Verbieten und zensurieren 33
    4. Nivellierung nach unten 38
    5. „Aus Österreich kam ein Mann" 43

KAPITEL II
Ein Heer wird zum Papiertiger 49
    1. „Aufs Pferd, aufs Pferd!" 49
    2. Krieg den Männern 52
    3. Der Juristenstaat 64
    4. Das entmilitarisierte Militär 69
    5. Vom Soldaten zum Söldner 76

KAPITEL III
Verweiblichung der Streitkräfte 81
    1. Der Kampf um die Gleichheit 81
    2. *Amazones antianeirai* 88
    3. Privilegien bewahren 94
    4. Im Lande des „Doppeldenkens" 104
    5. Das Ende der Männlichkeit 113

KAPITEL IV
Die Posttraumatische Belastungsstörung (PTBS) –
ein Konstrukt? 117
    1. „Suchet und ihr werdet finden" 117
    2. Achill in Vietnam 122

3. Vom Soldatenherz zur Kampfmüdigkeit 129
4. Die Epidemie 136
5. Beschädigte Ware? 142

KAPITEL V
Die Delegitimierung des Krieges 147
   1. Recht und Macht 147
   2. Der Siegeszug des Rechts 151
   3. Der Niedergang der Pflicht 157
   4. Nein sagen lernen 162
   5. Das absolute Böse 169

CONCLUSIO
Hannibal *intra* **portas** 176

Anhang 191
   Anmerkungen 191
   Ausgewählte Literatur 217
   Danksagung 220
   Namenregister 221

Erwecket die Starken! Lasset herzukommen und hinaufziehen alle Kriegsleute! Macht aus euren Pflugscharen Schwerter und aus euren Sicheln Spieße! Der Schwache spreche: Ich bin stark!

Joel 3, 9–10

Vorwort

Das Eine bin ich, das Andere sind meine Schriften. Einige meiner Verwandten, Freunde und Schüler sind im Krieg umgekommen; ich weiß daher manches über das Leid und den Kummer, den ein Krieg immer mit sich bringt. Ich stand einige Male im Feuer und habe eine Ahnung davon, wie sich das anfühlt. Und ich habe aus nicht allzu großer Entfernung das schönste, wohlklingendste Geräusch gehört, das es gibt – den Lärm unserer eigenen Geschütze, wenn sie endlich beginnen, das feindliche Feuer zu erwidern. Aber ich habe nie die Uniform meines Landes getragen, nie in seiner Armee gedient, ich habe an keinem seiner zahlreichen – großen und kleinen – Kriege teilgenommen und schon gar kein Kommando ausgeübt. Dass ich, anders als die meisten meiner Mitbürger, nicht einmal den Militärdienst abgeleistet habe, liegt daran, dass ich mit einer Gaumenspalte geboren wurde. Im Jahr 1964, als ich den Einberufungsbefehl erhielt, sah man dies als so schwerwiegend an, dass mich die IDF (Israelische Verteidigungsstreitkräfte) aus medizinischen Gründen für untauglich erklärten.

Damals hatten nur wenige Israelis (und schon gar nicht die jüngeren) den geringsten Zweifel, dass die IDF der schönste, größte und beste Teil der Schöpfung wären. Dass ich abgelehnt wurde, war daher ein schwerer Schlag für mein Selbstbewusstsein. Es brachte auch einige mehr oder weniger unangenehme und mehr oder weniger demütigende gesellschaftliche und verwaltungstechnische Probleme mit sich. Später jedoch, als ich Militärhistoriker geworden war, hatte ich

Gelegenheit, ernsthaft darüber nachzudenken, was ich versäumt oder nicht versäumt hatte. Einige dieser Gedanken möchte ich in diesem Buch zu Papier bringen.

Krieg führen ist vor allem eine praktische Tätigkeit. Es geht dabei nicht darum, unter die „Intellektuellen" zu gehen oder wissenschaftliche Aufsätze zu schreiben. Es kommt eben „auf das dumme Gesiege hinaus", wie es der deutsche Feldmarschall Alfred von Schlieffen einmal ausgedrückt hat.[1] Zweifellos gehört zum Krieg auch vieles, was man nur aus Erfahrung lernen kann. Der beste Kriegslehrmeister ist der Krieg. Jedoch ist Erfahrung nicht alles. Um einen anderen, viel größeren preußischen Krieger, Friedrich den Großen, zu zitieren: Wäre es nur auf die Erfahrung angekommen, so wäre nicht Prinz Eugen von Savoyen (1663–1736), der die Franzosen und die Türken besiegt hatte, der beste Feldherr, sondern dessen Maulesel. Kriegserfahrung ist auch nicht notwendigerweise gleichzusetzen mit der Fähigkeit, den Krieg zu verstehen, zu analysieren und zu beschreiben. Besser als dem blinden Dichter Homer ist dies wohl niemandem gelungen.

Außerdem ist die Erfahrung eines Einzelnen selten umfassend genug, um alle relevanten Bereiche abzudecken. Daher ist es eine Dummheit, sich nicht mit den Erfahrungen anderer zu beschäftigen. Nur dadurch können wir unsere Erfahrungen richtig in das Gesamtbild einordnen und aus der Betriebsblindheit herauskommen, nur dieses Studium kann unserem Denken jene Flügel verleihen, ohne die wir mit dem Neuen und Unerwarteten nicht zurechtkommen. Je komplexer das Phänomen des Krieges im Lauf der Jahre wurde, desto mehr setzte sich die Erkenntnis durch, dass für die Theorie und Praxis des Krieges mehr vonnöten war als die Fähigkeit, ein Schwert zu führen, ein Gewehr abzufeuern, ein Kampfflugzeug zu steuern oder eine Rakete abzuschießen.

Die fortschrittlichsten Streitkräfte der Welt zogen daraus die Konsequenzen und bauten beeindruckende Ausbildungsprogramme auf, für die es im nichtmilitärischen Bereich kein eigentliches Gegenstück gibt. Um 1740 entstanden Militärakademien für Subalternoffiziere. Um 1780 folgten die Generalstabsakademien, am Anfang des 20. Jahrhunderts die Kriegsakademien.[2] Es gibt jedoch noch zahlreiche weitere Ausbildungskurse, die viele junge Offiziere absolvieren müssen, bevor sie ihren Dienst antreten.

Je höher die Anforderungen einer Ausbildung und je höher die Dienstgrade der Teilnehmer, desto mehr theoretisches Wissen wurde vermittelt und desto stärker wurden andere Gebiete wie Politik, Wirtschaft, Soziologie, Technik, Kultur etc. eingebunden. Ziel dieser Maßnahmen war einerseits, den Teilnehmern die konzentrierte Erfahrung sowohl der eigenen als auch fremder Streitkräfte zu vermitteln und sie andererseits mit dem Handwerkszeug auszustatten, das sie brauchten, um neuen und unerwarteten Herausforderungen selbständig zu begegnen. Die zunehmende Anzahl an Nichtmilitärs, die an diesen Ausbildungsprogrammen – vor allem in den höheren Studienabschnitten – teilnehmen, zeigt, dass militärische Erfahrung dazu nicht unbedingt notwendig ist.

Außerdem sollte man nicht übersehen, dass das Militär die hierarchischste und diszipliniertste aller von Menschen gegründeten Organisationen ist und alle Lebensbereiche seiner Mitglieder regelt. Oft ist es vom Rest der Gesellschaft durch gewaltige Barrieren abgeschottet. Ohne derartige Organisationen wäre es völlig unmöglich, einen Krieg zu führen.

Andererseits kann es zur Unterdrückung jeder Originalität und jedes Innovationsgeistes führen, wenn die Mitglieder einer Organisation in dieser zu viel Zeit verbringen und die Außenwelt völlig vernachlässigen. Dies führt zu Pedanterie, Konformismus und Gruppendenken – nicht selten auch zu einer schwer zu beschreibenden Kombination aus übertriebenem Professionalismus und Engstirnigkeit. Das alles hat eine populäre Bezeichnung, nämlich „Kumpanei". Auch die besten Armeen und die besten Militärs können davon betroffen sein – manchmal sogar in besonderem Maße. Über die israelischen Luftstreitkräfte, eine weltweit geachtete Elite, gibt es das böse Wort, dass sie Achtzehnjährige einzieht, um sie zwanzig Jahre später im gleichen Alter zu entlassen.

Ich habe fast mein ganzes Leben in Israel verbracht, habe also etliche Kriege erlebt und kann nur hoffen, dass ich dadurch eine bessere Gelegenheit für Beobachtungen und Studien zu diesem Thema vorgefunden habe als viele andere, insbesondere Europäer. Dass ich nicht gedient habe, hat mir zwar Probleme eingebracht, hat aber – so hoffe ich – auch dazu geführt, dass ich einigen der erwähnten Fallgruben ausweichen konnte. Dabei bin ich zweifellos in andere hineingetappt. Aber das muss der Leser entscheiden.

EINLEITUNG
Chronologie eines Scheiterns

In den letzten Tagen des Weströmischen Reiches und während des gesamten Mittelalters lebte Westeuropa mit der Bedrohung durch fremde Heere, die auch immer wieder Einfälle auf europäisches Gebiet unternahmen. Zuerst kamen die Hunnen, dann die Araber, dann die Magyaren, dann die Wikinger, dann die Mongolen und schließlich die Türken. Sie alle wurden als wilde Krieger beschrieben, denen niemand widerstehen könne. Sie alle brachten Blutvergießen, Zerstörung und maßloses Leid über einen Kontinent, der durch die herrschenden sozio-ökonomischen und politischen Strukturen und die dadurch verursachten inneren Kämpfe praktisch wehrlos war.

Immer wieder schien das Schicksal der westlichen Zivilisation auf Messers Schneide zu stehen: im Jahr 451 auf den Katalaunischen Feldern, dann 732 bei Tours und Poitiers, 955 auf dem Lechfeld, 1241 bei Liegnitz und 1529 vor Wien. Eine Entscheidung eines der beiden Heerführer oder ein Wetterumschwung hätten der Geschichte eine andere Wendung geben können. Hätte, um es zugespitzt zu sagen, ein Hufnagel gefehlt, wären die Schlachten womöglich verloren worden. 1683 marschierte der türkische Großwesir Kara (= der Schwarze) Mustafa mit seinem Heer von Istanbul gegen Österreich. Auf dem Marsch vergrößerte sich das Heer bis auf eine Zahl zwischen 90.000 und 300.000 Mann. Er belagerte Wien, verlangte die Übergabe der Stadt und drohte, andernfalls die Kinder zu versklaven.[1]

Inzwischen hatte das Pendel jedoch nach der anderen Seite ausgeschlagen. Der erste dauernde Stützpunkt Europas in Afrika war Ceuta, eine nordafrikanische Küstenstadt, die 1415 von den Portugiesen erobert worden war. 1492 hörte das letzte muslimische Königreich auf der Iberischen Halbinsel zu bestehen auf. 1571 markierte die Schlacht bei Lepanto den Anfang der Jahrhunderte dauernden Epoche, die manchmal als „kolumbianisches Zeitalter" bezeichnet wird – eine Zeit, in der niemand auch nur den Versuch machte, mit den eu-

Einleitung: Chronologie eines Scheiterns

ropäischen Flotten zu wetteifern. Europas militärische Vormachtstellung wuchs durch politische, wirtschaftliche, soziale, wissenschaftliche, technische und möglicherweise auch kulturelle Entwicklungen, denen die Bewohner anderer Kontinente nichts entgegenzusetzen hatten, immer stärker an.[2] Angetrieben von ihrer Gier nach Reichtum, vom Wunsch, die „wahre" Religion zu verbreiten, von strategischen Überlegungen und nicht zuletzt aus Abenteuerlust machten sich kleine Gruppen von Europäern auf den Weg.

Zwei der ersten und wagemutigsten Expeditionen waren jene unter der Führung von Hernán Cortés und Francisco Pizarro. Ihr folgten noch viele andere. Die Seefahrer waren oft wochen- und monatelang unterwegs, um unbekannte, unwegsame Gebiete zu erreichen, die Tausende Kilometer von ihrer Heimat entfernt waren – mit kleinen, den Elementen schutzlos ausgelieferten Segelschiffen, ohne Möglichkeit, dem Auftraggeber eine Nachricht zukommen zu lassen, geschweige denn in einer Notlage Verstärkung zu erbitten oder zu erhalten. Einmal ging Cortés so weit, seine Schiffe zu verbrennen, um seinen Männern nur die Wahl zwischen Sieg oder Tod zu lassen. Sie alle waren bekannten und unbekannten Krankheiten ausgeliefert, standen einer vielfachen Übermacht von Eingeborenen gegenüber und hatten schwere Verluste. Viele kehrten nie zurück – Magellan wurde auf den Philippinen, Cook auf Hawaii getötet.

All dies hinderte diese Männer nicht, mit einer Entschlossenheit und Unerbittlichkeit vorwärtszudrängen, die uns im Rückblick fast übermenschlich erscheint. Weder die endlosen Weiten stürmischer Weltmeere noch die riesigen Räume Nordamerikas oder Sibiriens, die Urwälder Mittel- und Südamerikas, Südostasiens und Afrikas konnten sie abschrecken, nicht einmal das afghanische Gebirgsland – obwohl die kriegerischen afghanischen Stämme mehr Erfolg hatten. Von einem der berühmtesten Afrikaforscher des 19. Jahrhunderts, Henry Morton Stanley, stammt der Satz: „Wo der zivilisierte Weiße auftritt, hat jede Schwierigkeit zu weichen."[3] Kein Wunder, dass diese Männer überall Hochachtung oder Schrecken – oft beides – auslösten.

Ob in all diesen Jahrhunderten der Handel den Heeren folgte oder umgekehrt, ist umstritten. Wie dem auch sei, fünfhundert Jahre nach der Besetzung von Ceuta wurden weltweit etwa 80 % der Landmasse und so ziemlich alle Meere von fünf europäischen Mächten beherrscht: England, Russland, Frankreich, Deutschland und Italien. Dazu kamen die USA, die von Europa „abstammten", und Japan, das

Europa erfolgreich nachahmte und ebenfalls den Weg zu Expansion und Kolonialherrschaft beschritt. Die beiden wichtigsten Ausnahmen waren Lateinamerika, das jedoch als beinahe exklusives Revier der USA galt und von der Monroe-Doktrin als solches erklärt wurde, und China, das schon große Gebiete an Russland und kleinere an andere europäische Mächte verloren hatte und nur durch die Zwistigkeiten unter den europäischen Mächten und durch seine eigene ungeheure Größe und Bevölkerungszahl vor dem Zusammenbruch bewahrt wurde.

Der „Westen" – damit sind ab sofort die Länder Westeuropas und Nordamerikas, nicht aber Russland und Japan gemeint – erreichte kurz vor 1914 den Höhepunkt seiner Macht. Später fiel es ihm – teils wegen der riesigen Menschenverluste im Ersten Weltkrieg und teils wegen seines geschwächten Selbstvertrauens – immer schwerer, die Herrschaft über unterworfene Völker aufrechtzuerhalten. In der Zwischenkriegszeit erlangten mehrere Länder im Nahen Osten, wie Ägypten, der Irak und Jordanien, zumindest de jure ihre Unabhängigkeit. Es dauerte länger, bis sie auch de facto unabhängig wurden, aber in der zweiten Hälfte der 1950er Jahre war auch das erreicht.

Wir beschäftigen uns hier mit dem strategischen, nicht mit dem moralischen Aspekt. Um bei der Zwischenkriegszeit zu bleiben: Auseinandersetzungen wie der Rifkrieg in Marokko, bei dem etwa 250.000 gut ausgerüstete, bestens ausgebildete französische und spanische Soldaten mehrere Jahre brauchten, um einen losen Zusammenschluss von marokkanischen Stammeskriegern zu besiegen, die größtenteils Analphabeten waren und nicht einmal Schuhe trugen, warfen ein bezeichnendes Licht auf die allgemeine Entwicklung.[4] Bei Ausbruch des Zweiten Weltkrieges bereiteten sich schon viele Kolonialvölker auf der ganzen Welt darauf vor, sich gegen ihre Beherrscher aufzulehnen – obwohl erst der Krieg, in dem diese Beherrscher einander zerfleischten, den Boden für den Aufstand bereitete.

Seither hat es nur einen klaren Sieg westlicher Staaten über einen nichtwestlichen Gegner gegeben – nämlich den Ersten Golfkrieg. 1991 war die NATO, das mächtigste Militärbündnis der Geschichte, als Sieger aus der 45-jährigen Auseinandersetzung hervorgegangen, die wir den Kalten Krieg nennen. Aber die Mitgliedstaaten hatten noch nicht begonnen, ihre Streitkräfte in größerem Maße zu verkleinern, was vor allem die europäischen NATO-Staaten später tun sollten. Daher waren sie wie zu keinem früheren oder späteren Zeitpunkt in der Lage, ihre Truppen nach Belieben an jeden Ort zu schicken und gegen jeden Gegner Krieg zu führen. Obwohl es nur wenige zum damaligen Zeitpunkt begriffen,[5] war es eine unglaubliche Dummheit von Saddam Hussein, mit einer konventionellen Armee die NATO herauszufordern, die von weiteren Staaten unterstützt wurde. Trotzdem führten die USA und ihre Verbündeten die Sache nicht zu Ende. Mit gutem Grund, wie sich später herausstellen sollte.

Von dieser Episode abgesehen wurde der Westen (oder bestimmte westliche Länder) bei jedem Kampf gegen einen nichtwestlichen Gegner geschlagen. Den Gegnern, die diese Kriege führten und an den Kämpfen teilnahmen, gelang es jedoch, ganze Kontinente mit Hunderten Millionen Einwohnern zu „befreien" – was immer das auch heißen mochte. Die Briten scheiterten zuerst in Palästina und dann in Malaysia, wo sie trotz eines angeblichen „Sieges" dessen Unabhängigkeit anerkennen und sich zurückziehen musste. Auch in Kenia, Zypern und Aden scheiterten die Briten und mussten sich zurückziehen. Danach gaben sie den traurigen Rest ihres Kolonialreiches, das bis 1946/47 das größte der Geschichte gewesen war, praktisch kampflos auf. Die Franzosen scheiterten in Indochina und in Algerien. Zuvor hatten sie nicht weniger als 230.000 Mann (Stand November 1955) und das bis dahin größte Hubschrauberkontingent der Geschichte in das nordafrikanische Land geschickt – alles ohne Erfolg.

Kleineren Kolonialmächten ging es nicht besser. 1949 mussten die Niederlande auf Indonesien verzichten. Sechsundzwanzig Jahre später gab Portugal nach jahrzehntelangen, erschöpfenden Kämpfen Angola und Mozambique auf. Man könnte sagen, dass in den zwei Jahrzehnten nach 1945 nur jene europäischen Länder keine Niederlagen einstecken mussten, die das Glück gehabt hatten, ihre Kolonien schon im Ersten Weltkrieg zu verlieren, oder die – noch besser – nie welche besessen hatten.

Viele Amerikaner zogen aus diesem Geschehen den Schluss, dass ihre europäischen Verbündeten der Verweichlichung und der Dekadenz anheimgefallen waren.[6] Voller Tatendrang und mit ungebrochenem Selbstbewusstsein schickten sie sich an, die Kipling'sche „Bürde des weißen Mannes" zu übernehmen. Der damalige israelische Ex-Generalstabschef Moshe Dayan urteilte bei einem Besuch in Washington im Jahre 1966, die Amerikaner versuchten Freund und Feind folgende Botschaft zu übermitteln: Wir sind das A-Team – die cleverste, bestorganisierte und stärkste Streitmacht der Geschichte, die nichts und niemand aufhalten kann.[7]

Das Ergebnis war der Vietnamkrieg. Nach den aufgewendeten Mengen an Material und der Anzahl der Toten zu schließen, war noch nie zuvor ein Kolonialkrieg mit größerer Erbitterung geführt worden. Und das alles, um einen Gegner zu überwinden, der ein so kleines Stromnetz betrieb, dass es zu 87 % zerstört wurde, ohne dass sich dies negativ ausgewirkt hätte, und dessen Anführer wie ein armer Verwandter des Weihnachtsmannes aussah, ein schwarzes pyjamaartiges Gewand und Sandalen aus alten Autoreifen trug und von der sprichwörtlichen Handvoll Reis lebte.[8]

Ein Vierteljahrhundert später wiederholten die Amerikaner, ermutigt durch den schon erwähnten Sieg über Saddam (und durch den kleineren Sieg über Serbien im Kosovokrieg), ihren Fehler, indem sie zuerst in Afghanistan und dann im Irak einmarschierten. Beide Staaten waren nicht in der Lage, sich zu wehren, wobei Afghanistan kaum als „Staat" im eigentlichen Sinne zu bezeichnen war. Beide wurden schnell und unter geringen Verlusten überrannt. Während Präsident George W. Bush, Verteidigungsminister Donald Rumsfeld und ihre Berater einen leichten Sieg erwartet hatten, zogen sich beide Kriege in die Länge. Die Verluste gingen in die Zehntausende; inzwischen wurden die meisten westlichen Truppen abgezogen, ein Ende ist jedoch nicht in Sicht. Die Kosten, einschließlich der Hilfe für verwundete Kriegsveteranen und die Auffüllung der dezimierten Einheiten, sollen zwischen vier und sechs Billionen Dollar gelegen haben.[9] Diese finanzielle Bürde ist so schwer, dass sie wahrscheinlich nie zur Gänze bezahlt werden wird. Und all das hat keinen ersichtlichen Nutzen gebracht.

Zehn Jahre, nachdem ein bekannter Autor die USA als „Koloss", als dominierende Weltmacht geschildert hatte,[10] schienen sie sich nun in vollem Rückzug zu befinden. Zugleich wurde der von einem anderen Buchautor so genannte „neue amerikanische Militarismus"[11] über Bord geworfen. Im zweiten Jahrzehnt des 21. Jahrhunderts konnte man die USA absolut nicht mehr als „vom Krieg verführt" bezeichnen. Vielmehr versuchten sie nun, bewaffnete Konflikte – und umso mehr den damit verbundenen Blutzoll – um fast jeden Preis zu vermeiden. Wenn die USA überhaupt in einen Krieg eingriffen, geschah dies fast nur mehr durch den Einsatz von Flugzeugen, Marschflugkörpern und Drohnen, gegen die der Gegner keine Chance hatte.

Die NATO-Verbündeten der USA schienen fast noch mutloser geworden zu sein. Während des gesamten Kalten Krieges war ihr Militärbudget, am BIP gemessen, deutlich niedriger gewesen als jenes der USA. Nach dem Ende des Kalten Krieges reduzierten die meisten dieser Staaten ihre Militärausgaben so weit, dass sie gerade noch Streitkräfte besaßen.[12] Das Personal wurde extrem reduziert. Die Ausrüstung wurde so sehr vernachlässigt, dass bald ein Großteil veraltet und/oder nicht mehr einsatzfähig war.[13] Angesichts dieser Tatsachen ist die seinerzeitige Behauptung des späteren israelischen Ministerpräsidenten Benjamin Netanjahu, der Westen könne gewinnen, gelinde gesagt als optimistisch anzusehen.

Noch dazu waren die Sieger in fast allen Fällen keine regulären Streitkräfte. Sie hatten keine Militärdoktrin, keine moderne Ausrüstung und Ausbildung aufzuweisen, schon gar keine Dienstautos oder schneidige Uniformen voller glänzender, wenn auch oft bedeutungsloser Orden. Von Sanaa bis Saigon und von Kuala Lumpur bis Kabul standen den westlichen Heeren – zumindest am Anfang – meist nur bunt zusammengewürfelte irreguläre Truppen gegenüber. Die Männer waren manchmal von einer Anzahl Frauen begleitet, die allerlei Hilfsdienste übernahmen. Die Kämpfer hatten ihre Jugend bei der Feldarbeit verbracht oder Ziegen gehütet; viele hatten keine richtige Ausbildung durchgemacht, manche waren Analphabeten. Der Blutzoll war hoch, bevor sie richtig zu kämpfen lernten.

Kaum ein Angehöriger dieser Truppen hatte eine höhere militärische Ausbildung genossen. Das wäre allerdings auch nicht sinnvoll gewesen. Schließlich gehörten die meisten der in Frage kommenden Bildungsinstitutionen sogenannten „modernen" Armeen angeblich „moderner" Staaten. Wenn sich der Unterricht auf Texte von Guerillaführern wie T. E. Lawrence, Mao Zedong, Che Guevara oder Võ Nguyên Giáp erstreckte, dann nur, damit die Studenten „den Feind kennenlernten". Wie man ein guter Terrorist, Guerillakämpfer, Aufständischer oder auch Dschihadist wurde, konnte man in diesen Bildungsanstalten nicht lernen.

Im Aussehen und im Verhalten erinnerten die irregulären Kämpfer oft eher an Banditen und Geächtete als an Soldaten. Die kleinen, beweglichen und flexiblen Guerillaeinheiten nahmen sich im Vergleich zu regulären Armeen aus wie Flöhe im Vergleich zu einem Nashorn. So leistete die Organisation IS im Irak Anfang 2017 nach einjährigem Kampf immer noch allem Widerstand, was die USA, die einzige Supermacht der Welt, gegen sie aufboten. Der IS begann sich sogar zu einem richtigen Staat zu entwickeln; und Präsident Obama musste einen seiner Verteidigungsminister feuern, weil er mit diesem Problem nicht fertiggeworden war.

Dabei verfügte der IS, eine relativ kleine Organisation mit einigen zehntausend Kämpfern,[14] nicht annähernd über die gleichen territorialen, demografischen, wirtschaftlichen, fiskalischen, organisatorischen und technischen Möglichkeiten wie seine zahlreichen Feinde und besaß auch keine der modernen Waffen, die die westlichen Gegner, vor allem die USA, ständig neu entwickelten und ins Gefecht warfen.

Meist vermieden die kleinen, dezentralen Organisationen starke Truppenkonzentrationen. So stellten die Taliban während des gesamten Krieges in Afghanistan nie eine Einheit zusammen, die stärker als ein Bataillon gewesen wäre. Sie vermieden große konventionelle Operationen und verlegten sich auf den „langanhaltenden Krieg" (der Begriff stammt von Mao) bzw. „nichttrinitarischen Krieg" (der Begriff stammt von mir) oder „Krieg niedriger Intensität" (dieser Terminus wurde in den 1970er Jahren eingeführt), nämlich auf Aufstände, Guerillakrieg, Terrorismus oder „Volkskrieg". Der letzte Begriff spricht für sich; er weist auf die Schwierigkeit der Unterscheidung zwischen Kombattanten und Nichtkombattanten hin und erklärt, warum die Opferzahlen manchmal so immens waren, dass beinahe von einem Genozid gesprochen werden kann.

In gewisser Weise ist die Schwäche der irregulären Truppen eine Erklärung für ihren Erfolg. Zu lange hatte der Westen es für selbstverständlich gehalten, dass er seine Truppen weiter auf dem gesamten Erdball einsetzen konnte, wie er es jahrhundertelang getan hatte – auch in Ländern, von denen die Menschen im Westen nichts wussten und die ihnen herzlich gleichgültig waren.

Da der Westen zur See noch stärker ist als zu Land, hat eine von einem anderen Kontinent ausgehende Invasion auf westliches Territorium immer noch keine Aussicht auf Erfolg. Lange bevor die Invasionstruppen ihr Ziel erreicht hätten, würden sie von der weit überlegenen westlichen Feuerkraft vernichtet werden. Der Westen war sich seiner Überlegenheit allzu bewusst und vernachlässigte daher die Verteidigung, vor allem gegen jene Gegner, die keine Staaten sind und die die klassische „trinitarische" Trennung zwischen Regierung, Streitkräften und Bevölkerung nicht einhalten, und gegen „geistige", nicht ausschließlich militärische Gegner. Überdies erkannte er nicht – und wollte oft nicht zur Kenntnis nehmen –, dass um ihn herum eine neue Welt entstand.[15]

Was die Zukunft bringen wird, weiß keiner. Es gibt jedoch Grund zu der Annahme, dass das nukleare Gleichgewicht des Schreckens, das die Staaten der ersten und zweiten Welt seit 1945 davon abgehalten hat, gegeneinander Krieg zu führen, weiterbestehen wird, auch im Falle – manche meinen: besonders im Falle –, dass noch mehr Länder diese Waffen erwerben. Wenn Nuklearwaffen allerdings zum Einsatz kommen, dann werden wir uns tatsächlich in einer neuen Welt wiederfinden – oder es wird keine Welt mehr geben. Mit hoher Wahrscheinlichkeit werden, so wie bisher seit 1945, die allermeisten Kriege, an denen der Westen teilnehmen wird, Kriege gegen irreguläre Truppen sein, die über Staatsgrenzen hinweg oder innerhalb von Staatsgrenzen aktiv sind (der letztere Fall wird immer häufiger).

Angesichts der düsteren Aussichten haben manche, die in der Vergangenheit an derartigen Feldzügen teilgenommen haben, ernsthafte Gewissenserforschung betrieben. Sie haben auf schwerfällige, kopflastige Kommandostrukturen hingewiesen, auf komplexe und undurchsichtige Befehlsketten, schlechte Geheimdienstarbeit aufgrund ungenügender Kenntnis des Landes, seiner Bevölkerung, Sprache und Kultur, und ein Personalsystem, das die Lasten nicht gerecht verteilte und zu Unzufriedenheit und Protesten führte; auf zu lange oder zu kurze Stationierungszeiten, unzureichende Ausbildung, für die nichtkonventionelle Kriegführung ungeeignete Ausrüstung, und Ähnliches. Andere sahen die Schuld bei den Politikern, die sich ihrer Meinung nach in Details einmischten und den Militärs nicht die nötige Freiheit ließen – oder die nur an die nächsten Wahlen dachten und denen es an Stehvermögen und Entschlossenheit fehlte, um den Krieg bis zum Ende durchzuziehen. Wieder andere sahen ebendiese Defizite bei der Bevölkerung. Auch die profitgierigen, giftspritzenden Medien wurden als Schuldige ausgemacht, die sowohl die Politiker als auch die Bevölkerung gegen die Militärs aufbrachten.[16] Schließlich und endlich kommt von vielen Seiten immer wieder das Argument, dass ein solcher Krieg nicht mit militärischen Mitteln allein gewonnen werden kann, sondern dass man dazu auf politische Mittel zurückgreifen muss. Diese Meinung übersieht allerdings, dass nach Mao „die Macht aus den Gewehrläufen kommt".[17] Abgesehen von der völligen Vernichtung, die nur selten eintritt, ist das Ziel eines Krieges ein sehr einfaches: Genug Tod und Zerstörung zu verursachen, um den Willen des Feindes zu brechen, sodass er seinen Widerstand aufgibt und tut, was wir von ihm verlangen – wenn nicht zur Gänze, dann zumindest zum Teil, und wenn nicht in alle Zukunft, dann zumindest für einige Zeit. Wenn das erreicht ist, kommt die Politik meist allein zurecht.

All diese Erklärungen gehen am Wesentlichen vorbei: Die „Schlitzaugen", die „Kameltreiber" oder welche abwertende Bezeichnung sie sonst von ihren Gegnern erhielten, haben deshalb gesiegt, weil sie *besser* waren. Oft mussten sie unter Bedingungen leben und kämpfen, die sich die meisten Bewohner entwickelter Länder nicht einmal vorstellen können. Aber das hielt sie nicht davon ab, bessere Propaganda zu machen, besser zu mobilisieren, besser zu organisieren, besser zu planen, stärker zu motivieren, besser zu führen, besser zu manövrieren, besser zu kämpfen, länger durchzuhalten und auch mit Leiden und Tod besser fertigzuwerden als ihre Feinde.

Mark Bowden, der Autor des Buches *Black Hawk Down*, erklärt: „Zivilisierte Staaten [haben] gewaltfreie Methoden der Streitbeilegung, aber das hängt vom Willen aller Beteiligten ab, *einzulenken*. Hier in der rauen Dritten Welt hatten die Menschen nicht gelernt einzulenken, jedenfalls nicht, bevor eine Menge Blut geflossen war."[18] Ein amerikanischer Soldat mit Afghanistan-Erfahrung meinte, neben den „Kameltreibern" hätten „die westlichen Soldaten wie Weicheier gewirkt".[19] Ihre Fähigkeit und Entschlossenheit, bei all dem mitzumachen, war ihr wichtigster Pluspunkt – oft ihr einziger, wie sie selbst sagten. Ob sie wollten oder nicht, sie taten es in der Absicht, um damit alles andere zu kompensieren.

Der Sieg, sagt Nietzsche, ist das stärkste Heilmittel für die Seele.[20] Ein Blick auf ältere Fernsehnachrichten mit Bildern von den Feiern zum „VE-Day" [VE = Victory in Europe] und „VJ-Day" [VJ = Victory in Japan] bestätigt diese Einlassung. Aber wann hat eine westliche Armee zuletzt einen wirklichen Sieg errungen? Wo haben die Soldaten ihre Seelen gelassen? Vielleicht bei den Psychologen, die die diversen Symptome der PTBS (der Posttraumatischen Belastungsstörung) behandeln? Ist die tödliche „westliche Art der Kriegführung", über die so viel geschrieben wurde, den Weg allen Fleisches gegangen? Hat der kulturelle Wandel dazu geführt, dass die westlichen Truppen und die Staaten, die sie bezahlen und einsetzen, nicht mehr bereit oder in der Lage sind, Blut zu vergießen, auch wenn es notwendig ist?

Wie konnten die besten, kampfesmutigsten Soldaten, die jahrhundertelang alle und jeden besiegt haben, bis sie die ganze Welt beherrschten, zu Weicheiern werden? Wie konnte Stanley glauben, vor dem „zivilisierten" weißen Mann müssten alle Schwierigkeiten weichen, während jetzt das Gegenteil der Fall zu sein scheint? Und warum werden in den westlichen Medien Geschichten von allerlei Rambos breitgetreten, die in selbstmörderischer Mission in der Dritten Welt ihr Unwesen treiben und Scharen von Eingeborenen überwältigen, während doch die tatsächliche Entwicklung in die andere Richtung geht?

In dem als „Wuzi" bekannten Text, der etwa aus dem Jahre 390 v. Chr. stammt, heißt es: „Wenn die Toten erstarrt daliegen und ihr um sie trauert, habt ihr die Gerechtigkeit nicht erlangt."[21] Wenn man nicht willens und in der Lage ist, zu kämpfen, wenn es notwendig ist, wird man früher oder später den Kopf verlieren – vielleicht im wahrsten Sinne des Wortes, man denke nur an den IS. Deshalb ist es lebenswichtig, auf die aufgeworfenen Fragen eine Antwort zu finden.

Diese Antwort will ich im Folgenden zu geben versuchen. In Kapitel I geht es darum, wie junge Menschen, vor allem junge Männer, aus denen später Soldaten werden, in der modernen westlichen Gesellschaft erzogen oder *verzogen* werden. Kapitel II zeigt auf, wie der Westen sein Bestes getan hat, um seine Streitkräfte zum zahnlosen Papiertiger zu machen. In Kapitel III geht es um die Demontage der Streitkräfte durch Frauen – oder vielmehr durch die Art, wie Frauen in sie eingegliedert werden. Kapitel IV untersucht die bisher nie gekannte Verbreitung des Phänomens PTBS. Kapitel V hat das zunehmende Überwiegen der Rechte gegenüber den Pflichten und die Delegitimierung des Krieges zum Inhalt. Abschließend präsentiere ich meine Schlussfolgerungen.

Noch ein letzter Punkt: Obwohl auch andere westliche Länder nicht außer Acht gelassen werden,[22] liegt der Schwerpunkt der folgenden Betrachtungen auf den USA. Dafür gibt es zwei Gründe. Erstens sind die USA weitaus der mächtigste westliche Staat. Das Verhältnis ihres Militärbudgets zu jenen der restlichen NATO-Staaten ist in etwa 2:1.[23] Zweitens haben die USA oft die Initiative ergriffen und dadurch als Vorbild für ihre Verbündeten und in gewissem Maße auch für ihre Feinde gewirkt. Kein Land bildet so viele ausländische Offiziere in seinen militärischen Bildungsinstitutionen aus – das Gleiche gilt mutatis mutandis im zivilen Bereich. Nach den Worten des Politikwissenschaftlers Joseph Nye ist die „soft power" der US-Streitkräfte größer als die aller anderen Streitkräfte, vielleicht aller anderen zusammen.[24] Und drittens: Wenn der Westen überhaupt zu retten ist, werden die USA den Löwenanteil der Last tragen müssen.

Andernfalls …

KAPITEL I
Die gebändigte Jugend

1. Zwei Kindheiten

Im Jahre 1994 kam mir das erste Mal der Gedanke, dass bei den Streitkräften der „modernen" Staaten etwas ganz und gar schiefgelaufen sein könnte. Der Anlass war ein Vortrag über die Zukunft des Krieges, den ich vor den versammelten Mitgliedern des israelischen Generalstabs zu halten hatte. Den Vorsitz führte der Chef des Generalstabs, Ehud Barak, der später Premierminister wurde. Ebenso anwesend war der damalige Kommandant der Nordfront, ein durchsetzungsfähiger Generalmajor namens Yitzhak (Itzik) Mordechai. Im Oktober 1973 hatte er Fallschirmjäger in der sogenannten „chinesischen Farm" am Suezkanal befehligt. Im vielleicht blutigsten Gefecht des gesamten Krieges war sein Bataillon, das berühmte 890er, beinahe aufgerieben worden. 1996–1999 war er Verteidigungsminister unter Benjamin Netanjahu.

An diesem Morgen beklagte sich Mordechai über „diese Computerkids", die er gegen die Hisbollah-Terroristen im Südlibanon befehligte. „Ich weiß nicht, was mit denen los ist", sagte er mit einer resignierten Armbewegung. Dass seine Befürchtungen berechtigt gewesen waren, zeigte zwölf Jahre später – 2006 – der Zweite Libanonkrieg, in dem die israelischen Bodentruppen die in sie gesetzten Erwartungen zum Großteil nicht erfüllten und Schmach auf sich luden. Das Gleiche galt in geringerem Ausmaß für die Operation Protective Edge im Jahr 2014.[1]

Ich wohne in einer Obermittelklasse-Wohngegend in Mewasseret Zion, westlich von Jerusalem. Auf der gegenüberliegenden Straßenseite befindet sich ein „Aufnahmezentrum". Es besteht aus vielen kleinen, ziemlich heruntergekommenen Wohnhäusern, die schon von Generationen von Einwanderern aus vielen verschiedenen Ländern bewohnt wurden. Derzeit verbringen dort hunderte äthiopische Familien die ersten Monate nach ihrer Ankunft in Israel, bevor sie Hebräisch lernen, Arbeit finden und woanders hinziehen. Seit etwa zwanzig Jahren sehe ich den Kindern solcher Familien beim Aufwachsen zu. Sie werden eindeutig weniger beaufsichtigt und behütet als nichtäthiopische israelische Kinder im gleichen Alter. Das hat zum Teil sicherlich kulturelle Gründe. Außerdem spielt eine Rolle, dass der Nachwuchs der Einwanderer sich schneller an die neue Umgebung anpasst, als dies ihren Eltern möglich ist. Daher lernen sie, selbständig zu sein, ob es den Eltern recht ist oder nicht.

Der Mangel an elterlicher Aufsicht – man könnte auch sagen: die größere Selbständigkeit, die größere Entscheidungsfreiheit, das Mehr an Selbstverantwortung – mag dazu führen, dass den Kindern zu Hause und anderswo mehr Unfälle zustoßen. Ich habe nie eine Statistik zu diesem Thema gesehen – vielleicht deshalb, weil jeder, der eine solche erstellen wollte, schnell als Rassist gebrandmarkt würde. Man sieht die Kinder in den Straßen herumlaufen – meist sind sie dabei sich selbst überlassen. Sie klettern auf Bäume und Häuser. Sie haben keine Fahrradhelme, fahren aber trotzdem mit Fahrrädern, die meist alt und rostig sind. Sie tragen alle möglichen, von anderen weggeworfenen Sachen zusammen und stellen Dinge damit an, für die diese Gegenstände nicht vorgesehen sind. Sie spielen selbst erfundene Spiele, bei denen es oft ziemlich grob zugeht. Manchmal raufen sie, obwohl ich nie eine so schwere Rauferei gesehen habe, dass ich geglaubt hätte, einschreiten und die Streithähne trennen zu müssen. Kurz gesagt, sie tun alles, was Kinder immer schon gern getan haben.

Besonders fällt auf, dass die größeren Kinder die kleineren anführen und die jüngeren den älteren folgen, wobei nur selten Erwachsene zu sehen sind, die ihnen vorschreiben, was sie tun und lassen sollen. Mädchen mit sechs, sieben Jahren passen auf Kleinkinder auf, tragen sie in den Armen oder bringen ihnen das Gehen bei. Manchmal laufen Zweijährige ganz allein und unbeaufsichtigt auf dem Gehsteig herum – wenn das in einem anderen entwickelten Land oder in einer anderen Wohngegend in Israel geschähe, würde man die Eltern anzeigen und ihnen die Kinder abnehmen.

Aber die Freiheit scheint die Kinder unternehmungslustig zu machen – und auch glücklich, obwohl das nicht zu meinem Thema gehört. Sie sind nicht auf Schritt und Tritt von Ängsten geplagt, und sie können auf sich selbst aufpassen. Sonst würden sie kaum überleben. Der Gegensatz zu den Kindern in Israel – einschließlich meiner eigenen Enkelkinder –, die auf Schritt und Tritt beaufsichtigt, beobachtet, behütet und ermahnt werden, könnte größer nicht sein. Würden die beiden Gruppen miteinander raufen, so ist nicht schwer zu erraten, wer als Sieger vom Kampfplatz gehen würde. Vor einigen Jahren geschah tatsächlich etwas Derartiges: Zwei Jungen, die gerade mit ihren Familien aus Russland eingewandert waren, schlugen einige Studenten der Universität Technion zusammen – während Dutzende weitere Studenten und Studentinnen dabeistanden und nicht wagten, einzugreifen.

2. „Sie schaffen es nicht"

Das alles war nicht immer so. Die Tendenz, jungen Leuten immer mehr Beschränkungen aufzuerlegen, ist ein Merkmal, um nicht zu sagen eine Krankheit, der modernen Lebenswirklichkeit im Allgemeinen und jener der westlichen Welt im Besonderen. Nie in der gesamten Menschheitsgeschichte wurde das Alter, ab dem ein junger Mensch als Erwachsener gilt, so hoch angesetzt. Die Ursprünge dieses Wandels liegen in den 1820er Jahren. Damals begann das Wort „childhood" (Kindheit) häufiger in Büchern aufzutauchen, was sich anhand der unschätzbaren Suchmaschine Google Ngram feststellen lässt. Sechzig Jahre später folgte der Begriff „adolescence" (Jugend, Jugendalter); Anthropologen definieren das Jugendalter als jene Lebensperiode, in der die jungen Menschen „im Elternhaus unter der Erziehungsgewalt der Eltern leben, die Schule besuchen und die Qual der Wahl zwischen einer verwirrenden Fülle an Berufen haben".[2] Im Jahr 2000 stiegen beide Kurven immer noch an, aber nicht mehr so schnell wie zuvor. Spätere Historiker sprachen von der „Erfindung der Kindheit".[3] Sie sahen die Ursachen des Wandels in der schnellen Verstädterung: Während Kinder in der vorindustriellen Zeit ein wirtschaftlicher Pluspunkt waren, wurden sie später zur Last.

Kaum war die Kindheit erfunden, begannen die Versuche, Kindern besonderen Schutz angedeihen zu lassen. Die ersten Gesetze zur Regelung der Kinderarbeit wurden 1830 in England, dem am stärksten industrialisierten Staat, erlassen.[4] Andere Staaten folgten. Nicht nur die Arten von Arbeiten, die Kinder verrichten durften, und die Arbeitsbedingungen, sondern auch das Alter, ab dem Kinder arbeiten durften, wurden geregelt. Zweifellos wurden diese Gesetze von Menschen formuliert und durchgesetzt, die über die Zustände in den Bergwerken und Fabriken entsetzt waren. Aus höchst ehrenwerten Beweggründen wollten sie die Kinder vor Ausbeutung und Arbeitsüberlastung schützen, damit sie gesund aufwachsen und lernen konnten.[5]

Aber nicht immer waren uneigennützige Motive ausschlaggebend. Manche Abgeordnete, die in den Parlamenten gegen die Kinderarbeit auftraten, waren Vertreter des Beamtentums. Nachdem ihre Hauptaufgabe jahrhundertelang im Einheben von Steuern bestanden hatte, suchten die Bürokraten nun nach mehr Macht und Einfluss. Die Fürsorge für Kinder und Jugendliche und ihre Ausbildung boten da ein reiches Betätigungsfeld. Inzwischen haben sich Bildung und Kinder- und Jugendfürsorge zum teuersten Sektor der Staatsverwaltung entwickelt. Zu den Gegnern der Kinderarbeit gehörten auch Gewerkschaftsvertreter, deren Ziel möglichst hohe Löhne waren. Wieder andere vertraten große Unternehmen und wollten kleinere Familienbetriebe, denen es leichter fiel, Halbwüchsige zu niedrigen Löhnen anzustellen, aus dem Geschäft drängen.

Das Phänomen weitete sich aus. Vielfältige gesetzliche Vorschriften wurden erlassen, Behörden wurden geschaffen, die deren Einhaltung kontrollierten. Dann kam die geschäftliche Seite – in den USA werden jedes Jahr Hunderte Milliarden Dollar mit der Schaffung und Erhaltung einer eigenen „Jugendkultur" verdient. Internationale Organisationen, ob staatlich oder nichtstaatlich, hielten jede Arbeit, die Kinder verrichten konnten, für schädlich und ausbeuterisch. Religionsgesellschaften warfen den Halbwüchsigen gern vor, nicht genügend auf die Moral und auf Gott Bedacht zu nehmen; von den Medien wurden Jugendliche wiederum als faul, selbstverliebt, leichtsinnig, sex- und drogensüchtig dargestellt. Da die gesellschaftliche Gruppe der Jugendlichen es besonders schwer hat, sich zu verteidigen, wurde ihr die Schuld an allen Übeln gegeben, an denen die Gesellschaft litt.[6] In den letzten Jahrzehnten des 20. Jahrhunderts führten die „entwickelten" Länder eine Kampagne, um den „Entwicklungsländern" ihre Standards aufzuzwingen. Damit sich die Entwicklungsländer möglichst schuldig fühlten, erklärten die entwickelten Länder – mit Unterstützung zahlreicher internationaler Organisationen – die Häufigkeit der Kinderarbeit zum Maßstab des „Fortschritts".[7]

All diese Personen und Organisationen hatten ein ureigenes Interesse daran, junge Menschen aus welchen Motiven auch immer zu kontrollieren. Diese sollten einen möglichst großen Teil ihres Lebens in einem Zustand verbringen, in dem sie nicht arbeiten, keine Verantwortung übernehmen und nicht für sich selbst sorgen konnten. Hier

2. „Sie schaffen es nicht"

und da wurden halbherzige und vergebliche Versuche unternommen, die Uhr zurückzudrehen. So wagte der ehemalige Sprecher des US-Abgeordnetenhauses und Präsidentschaftskandidat, Newt Gingrich, einmal anzudeuten, es wäre gar keine schlechte Idee, wenn die Kinder zum Familieneinkommen beitragen würden. Er wurde gnadenlos ausgelacht. Als Senator Rand Paul bei der Ankündigung seiner Präsidentschaftskandidatur erzählte, er habe als Teenager sogar gern im Sommer gearbeitet, ging es ihm ähnlich.[8]

Auch das war nicht immer so. Vor einem halben Jahrhundert besuchte der berühmte Kinderpsychologe Bruno Bettelheim Israels Kibbuzim. Er war beeindruckt und fand lobende Worte dafür, dass die Kinder dort leichte Arbeiten verrichten durften, denn dadurch würde „das Gefühl der Tüchtigkeit, der Sicherheit und des Wohlseins ungeheuer verstärkt".[9] Solange das System der Gemeinschaftserziehung existierte, brachte es außerordentlich motivierte junge Menschen hervor, die Herausragendes leisteten.[10] Viele von ihnen nahmen später gehobene Stellungen in verschiedenen Bereichen der Gesellschaft Israels ein, nicht zuletzt auch im Militär.

Das Gleiche gilt für die Amische. Solange die meisten von ihnen noch in der Landwirtschaft tätig waren, hielten sie ihre Kinder zur Arbeit an. Die Kinder, die zum Familieneinkommen beitrugen, hatten das Gefühl, gebraucht zu werden. Daher litten sie weniger unter den Problemen wie Kriminalität, Drogen und Teenagerschwangerschaften, die das Leben manches amerikanischen Jugendlichen prägten.[11] Eine Google-Scholar-Suche nach der Begriffskombination „Amische" und „Jugendkriminalität" ergab fast keine Treffer. Bis heute gibt es keinen Beweis, dass Kinder in „Entwicklungsländern", von denen viele arbeiten, weniger glücklich sind als Kinder in „entwickelten" Ländern, die von Gesetzes wegen nicht arbeiten dürfen. Nach dem Prozentsatz von Kindern zu schließen, die psychotherapeutisch behandelt oder mit Medikamenten vollgestopft werden, könnte es genau umgekehrt sein.

Schließlich blieb in den meisten westlichen Ländern der elterliche Bauernhof der einzige Ort, wo Kinder produktive Arbeit leisten durften. Auch das war nur möglich, weil sie keine Bezahlung erhielten und die Behörden daher nicht informiert wurden oder ein Auge zudrückten. Ansonsten waren sie auf schlecht bezahlte Arbeiten angewiesen, die keine Ausbildung erforderten und daher nichts oder nur wenig Bildendes an sich hatten. Am bekanntesten sind Babysitten,

Autowaschen, leichte Gartenarbeit, Kundenbedienung im Fastfood-Restaurant, Botengänge und dergleichen. In den USA gehörte auch das Austragen von Zeitungen dazu, das als typische Arbeit für Buben galt, wenn dies auch nicht ganz der Realität entsprach.

Alle anderen Tätigkeiten waren verboten, auch wenn sie angenehm und von Kindern leicht zu bewältigen waren und eindeutig zu ihrem Wohl beitrugen.[12] Dies galt auch für Tätigkeiten, die sich im Rahmen einer Lehre am besten erlernen lassen, wie es bei zahlreichen Handwerkszweigen der Fall ist. Es war das Handwerk und nicht die Schule, das im Lauf der Geschichte zahllosen Menschen den ersten Schritt zum Erfolg ermöglichte.

Im Jahre 1970 waren die Bemühungen, Kinder von sämtlichen Lohnarbeiten auszuschließen, praktisch abgeschlossen. Das bedeutete aber nicht, dass Kinder ihre Zeit nach Wunsch verbringen oder untätig bleiben können. In zunehmendem Maße wird von ihnen Freiwilligenarbeit verlangt, damit sich ihre Chancen auf den Eintritt in eine Eliteuniversität erhöhen.[13] Was die meisten Erwachsenen nur für Bezahlung tun wollen, soll der Nachwuchs umsonst machen. Ein ungerechteres System kann man sich kaum vorstellen.

Und doch fügt die Arbeit, wie Freud schreibt, den Menschen „wenigstens in ein Stück der Realität, in die menschliche Gemeinschaft sicher ein". Sie befähigt ihn nicht nur, „ein starkes Ausmaß libidinöser Komponenten, narzisstische, aggressive und selbst erotische, auf die Berufstätigkeit ... zu verschieben", sie ist auch unerlässlich „zur Behauptung und Rechtfertigung der Existenz in der Gesellschaft".[14] Hingegen ist es grausam und potenziell gefährlich, junge Menschen von der Arbeit abzuhalten. Da es sie von der meist wichtigsten Tätigkeit der Erwachsenen abhält, hindert es sie auch am Erwachsenwerden.

Nicht nur die Arbeitstätigkeit von Kindern wird eingeschränkt. In „fortschrittlichen" Ländern vergeht wohl kein Tag, ohne dass ein Gesetz oder eine Verordnung erlassen wird, die sich speziell auf junge Menschen bezieht. Diese Vorschriften sollen ihnen helfen – in Wirklichkeit legen sie ihnen mannigfaltige Hindernisse in den Weg. Auf keinen Fall sollen sie einfach das tun, was Erwachsene tun. Und auf gar keinen Fall sollen sie mit den Erwachsenen in Konkurrenz treten und dadurch auch finanziell selbständiger werden. Kein Wunder, dass sie sich, von Jugendbanden abgesehen, selten organisieren und Eigeninitiative zeigen.

Ab den 1960er Jahren wurde diese Entwicklung durch die Einführung der Pille und die Verbreitung des Feminismus verstärkt und beschleunigt. Die Pille „befreite" die Frauen, indem sie es ihnen ermöglichte, ohne Angst vor einer Schwangerschaft nach Herzenslust Sex zu haben. Feministinnen befürworten und verlangen die außerhäusliche Berufstätigkeit der Frau. Ironischerweise sind davon auch Tätigkeiten erfasst, die wieder auf die Betreuung der Kinder anderer Leute hinauslaufen, ob im Kindergarten, in der Schule oder als Kinderpsychologinnen, Sozialarbeiterinnen oder dergleichen. „Arbeit macht frei", scheint das Motto zu sein. Für Betty Friedan, Simone de Beauvoir und andere führende Feministinnen hatten Frauen, die nicht berufstätig waren, eigentlich keine Daseinsberechtigung.[15]

Diese beiden Entwicklungsstränge erklären zu einem großen Teil, warum junge Leute immer später heiraten und auch immer später das erste Kind bekommen. Beide Ziffern waren zu Anfang des 21. Jahrhunderts so hoch wie nie zuvor.[16] Es bedarf keiner Erwähnung, dass Eltern mit zunehmendem Alter mehr zur Vorsicht und Risikovermeidung neigen. Sie behaupten, zum Wohl der Kinder zu handeln, und unterwerfen sie einer Unzahl von Kontrollen und Verboten, von denen so manche zu Gerichtsverfahren und Aufständen führen würden, wären sie gegen Erwachsene gerichtet.

Eltern können die Kleidung oder den Haarschnitt der Jugendlichen kontrollieren. Sie können ihnen Zimmerarrest geben, d. h. ihnen verbieten, ihr Zimmer zu verlassen. Sie können ihre Privatsphäre verletzen, ihre Habseligkeiten durchsuchen und konfiszieren, ihnen das Taschengeld kürzen oder streichen. Sie können ihnen das Fahren mit dem Familienauto verbieten, ihren Zugang zum Telefon, zum Fernseher und/oder zum Internet überwachen und/oder sperren. Sie können ihnen vorschreiben, mit wem sie Kontakt haben dürfen und mit wem nicht. Sie können sie zum Sport oder zu anderen Betätigungen zwingen und sie gegen ihren Willen medizinisch behandeln lassen. Bis vor kurzem konnten Kinder und Jugendliche in den meisten Ländern sogar körperlich gezüchtigt werden. In manchen Ländern ist das noch immer der Fall.

Um sie vor sich selbst zu schützen, will man ihnen den Zugang zu den Social Media verbieten.[17] Damit sie nicht dick werden, will man ihnen Softdrinks und etliche andere Nahrungsmittel verbieten, darunter natürlich viele, die sie besonders gerne mögen. Um diese Beschränkungen auch durchsetzen zu können, will man die Jugendlichen nach

Möglichkeit auch vom entsprechenden Werbematerial fernhalten.[18] Das Recht junger Frauen, ohne Zustimmung ihrer Eltern abzutreiben, wird beschränkt. Das ist nur eine logische Folge davon, dass freiwillige sexuelle Kontakte zwischen Minderjährigen verpönt sind und verboten werden. Die Gefühle Jugendlicher füreinander werden als „Schwärmerei" abgetan. Nicht einmal die Fähigkeit zur wichtigsten menschlichen Gefühlsempfindung will man ihnen zugestehen.

Dabei dürfte Maria, die Frau, die Gott als Mutter seines Sohnes auserwählt hat, nicht älter als dreizehn oder vierzehn Jahre gewesen sein. Shakespeares Julia war dreizehn, Romeo war nicht viel älter. Auch das sollte uns nicht überraschen.

Hauptsächlich entscheidet die Geschlechtsreife darüber, in welchem Alter Mädchen beginnen, sich für Jungen zu interessieren, und umgekehrt. In den meisten vorindustriellen Gesellschaften wurde Sex im Jugendalter toleriert, oft wurde er sogar erwartet. Mädchen heirateten mit vierzehn oder fünfzehn und junge Männer mit achtzehn oder neunzehn.[19] Nur in Westeuropa – und dort erst in der Renaissance – begann das Heiratsalter anzusteigen. Um 1900 heirateten Frauen mit achtzehn oder neunzehn und Männer Mitte oder Ende Zwanzig. Vor dem historischen Hintergrund war dieses Schema so ungewöhnlich, dass es „europäisches Heiratsmuster" genannt wird.

Das steigende Heiratsalter in der westlichen Welt führte dazu, dass etwa ein Drittel der jungen Bräute schwanger vor den Altar trat.[20] Die übrigen konnten erwarten, in weniger als einem Jahr ihr erstes Kind zu gebären. Der Gegensatz zu modernen westlichen Gesellschaften, die meist alles tun, um Jugendlichen den Sex zu verbieten, könnte nicht größer sein. All die erwähnten Einschränkungen – und noch viele andere – gelten Tag für Tag, ohne dass ein Gericht sie überprüft. Und doch gilt in der Erwachsenenwelt die sogenannte „judicial review" als *die* Garantie für Freiheit, Unabhängigkeit und das Streben nach Glück.

Eine der Folgen der geschilderten Tendenzen ist das Phänomen der „Helikopter-Eltern".[21] Der Begriff kam kurz vor 2000 auf und wurde so beliebt, dass die Kurve, die seine Verbreitung anzeigt, fast senkrecht in die Höhe schnellte. Die meisten „Helikopter-Eltern" kommen aus der Mittelklasse. Ihr erstes Ziel ist, sicherzustellen, dass der Nachwuchs nicht vom geraden Weg abkommt. Gleich danach kommt der Wunsch, ihm eine „gute Ausbildung" mitzugeben. Damit ist gemeint, dass die Kinder in möglichst gute Schulen gehen und möglichst gute Noten bekommen sollen. Viele Eltern haben auch Schuldgefühle angesichts des Bildes perfekter Eltern, das in den Medien präsentiert wird.[22] Folglich wollen sie ihre Kinder nicht aus den Augen lassen, üben Druck und vor allem Kontrolle aus, und zwar vierundzwanzig Stunden am Tag, denn auch schlechte Träume könnten ein Anzeichen für eine Fehlentwicklung sein.

Ein Teil der Verbote und der Druckausübung erfolgt im persönlichen Gespräch. Dabei sind meist beide Eltern in Vollzeit berufstätig – großteils deswegen, weil das Aufziehen von Kindern in einer modernen städtischen Umgebung astronomisch teuer geworden ist. Die Überwachung findet also größtenteils mithilfe des Telefons und anderer moderner Kommunikationsmittel statt. Die moderne Technik ermöglicht es den Eltern, die Handynutzung der Sprösslinge zu kontrollieren. Andere Überwachungs-Gadgets werden im Pkw installiert oder in die Kleidung eingenäht. Man könnte natürlich Überwachungschips im Körper implantieren – für Straftäter, Alzheimerpatienten und Hunde gibt es das schon.

Der jugendliche Held in Orson Scott Cards Roman „Ender's Game" (dt.: Das große Spiel) trägt einen Sensor am Nacken, mit dessen Hilfe die Offiziere, die ihn in eine Kampfmaschine verwandeln, die Welt mit seinen Augen sehen können. Vielleicht wird diese Vision noch zur Realität – wenn sie es nicht schon ist.

Aber das ist erst der Anfang der Geschichte. Die Eltern, die all dies tun, wollen ihren Kindern gleichzeitig „Selbstbewusstsein" mitgeben. Die Vermittlung von Wissen und Fertigkeiten ist nicht leicht und kann auch misslingen. Also versichern die Eltern ihrem Kind, wie toll und wie einzigartig es ist, auch wenn es das entsprechende Wissen und die dazugehörigen Fertigkeiten nicht besitzt. Sie kritisieren und korrigieren nicht, um das Kind nicht einzuengen, zu kränken oder zu „traumatisieren". Wenn Kinder auch noch so unausstehlich sind und sich noch so schlecht benehmen – Gott behüte, dass jemand ein hartes Wort zu ihnen sagen oder sie gar in die Schranken weisen würde.

In „The Slap" (dt.: Nur eine Ohrfeige), dem preisgekrönten Roman des australischen Autors Christos Tsolkias, führt ein solcher Vorfall zu einem Gerichtsverfahren. Zum Schluss spricht die Richterin die Person, die die Ohrfeige verabreicht hat, frei und spricht im Namen des Gesetzes eine Entschuldigung aus. Davor kommt es jedoch zu einer Auseinandersetzung mit zahlreichen unerwarteten Wendungen, die die soziale Gruppe, zu der die Streitparteien gehören, regelrecht zerreißt, was die hässlichen Konsequenzen dieser Situation in allen Facetten deutlich werden lässt. Das gesellschaftliche Umfeld der beiden Streitparteien leidet, die hässlichen Folgen der Situation werden in allen Facetten geschildert.

Diese beiden Arten der Druckausübung führen dazu, dass zehnjährige Kinder zwar von der eigenen Wichtigkeit und Unfehlbarkeit überzeugt sind und jedes Mal eine Krise durchmachen, wenn jemand sie kritisiert, sich aber nicht ohne Hilfe der Eltern waschen oder baden können. Sie sind wie Heißluftballone, die ständig neu aufgeblasen werden müssen, aber trotzdem nicht abheben können. Wie sollten sie auch?

Oberflächlich betrachtet, schließen die beiden Erziehungsstile – die Überbehütung und das Ignorieren aller Probleme – einander aus. Tatsächlich gehen sie Hand in Hand. Beide gehen von dem Gedanken aus, dass die jungen Menschen „es nicht schaffen" – was immer „es" auch sein mag. Dadurch sind die Eltern verpflichtet, fast Übermenschliches zu leisten, ständig zu beaufsichtigen, zu moralisieren und vorausschauend allerlei Übel abzuwenden. In den USA übernehmen später die Colleges diese Aufgabe, die ja die Eltern vertreten sollen. Die Umgebung der jungen Menschen soll berechenbar, sicher und geschützt sein: gegen Traurigkeit, Schmerzen und – noch wichtiger – gegen Misserfolge. Es muss natürlich auch gegen alle denkbaren Gefahren vorgesorgt werden – von Nachbars kratzbürstiger Katze bis zum Kidnapper.[23] Beide Erziehungsziele hindern die jungen Leute – absichtlich oder unabsichtlich – am Erwachsenwerden.

In „modernen" Staaten sind die Verbote schon so zahlreich und umfassend, dass das Verhindern von Übertretungen zu einer eigenen Industrie geworden ist. Zahlreiche Firmen und eine Heerschar von Vertretern und Beratern wollen Eltern sogenannte „Tools" verkaufen, die die Übertretung von Verboten erschweren oder unmöglich machen sollen. Wenn Kinder sich wehren, können die Eltern sie in alle möglichen Therapien schicken. Andere Eltern bringen ihre Kinder gegen deren Willen in sogenannten „Gulag-Schulen" unter, wo sie praktisch wie Rekruten oder Gefangene behandelt werden. Ob diese Schulen den Zöglingen nützen oder schaden, ist sehr umstritten. Eines können sie jedoch schon per definitionem nicht leisten, nämlich die Schüler zur Selbständigkeit erziehen.[24]

3. Verbieten und zensurieren

Nicht nur Eltern und „Gulag-Schulen" behandeln Teenager wie wilde Tiere, die eingesperrt, gebändigt und gleichzeitig vor allen möglichen Gefahren und Verletzungen beschützt werden müssen. Alkohol- und Nikotinverbote werden immer strenger. Während der Entstehung dieses Buches überlegte der Bundesstaat Kalifornien, das Rauchen nicht schon mit achtzehn, sondern erst mit einundzwanzig zu erlauben. Mehrere Städte haben entsprechende Vorschriften bereits erlassen.[25] Junge Menschen, die für reif genug erachtet werden, an einer Wahl teilzunehmen, kann man offenbar nicht selbst entscheiden lassen, ob sie sich eine Zigarette anzünden wollen.

Rauchen ist aber noch das Wenigste. In vielen Städten wie Hilliard in Florida ist es „Personen unter achtzehn Jahren" verboten, „in öffentlichen Straßen, auf öffentlichen Plätzen und in Vergnügungsstätten, auf unbebauten Grundstücken und an anderen *unüberwachten* Orten (Hervorhebung vom Verf.) zwischen 24 Uhr und 6 Uhr morgens am folgenden Tag herumzulungern, zu faulenzen, herumzuspazieren oder zu spielen".[26] Zumindest eine Großstadt, Dallas, verbietet es ihnen, sich während der Zeit des täglichen Schulunterrichts auf der Straße aufzuhalten.[27]

Per Gesetz kann Jugendlichen verboten werden, selbständig mit dem Auto zu fahren, wohin sie wollen. Solche Verbote werden auch häufig erlassen. Das Gleiche gilt für das Recht, zu jeder Tages- und Nachtzeit Auto zu fahren. Diese Verbote sollen sowohl dem Schutz der Jugendlichen dienen als auch den Verkehr zu jenen Zeiten reduzieren, zu denen Erwachsene die Straßen benützen wollen.[28] Das Betreten von Billardhallen, Tanzhallen etc. kann Teenagern verboten werden. Sie dürfen bestimmte Filme nicht sehen, bestimmte Computerspiele nicht spielen und bestimmte Erotikvideos nicht kaufen. Sie dürfen auch im Fernsehen keine Gewaltszenen sehen, obwohl deren negative Auswirkungen auf das Verhalten Jugendlicher keineswegs erwiesen sind – sie könnten sogar positive Auswirkungen haben.[29] Eine Studie hat ergeben, dass die Wahrscheinlichkeit, einer solchen Beschränkung zu unterliegen, bei Jugendlichen zwanzig Mal höher ist als bei Erwachsenen. In mancher Hinsicht haben sie weniger Rechte als Soldaten oder Strafgefangene.[30]

Manche Verbote, die Kindern auferlegt werden, können nur als skurril bezeichnet werden. An manchen Stränden in Deutschland und

Italiens wurde zum Beispiel das Bauen von Sandburgen verboten.[31] Kinder in England wurden unter anderem bestraft, weil sie in der Schule einen Mantel getragen hatten und weil sie zur Erinnerung an einen an Krebs verstorbenen Mitschüler Armbänder verkaufen wollten.[32] In amerikanischen Schulen wurde der Werkunterricht ebenso untersagt wie Tanzveranstaltungen, Sport nach Schulschluss und sogar harmlose Spiele wie Fangen. Aus Sicherheitsgründen sollen in etwa 40 % der Schulen die Pausen zur Gänze abgeschafft worden sein.[33] All dies geschieht, um Kinder vor sich selbst zu „schützen", obwohl die Jugend immer eine Zeit des Ausprobierens und Experimentierens gewesen ist und das auch bleiben sollte. Statt den jungen Menschen dazu etwas Freiraum zu lassen, scheint die moderne Gesellschaft entschlossen, sie am Erwachsenwerden und an der Selbstverantwortung zu hindern.

Besonders betroffen ist der Bereich der Mobilität. Im Unterschied zu vielen anderen Sachbereichen ist hier eine Quantifizierung möglich. In einer Studie aus dem Jahre 2011 gaben 70 % der Mütter an, selbst als Kinder außerhalb des Elternhauses gespielt zu haben. Aber nur bei 31 % – also der Hälfte – taten auch ihre Kinder das Gleiche.[34] 1969 legten 89 % der Kinder, die im Umkreis einer Meile von der Schule wohnten, den Schulweg zu Fuß oder mit dem Fahrrad zurück. Vierzig Jahre später ist diese Ziffer auf 35 % gesunken. 1971 kamen 86 % der Kinder zu Fuß oder mit dem Fahrrad in die Schule, 2013 waren es 25 %.[35] Diese Ziffern beinhalten nicht die Aktivitäten nach dem Unterricht – hier müssen die Eltern so oft Chauffeur spielen, dass sich die Bezeichnung „Mama-Taxi" eingebürgert hat. Für das relativ kleine, dicht bevölkerte Großbritannien wurde errechnet, dass eine Mutter für ihre Kinder im Jahr durchschnittlich Fahrdienste von gut 2.100 km leistet. Die Selbständigkeit ist so stark verlorengegangen, dass manche Britinnen und Briten noch mit über 30 Jahren von ihren Eltern chauffiert werden.[36]

Für den Wunsch der Eltern, ihre Kinder lieber in die Schule zu bringen als selbst gehen/fahren zu lassen, sind mehrere Umstände verantwortlich. Ein Faktor ist die Stadtflucht, die in den USA zwei Drittel der Bevölkerung betrifft. Die Entfernungen, die man auf den täglichen Wegen zurücklegen muss, werden immer größer. So entsteht ein Teufelskreis: Je mehr Eltern ihre Kinder mit dem Auto in die Schule bringen, desto stärker wird der Verkehr und desto größer ist das Risiko für jene, die noch zu Fuß gehen oder mit dem Fahrrad fahren.[37] Allerdings gibt es auch kein gesetzliches Mindestalter, ab dem Kinder einen bestimmten Weg allein zu Fuß, mit dem Fahrrad oder mit öffentlichen Verkehrsmitteln zurücklegen dürfen. Das macht die Situation aber nicht besser, sondern schlimmer. Wenn dem Kind ein Unfall zustößt, können die Eltern angezeigt werden oder das Kind kann ihnen ohne Gerichtsverfahren abgenommen werden – nicht wegen eines Gesetzesverstoßes, sondern wegen „unverantwortlichen" Verhaltens. Als ob Erwachsene nie Unfälle hätten!

Aber der Schulweg ist erst der Anfang des Problems. Der Sinn der Schule soll darin bestehen, die Schüler auf das „Leben" vorzubereiten. Dass sie dazu immer mehr Zeit in Institutionen verbringen müssen, die sie vom wirklichen Leben fernhalten, kann nur als grotesk bezeichnet werden – noch dazu, wo sie einen Großteil der Unterrichtszeit mit Inhalten verbringen, die mit dem Arbeitsmarkt, auf dem sie einmal ihr Glück versuchen müssen, nichts zu tun haben. Eine deutsche Schülerin brachte es auf den Punkt: „Ich bin fast 18 und habe keine Ahnung von Steuern, Miete oder Versicherungen. Aber ich kann 'ne Gedichtsanalyse schreiben. In vier Sprachen."[38] Wenn sie nicht gut aufpasst, wird sich ihre Lage nicht wesentlich verbessert haben, wenn sie die Universität verlässt. Kein Wunder, dass ihre kurze, simple Äußerung einen Sturm der Entrüstung, aber auch ebenso stürmische Zustimmung auslöste.

Noch schlimmer: Die Schule nimmt den Schülern die Freiheit und geht dabei ziemlich weit. Wie bei anderen „totalen" Institutionen werden Eigeninitiative, Eigenverantwortung und die Fähigkeit, mit Unerwartetem fertigzuwerden, über Bord geworfen. Die Schüler wissen das und handeln danach. In den 1970er Jahren schrieb ich einen Artikel über die Tatsache, dass viele Schüler ihre Schule salopp als „Käfig", „Kaserne", „Gefängnis" („Kittchen") oder – in Israel – als „Ghetto" bezeichneten. Mit gutem Grund, denn sie werden Gefängnissen immer ähnlicher – Gitter, Metalldetektoren und bewaffnetes Wachpersonal inklusive. Zu der Zeit, als ich den Artikel veröffentlichte, war meine erste Frau als Sekretärin in einer Mittelschule tätig. Als sie frühmorgens zur Arbeit kam, zeigte ihr Chef ihr wütend den Artikel und wollte wissen, ob *sie* mir verraten hätte, dass die Schule von den Kindern als „Kittchen" bezeichnet würde. Dabei hatte ich über eine ganz andere Schule geschrieben. Seither haben sich die Zustände nicht gebessert.

Weil es offenbar leichter ist, viele zu beaufsichtigen, als wenige zu kontrollieren, sind die Kinder in der Schule noch stärkeren Einschränkungen unterworfen als zu Hause. Tagtäglich sitzen sie stundenlang am Schreibtisch, oft dürfen sie nicht einmal auf die Toilette gehen – jedenfalls nicht, ohne vorher um Erlaubnis zu fragen – oder eine ordentliche Mahlzeit zu sich nehmen.[39] Sie können sich nicht genügend bewegen und müssen sich langweilige Vorträge zu Themen anhören, die für ihr Leben oft keine Relevanz haben. Wenn sie die geforderten Leistungen nicht erbringen, drohen ihnen Strafen; für gute Leistungen gibt es gute Noten als einzige – symbolische – Belohnung, mit der sich kein Erwachsener auf Dauer zufriedengeben würde.

In der Schule bleibt kein noch so unwichtiger Lebensbereich von Reglementierungen verschont. Die Schule schreibt sogar vor, wen die Schüler zur Abschlussfeier einladen dürfen.[40] In vielen Schulen sind Piercings, Ohrringe, Tattoos, Parfums und sogar Körpersprays verboten, deren Verwendung Erwachsenen sogar empfohlen wird. Wieder andere Schulen überwachen die Schüler ständig mittels Videokameras (sogar in den Garderoben und Toiletten, da man „Regelverstöße" an diesen Orten offenbar für besonders wahrscheinlich hält). Und das alles, um sicherzugehen, dass die Schüler auf keinen Fall initiativ werden und selbst eine Entscheidung treffen.

In einer angeblich freien Gesellschaft verbietet man Kindern, „ungesunde" Dinge wie Weißgebäck, Popcorn, Kartoffelchips, Pommes frites und Süßigkeiten zu essen und Softdrinks zu trinken.[41] Was geistige Nahrung anbelangt, wird die Schullektüre zensiert, damit die Schüler nicht auf „falsche Gedanken" kommen. Die Liste der Autoren, deren Werke in amerikanischen Schulbibliotheken gar nicht oder nur beschränkt erhältlich sind, liest sich wie ein Who's Who der Weltliteratur und enthält Namen wie Aristophanes, Geoffrey Chaucer, William Shakespeare, Herman Melville, Mark Twain, Jack London, F. Scott Fitzgerald, William Faulkner, Margaret Mitchell, John Steinbeck, Ernest Hemingway, J. D. Salinger, Ray Bradbury und Joseph Heller. Aristophanes geriet auf die Liste, weil in seinen Werken „anstößige" Themen wie z.B. die Macht der Frauen behandelt werden. In Joseph Hellers Buch „Catch 22" wurde das Wort „Huren" beanstandet.[42]

Ähnliche Einschränkungen gelten für Filme, Fernsehsendungen und Computerspiele. Wie sollen Jugendliche unter solchen Umständen jemals lernen, selbst zu entscheiden, was sie für gut oder schlecht halten? Wie sollen sie – um den berühmten Bildungsexperten Ken Robinson zu zitieren – ihr Element finden und bis an die Grenzen der eigenen Fähigkeiten entwickeln?[43] Außerdem haben Verbote oft den gegenteiligen Effekt. „Gestohlene Wasser sind süß", heißt es in der Bibel. Jahrhundertelang wurden Buchautoren erst dadurch berühmt, dass ihre Werke auf den Index der verbotenen Bücher gesetzt wurden. Das Gleiche gilt umso mehr im Zeitalter des Internets, mit dem sich viele Kinder genauso gut oder besser auskennen als ihre Eltern und ihre Lehrer.

In den USA ebenso wie in anderen Ländern geht der neueste Trend dahin, Schülern das Mitnehmen von Mobiltelefonen, MP3-Playern und sogar bestimmten Taschenrechnern in die Schule zu verbieten. Mit diesen Geräten könnte man nämlich bei Prüfungen schwindeln, unangemessene Fotos machen, Treffen von Jugendbanden organisieren und dergleichen mehr veranstalten. Das lässt sich ebenso wenig leugnen wie die Tatsache, dass auch Erwachsene vergleichbare und noch weitere ungehörige Dinge tun.[44]

Wenn das Schuljahr beginnt, sind die Schüler als Erstes mit einer Liste von Verboten und entsprechenden Strafen für Übertretungen konfrontiert. Manchmal sind diese Listen Dutzende von Seiten lang und in einem Juristenchinesisch abgefasst, das nicht einmal ein Anwalt ohne weiteres versteht. Mithilfe der allgegenwärtigen Computer wird jede Übertretung sofort notiert und dann nie mehr vergessen und vergeben.

Der Spielraum für „Jugendsünden" ist stark zusammengeschrumpft. Die Jugend ist nicht mehr die Zeit der Abenteuer, der Veränderung, des Neuen. Es steht zu viel auf dem Spiel. Jugendliche müssen stets darauf achten, dass ihnen kein Fehltritt passiert. Ein Bestseller des Jahres 2014 beschrieb das Ergebnis: „Excellent sheep" – die Jugend wird zu einer hervorragend ausgebildeten Schafherde erzogen.[45] Jugendliche beider Geschlechter beschreiten – aus verschiedenen Gründen – ängstlich den Weg, den die Erwachsenen ihnen vorschreiben. Wenn man sie nach dem Grund fragt, geben sie an, dass ihre Handlungen nicht von ihnen selbst, sondern von anderen bestimmt werden.[46] Ihre typische Antwort auf das, was ihnen Erwachsene sagen, lautet „Meinetwegen", und zwar in einem Maße, dass es heute in Großbritannien und den USA ganze Erziehungsprogramme gibt, in denen sich das „Meinetwegen" findet.

Aber wir sind noch nicht am Ende der Geschichte. Offenbar kann kein öffentlicher oder privater Arbeitgeber dazu gezwungen werden, an ADHS Leidende als Bürokaufleute einzustellen, Legastheniker als Juristen, Personen mit Dyskalkulie (= Rechenschwäche) als Buchhalter, krankhaft schüchterne Menschen als Verkäufer, Interessenvertreter, die sich an keine Namen erinnern können, oder sonstigen Personen eine Arbeit zu ermöglichen, bei der sie sich „selbst verwirklichen" wollen, der sie aber nicht gewachsen sind. Der Arbeitgeber erwartet vielmehr, dass die Mitarbeiter „Leistung bringen". Und der Not gehorchend tun das die meisten auch.

Bei Kindern und Jugendlichen ist alles ganz anders. Bei ihnen zählt weder die Leistung noch das Ergebnis. Sie müssen guten Willen zeigen und ihr Bestes tun. Oft genügt es, möglichst unauffällig mit den anderen mitzuschwimmen. Warum? Weil die Eltern es so wollen. Und da die Eltern es so wollen, wurde dieses Prinzip von den Regierungsverantwortlichen in die Wirklichkeit umgesetzt.

4. Nivellierung nach unten

Das Credo, wonach jedes Kind ein neuer Rembrandt, Mozart oder Einstein werden kann, ist eine der größten Lügen unserer Zeit. Es richtet auch eine Menge Schaden an, da es ein allgemeines Wunschdenken fördert und die wirklich Befähigten daran hindert, sich hervorzutun. Trotzdem glauben alle daran – oder sie tun so als ob oder werden gezwungen, daran zu glauben. Wer beruflich mit Jugendlichen zu tun hat und öffentlich kundtut, dass er/sie dieses Credo nicht teilt, riskiert Zurechtweisungen, Jobverlust oder Gerichtsverfahren, weil er/sie sich weigert, für „Chancengleichheit" zu sorgen.

Schüler wie Lehrer haben sich die neuen Regeln zu eigen gemacht. Diesen Regeln entsprechend erhalten jene die meiste Aufmerksamkeit und werden bevorzugt, die die erforderliche Leistung *nicht* erbringen. Es kommt vor, dass Eltern Psychiater oder Psychologen dafür bezahlen, dass sie bei einem Schüler ADHS oder eine andere Störung diagnostizieren, damit er in den Genuss dieser Bevorzugung kommt.[47] Unter dem Druck der Schulleitung, die ihrerseits unter Druck steht, haben Lehrer das Ignorieren und Beschönigen von Schwächen und Defiziten zur hohen Kunst erhoben.

So müssen besonders ängstliche Schüler nicht vor der gesamten Klasse sprechen oder erhalten schriftliche statt mündliche Prüfungen.

Legastheniker wieder können statt der schriftlichen Prüfung, die alle anderen absolvieren müssen, eine mündliche Prüfung ablegen. Langsame Schüler können Förderunterricht bekommen, oder es wird ihnen mehr Zeit zugestanden, um Aufgaben zu lösen und Prüfungen abzulegen. Dies wird als „flexible Betreuungszeit" bezeichnet – ein weiterer Euphemismus, der an Orwells „1984" gemahnt. Aufgrund der Annahme, dass doch etwas Intelligenz erforderlich ist, um die eigene Arbeit durch fremde zu ersetzen, wird dies bei manchen Schülern toleriert, ja sie werden dazu aufgefordert.[48]

Besonders schwierige Fälle werden Schulen für „Schüler mit besonderen Bedürfnissen" zugewiesen. In Kanada sind 4 % der Schüler dieser Gruppe zuzuordnen. In Deutschland sind es 5 %, in den USA 10 %.[49] Vielleicht hat dieser hohe Prozentsatz etwas mit der Unmenge von Psychotherapeuten und Sozialarbeitern zu tun, die ihre Existenz rechtfertigen müssen, indem sie Schülern „besondere Bedürfnisse" attestieren und dann mit ihnen arbeiten. Wider Erwarten bedeutet das Wort „besondere" jedoch nicht, dass diese Schüler nicht die gleichen Lernziele erreichen und die gleichen Prüfungen ablegen sollen wie alle anderen. Im Gegenteil, sie müssen es sogar. Wenn sie es nicht schaffen, kann die jeweilige Schule zur Verantwortung gezogen werden.

Die Schöpfer des Gesetzeswerkes, das als „No child left behind" bekannt wurde, tragen eine schwere Verantwortung. Einerseits macht es die allgemeine Nivellierung, die auch zu einer Anhebung der Durchschnittsnoten führt, den wirklich Begabten schwerer, sich hervorzutun und den gerechten Lohn für ihre Leistung zu erhalten. Andererseits werden den Schwächeren ihre Grenzen nicht bewusst gemacht. Statt sie in eine erfolgversprechende Richtung zu lenken, schraubt man ihre Erwartungen in unrealistische Höhen hinauf – der Misserfolg ist oft programmiert.

Ursprünglich wurde das erwähnte Prinzip nur im Kindergarten und in der Volksschule umgesetzt. Nach und nach bahnte es sich jedoch seinen Weg nach oben – bis in die Universitäten. Schon um 1995 sollen sich jedes Jahr 50.000 unterdurchschnittlich begabte Studenten (fast 3 %) unter den Studienanfängern befunden haben.[50] (Falls es dazu neueres Zahlenmaterial gibt, ist mir dies entgangen.) Professoren und Universitätsleitungen werden aufgefordert, für Studenten mit Lernschwierigkeiten „flexible Betreuungszeiten" und andere Formen des „Entgegenkommens" vorzusehen.[51] Angeblich sind auch Oxford und Cambridge nicht mehr dagegen gefeit.

Viele universitäre Institutionen, die ihren Studenten gegenüber agieren, als stünden sie anstelle der Eltern, behandeln diese, als ob sie noch im Mittelschul- oder einem noch jüngeren Alter wären. Regeln über angemessenes Verhalten am Campus und außerhalb desselben sind allgegenwärtig. Manche Regeln schränken die Redefreiheit ein, die eine Bildungsanstalt doch verteidigen sollte. Die Regeln mit den dazugehörigen Strafen für Übertretungen müssen genauestens studiert werden. Als wollte man noch extra darauf hinweisen, wie sehr man die Studenten am Erwachsenwerden hindert, werden die Eltern regelmäßig über die Noten ihrer Sprösslinge informiert.

Im Rahmen der allgemeinen Erziehung im 19. Jahrhundert war die Grundschule (elementary school) zunächst dazu gedacht, den Schülern die notwendigen Fähigkeiten und Fertigkeiten zu vermitteln, damit sie ihren Aufgaben als Bürger entsprechen und einen Beruf ausüben konnten. Später kam die „junior high school" hinzu, dann die „high school", die bald keine allzu „hohe" Bildung mehr bot; dann kam das College und schließlich die „graduate school". Jede Bildungsstufe hatte die Aufgabe, die Schüler auf die darauffolgende „vorzubereiten" – was immer das bedeuten sollte. Jede zusätzliche Bildungsstufe entwertete die vorhergehenden, so wie das schon in Umlauf befindliche Geld entwertet wird, wenn zusätzliches gedruckt und in Umlauf gesetzt wird.

All diese Entwicklungen wirken zusammen, um den Augenblick hinauszuzögern, in dem der junge Mensch tatsächlich „flügge wird" und den Schritt ins wirkliche Leben tut. Vor allem seit dem Ausbruch der Wirtschaftskrise im Jahre 2008 kommt dieser Augenblick für viele zu spät. Sie haben fast zwei Jahrzehnte damit zugebracht, tapfer zur Schule zu gehen, in der Hoffnung, zwar nicht zur Spitze vorzustoßen, aber doch einen guten mittleren Rang zu erreichen – und finden sich ohne Hoffnung auf einen Arbeitsplatz ganz unten wieder.[52]

Je friedlicher unsere Gesellschaft wird – es gibt keine großen Kriege, nie in der Geschichte war die Wahrscheinlichkeit eines gewaltsamen Todes für Angehörige einer westlichen Gesellschaft geringer[53] – desto mehr nimmt die Risikofreudigkeit und die Widerstandskraft der Menschen, vor allem der Männer, ab. Sowohl nach der Rechtsordnung wie im praktischen Leben werden bei der Lösung zahlreicher Probleme, die früher den Kontrahenten selbst überlassen war, die Polizei, die Gerichte oder soziale Dienste tätig; manchmal wirken alle drei zusammen.

4. Nivellierung nach unten

Die Linguistik bestätigt diese Trends. Wir haben uns bereits mit der zunehmenden Wichtigkeit der Begriffe „Kindheit" und „Jugend" beschäftigt. Später kam der Begriff „Jugendlicher" („youngster") dazu, der den Höhepunkt seiner Beliebtheit in den 1950er Jahren erreichte. In den 1940er Jahren war im Englischen das Wort „teenager" mit seinen verschiedenen Konnotationen aufgetaucht, zu denen auch „mangelnde Körperkraft und Einsicht"[54] gehörten. Trotz oder eher wegen dieser Nebenbedeutung sollte dieser Begriff einen besonderen Höhenflug der allgemeinen Akzeptanz erleben.

Von 1840 bis 1920 bezeichnete man Männer, die sich in universitären Bildungsanstalten immatrikulierten, als „college men" (Studenten). In der Zwischenkriegszeit entstand der Begriff „college kids" für beide Geschlechter. Die Häufigkeit dieses Begriffes stieg rasant; im Jahr 2000 hatte er „college men" und „college women" überholt, beide Begriffe dürften zum Aussterben verurteilt sein. Es gibt sogar die Bezeichnung „college child", die in den 1960er Jahren auftauchte, die anderen Begriffe aber nicht überholt hat.

Nehmen wir ein anderes Beispiel: das Wort „violence" (Gewalt), das im Englischen um 1300 zum ersten Mal auftritt. Es bedeutete ursprünglich „Körperkraft, die eingesetzt wird, um zu verletzen oder Schaden zuzufügen". Eine andere Definition lautet „rohe oder verletzende Körperkraft, Handlung oder Behandlung".[55] Als jedoch die körperliche Gewalt zurückging, nahm das Wort neue Bedeutungen an. Nach einer heutigen Definition gibt es auch verbale, kulturelle, symbolische, emotionale, psychische oder strukturelle Gewalt (letzterer Begriff gibt Rätsel auf: wie kann eine Struktur, also etwas Unbewegliches, Gewalt ausüben?).[56] Beispiele solcher „Gewalt" sind „Elitismus, Ethnozentrismus, Klassismus, Rassismus, Sexismus, Adultismus, Nationalismus, Heterosexismus und Ageismus"[57]; kurz gesagt: alle mündlichen oder schriftlichen Äußerungen, die die Tatsache anerkennen, dass nicht alle Menschen völlig gleich sind und dass es Unterschiede zwischen ihnen gibt.

Auch der Begriff „Trauma", der im Griechischen „Wunde" bedeutet, stand früher für eine körperliche Verletzung. Erst nach 1945 war er auch auf dem Gebiet der Psychologie von Bedeutung. Das Wort „oppression" (Unterdrückung) bedeutete früher „ungerechte oder grausame Machtausübung"[58] und war fast immer mit Gewaltanwendung verbunden. Heutzutage gibt es verbale, emotionale, psychische und kulturelle Unterdrückung. Von Tag zu Tag scheint die Unterdrückung in neue Bereiche vorzudringen.⁵⁹ Gott behüte, dass irgendjemand irgendwie erschreckt oder mit einer Beleidigung allein gelassen wird; wie immer dem auch sei ...

Durch „Unterdrückung" wird man automatisch zum „Opfer". Damit wird ausgesagt, dass der oder – in noch stärkerem Maß – *die* Betroffene den widrigen Umständen oder den bösen Mitmenschen hilf- und wehrlos gegenübersteht. So entstehen drei weitere Begriffe, nämlich „Viktimisierung" („victimization"), „Viktimologie" („victimology") und „Opferrolle" („victimhood"). Die ersten beiden wurden in den 1960er Jahren populär, der dritte folgte in den 1980ern und hat eine noch glänzendere Karriere hingelegt als seine beiden älteren Verwandten. Ähnlich verhielt es sich mit Begriffen wie „abuse" (dt: „Missbrauch", aber auch „Beleidigung") und „survivor" (Überlebende/r, überlebendes Opfer, Betroffene/r). Es gibt sogar ein Buch, in dem „verbal abuse survivors" zu Wort kommen.⁶⁰

Der Begriff „Mut" hat eine besonders merkwürdige Entwicklung durchgemacht. „Mut" war immer jene Eigenschaft, ohne die kein Krieg geführt werden konnte. Mut bedeutete die Bereitschaft, für eine gute Sache oder für andere Menschen, deren Leben man höher schätzt als das eigene, Gefahren auf sich zu nehmen – vor allem die größte Gefahr, die es gibt, nämlich erstochen, erschossen, erdrückt oder in Stücke gerissen zu werden. Gerade diese Eigenschaft erschien besonders bewundernswert. Mutig ist ein Feuerwehrmann, der sich in ein brennendes Haus begibt, um die Bewohner in Sicherheit zu bringen. Hingegen ist ein Bewohner desselben Hauses, der sich durch einen Sprung aus dem Fenster rettet, nicht notwendigerweise mutig. Er könnte ganz einfach in Panik geraten sein.

In den letzten paar Jahrzehnten hat der Begriff sich in alle möglichen Richtungen ausgeweitet und wurde dabei verwässert und entwertet. Jeder „Prominente", der krank wird und nicht ununterbrochen darüber klagt und weint,⁶¹ wird wegen seines „mutigen Kampfes" gegen das Chronische Ermüdungssyndrom (CFS), gegen seine Depressionen oder sogar gegen seine „Esssucht" oder eine schiefgegangene Liebesbeziehung gepriesen. Menschen werden als „mutig" bezeichnet, weil sie offen über ihre Homosexualität oder über ein Missbrauchserlebnis in ihrer Kindheit sprechen. Manche führen sogar einen „mutigen" Kampf gegen den Stress, von dem ein Cricketspieler heimgesucht wird!⁶² Gewiss, für all das ist ein gewisser Mut notwendig. Aber welches Risiko geht eine Anorexiepatientin ein, und wem außer ihr selbst nützt es, wenn sie gegen ihre Krankheit kämpft?

5. „Aus Österreich kam ein Mann"

Angeblich bedeutet „Jugend" die „Suche nach Neuem, soziales Engagement, gesteigerte emotionale Intensität und kreatives Erkunden".[63] Die moderne westliche Gesellschaft versucht jedoch zielstrebig, all das zu verhindern. Echte und falsche Wohltäter – Vereine, Gewerkschaften, NGOs, „fortschrittliche" Staaten, Eltern, Gesetze, Schulen und Universitäten – scheinen miteinander verschworen, um junge Menschen vor allem Möglichen, nicht zuletzt vor sich selbst, zu schützen. Es fehlt auch nicht an Forderungen nach weiteren Vorschriften. So sollen Unter-18-Jährige (bzw. Unter-21-Jährige oder Unter-25-Jährige) nur nach einer „geschlechtergerechten Taschen- und Abtastkontrolle" Zutritt zu bestimmten „öffentlichen Veranstaltungen" erhalten.[64] Dass das Bestreben, Kinder und Jugendliche zu „schützen", im Laufe der Geschichte zu schweren Verbrechen Anlass gegeben hat – man denke nur an die Hinrichtung des Sokrates im Jahre 399 v. Chr. –, wird dabei übersehen.

Kein Wunder, dass viele junge Menschen nicht mehr wissen, wie man mit Problemen fertig wird – wie sollen sie erst mit einem Gegner aus einem nichtwestlichen Land fertig werden, wenn sie ihm auf dem Gefechtsfeld gegenüberstehen? Zwei Triebkräfte sind für diese Entwicklung verantwortlich: Erstens wollen viele Erwachsene den Zeitpunkt, zu dem die Jugendlichen ihnen Konkurrenz machen können, möglichst lange hinausschieben. In unserer schnelllebigen Welt müssen sie diese Konkurrenz fürchten. Junge Menschen passen sich leichter an, sie lernen schneller, merken sich das Gelernte leichter und können mit den neuen Technologien, vom Smartphone aufwärts, besser umgehen. Angesichts der steigenden Lebenserwartung gibt es immer mehr ältere Menschen, die verzweifelt versuchen, den Ruhestand und den damit oft verbundenen Status- und Einkommensverlust hinauszuschieben. Dadurch versperren sie den nachdrängenden Jüngeren den Weg.[65]

Zweitens besteht in dem Fall, dass Jugendliche selbst zu Schaden kommen oder andere verletzen, ein Haftungsrisiko. Es bedarf nicht der Erwähnung, dass die Haftung auch der Geldgier Tür und Tor öffnet. Der Zweck der Übung besteht wieder darin, junge Menschen nicht erwachsen werden zu lassen. Zuerst schafft man den Begriff „Jugend", dann zwingt man jene, die das Jugendalter erreicht haben, mit allen nur möglichen Mitteln, möglichst lange in diesem Stadium zu verbleiben.[66] Menschen und Organisationen, die daran ein Interesse haben, ist es gelungen, das Jugendalter bis Mitte Zwanzig auszudehnen. Einige gehen so weit, auch über Dreißigjährige einzubeziehen.[67]

Dieser Wandel findet nicht nur in den USA statt. In Großbritannien erhalten „Kinderpsychologen" neue Anweisungen im Hinblick auf ihre Patienten, die in diesem Fall bis zu 25 Jahre alt sind. Als offizielle Begründung wird angegeben, dass junge Menschen vor Minderwertigkeitskomplexen bewahrt werden sollen (warum junge Menschen mit ihrer Lebensenergie und ihrem Einfallsreichtum eher zu Minderwertigkeitskomplexen neigen sollten als ältere, bleibt ungesagt – vielleicht, weil Ältere alles in ihrer Macht Stehende tun, um sie an der Ausbildung dieser Eigenschaften zu hindern?).[68] Die inoffizielle Begründung besteht darin, dass die Psychologen die Möglichkeit erhalten sollen, auch Personen bis 25 Jahren zu behandeln und damit ihren Tätigkeitsbereich zu erweitern. Ein Gericht in Italien sprach vor einigen Jahren einem Mann Mitte Dreißig das Recht zu, von seinen Eltern unterstützt zu werden, bis er einen Beruf gefunden habe, der „seinen Erwartungen entspricht". Der junge Mann studierte Jura.[69]

Um ihr Ziel zu erreichen, greifen die daran interessierten Personen und Organisationen zu zwei parallel laufenden Methoden. Einerseits werden junge Menschen mit so vielen Verboten umgeben, dass sie kaum einen Finger rühren können, ohne eine dieser Vorschriften zu übertreten. Andererseits hebt man ihr „Selbstbewusstsein", indem man alle Hindernisse, die sie zu überwinden haben, künstlich herunterschraubt oder aus dem Weg räumt. In der frühen Kindheit hat diese Vorgangsweise noch eine gewisse Berechtigung. Sie wird aber immer mehr ausgedehnt und ist jetzt bereits bei Graduiertenstudien festzustellen. 1940 machte in den USA die Bestnote „A" noch 15 % aller an Universitäten vergebenen Noten aus. Heutzutage wird die Note „A" in 45 % der Fälle vergeben und ist damit zur häufigsten Note geworden.[70] Der Universitätslehrer steht vor einem Dilemma. Wenn er mit dem allgemeinen Trend geht, bestraft er die Hochbefähigten, fördert Wunschdenken und belohnt die Mittelmäßigen. Wenn er sich dem Trend entgegenstellt, bestraft er jene Studenten, die seine Lehrveranstaltung und nicht die eines anderen Vortragenden gewählt haben. Was er auch tut, er macht seinen besten Studenten das Leben schwerer.

Das Schlimmste ist jedoch: Wenn junge Menschen versuchen, gegen den auf sie ausgeübten Druck Widerstand zu leisten, wird das nicht als ein Zeichen von Reife, schon gar nicht als Einfallsreichtum oder jugendlicher „Sturm und Drang", sondern als krankhafte Erscheinung wahrgenommen, die behandelt werden muss. Damit werden medizinische Versorgung und Disziplinierungssystem praktisch ununterscheidbar. Beide geraten dadurch ins Zwielicht.[71] Die Zahlen sprechen für sich: Normalerweise würde man erwarten, dass die jungen Menschen, die noch nicht dem vollen Druck des Erwachsenenlebens ausgesetzt sind und gegen jede mögliche Beeinträchtigung ihres empfindlichen Selbstbewusstseins unablässig geschützt werden, den gesündesten Teil der Bevölkerung stellen müssten. Tatsächlich wurden in den USA im Jahre 2007 fast 40 % der Kinder zwischen 12 und 17 Jahren wegen Depressionen und anderen psychischen Störungen behandelt.[72] Sechs Jahre später war bei „verblüffenden 19 % aller 12–17-jährigen Jungen in den USA AHDS diagnostiziert worden, ungefähr 10 % erhielten Medikamente dagegen".[73] Die Kosten der Psychopharmaka, die Jugendliche einnehmen müssen, übersteigt jene aller anderen Jugendlichen verschriebenen Medikamente zusammengenommen.[74]

In Deutschland ist die Lage nicht viel anders. 2014 wurden bei sechsmal so vielen Kindern Depressionen diagnostiziert wie 2000.[75] Dass sich die Diagnose, ebenso wie in vielen anderen Ländern, auch als falsch herausstellen kann, macht die Sache noch schlimmer. In den USA erhielt 2014 eines von fünf Schulkindern Ritalin, das sich von Kokain hauptsächlich darin unterscheidet, dass es von führenden Arzneimittelherstellern völlig legal und äußerst gewinnbringend hergestellt wird. Die Liste der von Ritalin verursachten Nebenwirkungen, von denen einige – wie verlangsamtes Wachstum, Krampfanfälle und Sehstörungen – als „schwer" bewertet werden, ist zu lang, um hier zitiert zu werden.[76]

Ritalin wird Jungen ungefähr drei Mal so oft verschrieben wie Mädchen. Eine Erklärung dafür ist, dass deren Naturell sie weniger folgsam und gefügig macht. Möglich ist auch, dass es Buben wegen ihrer größeren Lebhaftigkeit schwerer fällt, stundenlang stillzusitzen, wie es in der Schule in zunehmendem Maße verlangt wird. Eine dritte Erklärung könnte darin liegen, dass das Lehrpersonal, das mehrheitlich aus Frauen und zu einem großen Teil aus Feministinnen besteht, ihnen den Krieg erklärt hat. Ein Buchautor charakterisierte dies wie folgt: „Buben werden sogar wegen ihrer gewalttätigen Phantasie gescholten – wegen der Gewalt in den Geschichten, die sie gern hören, wegen der Gewalt in den Büchern, die sie gern lesen, wegen der Gewalt in den Spielen, die sie gerne spielen. (Diese Eigenschaften) werden bestraft, pathologisiert und stigmatisiert – von der Wiege bis zum Universitätscampus. Sogar brave Jungen werden wie schlimme Jungen behandelt, weil sie sich zu ‚Banden' zusammenschließen, weil sie ‚xenophob' oder patriotisch sind, weil sie andere ausschließen. Videospiele, Kampfsportarten und Filme werden als ‚zu brutal' in Verruf gebracht."[77] Die Jungen müssen entweder die Mädchen bei ihren Spielen mitmachen lassen, obwohl Mädchen eine ganz andere Vorstellung von einem lustigen Spiel haben, oder diese „Jungenspiele" dürfen eben nicht mehr stattfinden.

Es sind jedoch die jungen Männer, die immer den Großteil der Soldaten gestellt haben. Vierzig Jahre, nachdem in den 1970er Jahren die Feminisierung der Streitkräfte begann, bestehen die Kampftruppen immer noch praktisch ausschließlich aus Männern. Dies gilt vor allem am Boden, wo die meisten „neuen Kriege" (der Begriff stammt von der Politologin Mary Kaldor) ausgetragen werden und wo fast alle Verluste zu beklagen sind.[78] Deshalb waren nicht einmal 3 % aller Gefallenen im „globalen Krieg gegen den Terror" weiblich.[79] Bei dieser Berechnung sind private Militärunternehmen nicht einberechnet, deren Beschäftigte so gut wie ausschließlich männlich sind und zum Großteil die gleichen Aufgaben erfüllen wie Soldaten. Daher wird auch mit der Angabe „3 %" der weibliche Beitrag übertrieben und der männliche Beitrag untertrieben – wahrscheinlich mit Absicht, wie wir noch sehen werden.

Der Krieg stellt den einzelnen Soldaten, vom höchsten bis zum niedrigsten, „auf die härteste Probe seiner seelischen und körperlichen Widerstandskraft", heißt es in der berühmten deutschen Heeresdienstvorschrift 300/1 aus dem Jahr 1936.[80] Ist es angesichts der oben beschriebenen Tatsachen ein Wunder, dass das Durchschnittsalter der höheren Offiziere immer mehr ansteigt? Vorbei sind die Zeiten, als der achtzehnjährige Alexander in der Schlacht von Chaironeia im Jahr 338 v. Chr. die Reiterei des väterlichen Heeres befehligte und sich anschickte, die Welt zu erobern. Oder als der fünfundzwanzigjährige Scipio (der zu diesem Zeitpunkt noch nicht den Beinamen „Africanus" führte) in Hispanien den Oberbefehl über die besiegte römische Armee übernahm und sie gegen Karthago zum Sieg führte. Oder als Pompeius, später „der Große" genannt, im Alter von fünfundzwanzig Jahren sein erster Triumph vergönnt war. Oder als Octavian, der erst neunzehn Jahre alt und noch nicht als Augustus bekannt war, im Jahr 44 v. Chr. das Kommando über die Heere seines Großonkels Julius Caesar übernahm. Oder als Salahuddin Ayubi („Saladin") mit neunundzwanzig Oberkommandierender wurde. Oder als Jeanne d'Arc mit achtzehn Jahren den Franzosen zum Sieg verhalf.

Im Escorial, dem düster-strengen Palast, den sich Philipp II. nördlich von Madrid erbauen ließ, gibt es eine Krypta, in der einige Mitglieder der Familie Habsburg begraben sind. Eines der Gräber trägt die Inschrift: „Aus Österreich kam ein Mann." Dieser Mann war Don Juan d'Austria (Ritter Johann von Österreich), unehelicher Sohn Karls V. und damit ein Halbbruder Philipps II. Mit vierundzwanzig Jahren befehligte er die christlichen Heere und fügte den osmanischen Seestreitkräften bei Lepanto eine Niederlage zu, von der sie sich nie mehr erholten. Zu Philipps erfolgreichsten Heerführern gehörte auch Alessandro Farnese; er war dreiunddreißig, als er das Kommando über das 80.000 Mann zählende spanische Heer in den Niederlanden – damals das mächtigste Heer Europas – übernahm. Der schwedische König Karl XII. war erst achtzehn, als sein Vaterland von einer Koalition aus Dänemark-Norwegen, Sachsen-Polen-Litauen und Russland angegriffen wurde. Brach er unter der Last der Verantwortung zusammen? Wurde er traumatisiert? Brauchte er eine kinderpsychologische Behandlung? Der junge König, der unter feindlichem Feuer immer kaltblütig blieb, übernahm zuerst das Kommando über ein Heer von achttausend Mann und dreiundvierzig Schiffen und besiegte die Dänen, die daraufhin als Gegner ausfielen. Dann schlug er in der Schlacht von Narva ein vierfach überlegenes russisches Heer. Zwei Jahre später brachte er den Polen eine so vernichtende Niederlage bei, dass er seinen eigenen Kandidaten auf den polnischen Thron setzen konnte.

Friedrich II. von Preußen war achtundzwanzig, als er seinen ersten Feldzug gegen Österreich anführte, den er beinahe verlor. Napoleon, oder vielmehr General Bonaparte, übernahm mit sechsundzwanzig Jahren das Kommando über die Italienarmee und führte sie zu spektakulären Siegen. Viel später schrieb er: „Wenn ein Mann sein fünfunddreißigstes Lebensjahr erreicht" – so alt war er selbst bei seinem größten Sieg bei Austerlitz im Jahre 1805 gewesen –, „beginnen seine militärischen Fähigkeiten nachzulassen. Keiner hat je sein Bett so geliebt wie ich." Man bedenke: Bei den Streitkräften der heutigen westlichen Staaten tritt man mit fünfunddreißig erst in die Generalstabsakademie ein; bevor man diese abschließt, wird man nicht für fähig gehalten, auch nur ein Bataillon zu kommandieren!

Der israelische De-facto-Oberkommandierende während des Unabhängigkeitskrieges, Yigal Yadin, war einunddreißig Jahre alt. Sein erfolgreichster Untergebener, Yigal Allon, war ebenso alt. Zu Beginn des Krieges schlug Allon die Araber im Norden, dann in der Landesmitte. Danach befehligte er eine Division gegen die Ägypter, die er aus dem Negev auf die Halbinsel Sinai vertrieb. Hätte man ihm freie Hand gelassen, so hätte er die ägyptische Armee vernichtet. Als Yitzhak Rabin während der verzweifelten Kämpfe um Jerusalem im April und Mai 1948 eine Brigade kommandierte, war er gerade sechsundzwanzig Jahre alt geworden. Die meisten seiner Soldaten, die in der Eliteeinheit Palmach („Einsatztruppen") dienten, waren zwischen achtzehn und zweiundzwanzig Jahre alt.[81] Viele hatten die Schule noch nicht abgeschlossen, als sie einrückten. Manche waren von zu Hause weggelaufen. Es fehlte ihnen an Erfahrung und geeigneter Ausrüstung; da der Palmach unter der britischen Mandatsherrschaft im Geheimen hatte agieren müssen, war auch die Ausbildung unzureichend. Dass sie jedoch zu kämpfen und auch zu sterben verstanden, zeigen die schweren Verluste: innerhalb von zwölf Monaten war ein Drittel gefallen. Ein berühmtes hebräisches Gedicht bezeichnet diese Toten als „das Silbertablett, auf dem der israelische Staat seinem Volk präsentiert wurde".

Hätten die modernen westlichen Staaten mit Absicht ein Ausbildungssystem erfinden wollen, das die jungen Männer in Weicheier verwandelt, die an jedem Kriegsschauplatz der Dritten Welt unweigerlich besiegt werden, so hätten sie kaum erfolgreicher sein können.

KAPITEL II
Ein Heer wird zum Papiertiger

1. „Aufs Pferd, aufs Pferd!"

Der Vietnamkrieg war für die USA eine ernüchternde Erfahrung, die die Abschaffung der allgemeinen Wehrpflicht zur Folge hatte. Stattdessen wurde auf das Modell des freiwilligen Berufsheers mit langer Dienstzeit zurückgegriffen, das in den USA eine lange geschichtliche Tradition hatte.[1] Seither sind fast alle westlichen Staaten, mit einiger Verspätung auch die neuen osteuropäischen NATO-Mitglieder, diesem Beispiel gefolgt.

Während die Truppenstärke abnahm, stieg die Zahl der hohen Offiziere rapide an. 2015 hatte die Bundeswehr im Vergleich zur Truppenstärke viermal so viele Generäle wie die – als besonders leistungsfähig bekannte – Wehrmacht in den Jahren 1939–1945.[2] Insofern diese Veränderungen mit der Notwendigkeit zusammenhängen, den Generälen die Reduktion des Heeresbudgets schmackhaft zu machen, kann man sagen, dass diese ihren eigenen Interessen, nicht aber denen des gesamten Heeres gedient haben.

In den USA ist die Lage noch schlimmer. Im Zweiten Weltkrieg kam ein Oberst auf 672 aktive Soldaten. Im Vietnamkrieg kam ein Oberst auf 163 Mann.[3] Zwischen März 1942 und April 1945 kam in der Army und im Air Corps ein Viersternegeneral auf zwei Millionen Soldaten. 2015 kam einer auf 37.000 Soldaten, was einer 44-fachen Zunahme entspricht.[4] Demensprechend stiegen auch die Kosten in Form von Gehaltszahlungen, Pensionen und Zulagen.

Diese Kosten waren jedoch nur ein geringer Teil des Preises, der für diese Entwicklung zu bezahlen war. Das Pentagon hat die Regierung Obama – besonders die Sicherheitsberaterin Susan Rice – scharf kritisiert, weil sie angeblich versuchte, sich in Details der Militärverwaltung einzumischen.[5] Dies könnte durchaus stimmen; es stimmt aber auch, dass in allen westlichen Staaten infolge der inflationären Zunahme der hohen Dienstgrade Zwei- und Dreisterngeneräle jene

Entscheidungen treffen, die früher von Einsterngenerälen getroffen wurden. Ganze Hierarchien von hohen Offizieren fliegen mit Helikoptern über das Gefechtsfeld, um die armen Untergebenen am Boden zu überwachen. Schon die Anzahl der Generäle bürgt geradezu dafür, dass sie sich gegenseitig behindern. Auf den unteren Stufen der Hierarchie sieht es nicht anders aus. So lässt sich ein Teil der Phänomene erklären, die in diesem Kapitel behandelt werden.

Ein weiteres Problem ist das Eindringen bestimmter Einstellungen aus der zivilen in die militärische Sphäre. Dies ist umso wahrscheinlicher, je weniger Kriege geführt werden und je unbedeutender diese Kriege sind. Seit 1945 hat ein Großteil der westlichen Truppen die meiste Zeit zu Hause verbracht. Sogar im Vietnamkrieg, dem größten bewaffneten Konflikt, an dem eine westliche Macht seit 1945 beteiligt war, wurden knapp 30 % der GIs tatsächlich nach Südostasien geschickt.[6] Dass der Frieden ein Segen ist, wohl der größte Segen überhaupt, kann niemand bestreiten. Ebenso wünscht sich niemand eine Gesellschaft, in der Soldaten und Zivilisten in hermetisch voneinander abgeschotteten Welten leben und die militärische Welt deshalb eine Gefahr für die Demokratie darstellen kann. Trotzdem kann keine Armee ohne ihre spezifischen Werte, zu denen Hierarchie und Disziplin gehören, lange Zeit existieren, geschweige denn funktionieren.

Sehen wir uns zunächst an, wie der Militärdienst einmal ausgesehen hat und was in den letzten Jahrzehnten daraus geworden ist. Im gesamten Verlauf der Geschichte hat man eingesehen, dass der Krieg eine tödliche, wenn auch manchmal absolut notwendige Angelegenheit ist. Man hat auch eingesehen, dass jenen, die für die Allgemeinheit kämpfen und auch sterben, mehr Freiheiten zugestanden werden müssen als den anderen. Dabei spielen auch die Entbehrungen eine Rolle, die die Soldaten auf sich nehmen und die sie lebenshungrig machen. In Sparta opferten die Soldaten der Göttin Aphrodite, bevor sie in die Schlacht zogen. Was bei diesem Opfer geschah, weiß man nicht genau; das griechische Wort *aphrodiazein* bedeutet jedenfalls „sich der Lust hingeben".[7]

Platons Vorstellung eines totalitären Staates mit strenger Überwachung des Sexuallebens *aller* Bürger sah auch vor, dass Männer, die sich im Krieg ausgezeichnet hätten, öfter Gelegenheit zum Sex erhalten sollten.[8] Caesar „beachtete" nach den Angaben seines Biographen Sueton weder „alle Vergehen" seiner Soldaten, „noch ahndete er sie im Verhältnis zu ihrer Schwere … Und so befreite er sie manchmal nach einer großen siegreichen Schlacht von allen Dienstpflichten und räumte ihnen ein, sich überall ausgelassen zu vergnügen; gewöhnlich brüstete er sich mit der Bemerkung, seine Soldaten könnten sogar gesalbt gut kämpfen". Bei einem Triumphzug durften die Soldaten sogar zotige Lieder über Caesar singen!⁹

Im frühen 16. Jahrhundert gewährten die spanischen Befehlshaber in Süditalien und anderswo ihren Soldaten Annehmlichkeiten und Vorrechte, die für Zivilisten normalerweise nicht vorgesehen waren.¹⁰ Napoleon machte es mit seiner kaiserlichen Garde ebenso. Der britische Maler Benjamin Haydon bekam diese Soldaten 1814 in Fontainebleau zu Gesicht. Er berichtete, er hätte „nie furchterregendere Kerle ... gesehen. Sie sahen aus wie reinrassige, altgediente, geschulte Banditen. Verderbtheit, Verwegenheit und Blutdurst waren ihnen ins Gesicht geschrieben ... Schwarze Schnurrbärte, riesige Bärenfellmützen und ein bösartiger Gesichtsausdruck kennzeichneten sie."¹¹ Der Kaiser, ein geborener Heerführer, achtete auf ihr Wohlergehen. Dazu gehörte, dass er als Zeichen seiner Zuneigung ein Auge zudrückte, wenn sie sich gewisse Freiheiten herausnahmen. Die Kaisergarde war eine Elitetruppe. Sie war berühmt für ihre Disziplin – auf dem Schlachtfeld, nicht in der dienstfreien Zeit – und zeichnete sich durch Mut, Durchhaltevermögen und vor allem durch den eisernen Willen aus, zu siegen oder zu sterben. Als sich die Garde in der Schlacht von Waterloo 1815 zurückzog, trauten die Menschen ihren Augen nicht.

Solche Truppen haben immer das Rückgrat aller Armeen gebildet, und so wird es bis zum Jüngsten Tag bleiben. Niemand hat diesen Gedanken besser zum Ausdruck gebracht als Friedrich Schiller in seinem „Reiterlied" (1797). Dieses herrliche Gedicht möchte ich hier in voller Länge wiedergeben:

> Wohl auf, Kameraden, aufs Pferd, aufs Pferd!
> Ins Feld, in die Freiheit gezogen.
> Im Felde, da ist der Mann noch was wert,
> Da wird das Herz noch gewogen.
> Da tritt kein anderer für ihn ein,
> Auf sich selber steht er da ganz allein.
>
> Aus der Welt die Freiheit verschwunden ist,
> Man sieht nur Herren und Knechte,
> Die Falschheit herrschet, die Hinterlist,
> Bei dem feigen Menschengeschlechte,
> Der dem Tod ins Angesicht schauen kann,
> Der Soldat allein, ist der freie Mann.

Des Lebens Ängsten, er wirft sie weg,
Hat nicht mehr zu fürchten, zu sorgen,
Er reitet dem Schicksal entgegen keck,
Trifft's heute nicht, trifft es doch morgen,
Und trifft es morgen, so lasset uns heut
Noch schlürfen die Neige der köstlichen Zeit.

Von dem Himmel fällt ihm sein lustig Los,
Brauchts nicht mit Müh zu erstreben,
Der Fröner, der sucht in der Erde Schoß,
Da meint er den Schatz zu erheben,
Er gräbt und schaufelt, solang er lebt,
Und gräbt, bis er endlich sein Grab sich gräbt.

Der Reiter und sein geschwindes Ross,
Sie sind gefürchtete Gäste;
Es flimmern die Lampen im Hochzeitschloss,
Ungeladen kommt er zum Feste.
Er wirbt nicht lange, er zeiget nicht Gold,
Im Sturm erringt er den Minnesold.

Warum weint die Dirn und zergrämt sich schier?
Lass fahren dahin, lass fahren!
Er hat auf Erden kein bleibend Quartier,
Kann treue Lieb nicht bewahren.
Das rasche Schicksal, es treibt ihn fort,
Seine Ruhe lässt er an keinem Ort.

Drum frisch, Kameraden, den Rappen gezäumt,
Die Brust im Gefechte gelüftet!
Die Jugend brauset, das Leben schäumt,
Frisch auf! eh der Geist noch verdüftet!
Und setzet ihr nicht das Leben ein,
Nie wird euch das Leben gewonnen sein.

2. Krieg den Männern

Die „Dirn" weint beim Abschied – Schillers Reiter ist also kein gewissenloser Rüpel. Er hat sie wohl verführt, aber nicht vergewaltigt. Aber er ist auch kein Weichling und kein Musterknabe. Er gönnt sich sein Vergnügen, er genießt in vollen Zügen und lässt sich davon nicht abhalten. Kann man es ihm übelnehmen? Heute kann er feiern – für ihn gibt es kein Morgen. Wenn die Sonne das nächste Mal untergeht, liegt er vielleicht schon schwer verwundet oder tot auf dem Schlachtfeld.

All das ist vom heutigen westlichen Soldatentum meilenweit entfernt. Je begrenzter die Kriege, an denen sie teilnehmen, und je geringer die Verluste, die sie erleiden, desto mehr werden die Soldaten als Schlägertypen und/oder als unmündige Kleinkinder und/oder als Weicheier behandelt. Noch dazu geschieht das zu einem Zeitpunkt, an dem durch die Umstellung von der allgemeinen Wehrpflicht zum Freiwilligenheer das Durchschnittsalter der Soldaten ansteigt.[12] Unter den Offizieren haben die steigende Lebenserwartung und die Pensionskosten einen ähnlichen Trend ausgelöst. Je älter die Offiziere, desto mehr sind sie offenbar geneigt, ihre Untergebenen in der beschriebenen Weise zu behandeln.

Um Spannungen mit der Zivilbevölkerung zu vermeiden, dürfen die zehntausenden in Yokosuka (Japan) stationierten US-Soldaten nicht allein in eine Kneipe gehen. Sie müssen um 23 Uhr in der Kaserne sein; dort dürfen sie nach 22 Uhr keinen Alkohol trinken.[13] Im Juni 2014 sah ich mir die Gegend an und war erstaunt, wie wenige Soldaten nach Dienst zu sehen waren – alkoholisierte schon gar nicht. Ich wusste damals nicht, dass für sie eine Art Ausgangssperre galt. Je niedriger der Rang, desto eher war dies der Fall.[14] In Korea ist es ebenso. Ein GI schrieb, die Soldaten hätten in mancher Hinsicht weniger Rechte als ihre halbwüchsigen Kinder.[15] Die Liste ließe sich beliebig fortsetzen.

Um in einer Menschenmenge nicht aufzufallen und zur Zielscheibe von Terroranschlägen zu werden, dürfen US-Soldaten – und nicht nur sie – in Europa außerhalb der Kaserne ihre Uniform nicht tragen.[16] Kann man sich vorstellen, dass die römischen Soldaten, die in Palästina stationiert waren, ihre Rüstung abgelegt hätten, um den dortigen dolchbewehrten „Terroristen", den *sicarii*, kein Angriffsziel zu bieten?[17] Oder dass die Wehrmachtssoldaten im besetzten Paris Zivil getragen hätten, um nicht die Aufmerksamkeit der Résistance zu erregen? Seit wann behaupten Soldaten sich auf diese Weise? War es nicht immer Sinn und Zweck der Uniform, die Soldaten von den Zivilisten unterscheidbar zu machen, ihren Zusammenhalt und ihren Stolz zu stärken?[18] Gewiss gehören zum soldatischen Alltag auch Einschränkungen, was den Lebensstil, das Verhalten und die Mobilität betrifft. Müssen diese jedoch so demütigend und unehrenhaft sein wie eben beschrieben?

Die Militärakademien werden in dieser Beziehung, wenn möglich, noch schlechter geführt. Ein langjähriger Ausbildner an der Marineakademie in Annapolis hat das zentrale Paradoxon beschrieben: Die Militärakademien ziehen „Alpha"-Typen an, die die ehrgeizige und energiegeladene Elite der amerikanischen Nation darstellen.[19] Wenn diese Leute jedoch ihre Eignung bewiesen haben, werden sie wie in einem Super-Kindergarten behandelt. Als Studenten sind sie kaserniert, jeder Schritt wird überwacht, jeder Uniformknopf und jede Ehrenbezeigung kontrolliert. Man schreibt ihnen vor, wann sie Vorlesungen zu besuchen, wann sie zu lernen, wann sie Sport zu betreiben und wann sie zu schlafen haben. Die Hausordnung schreibt auch vor, mit wem sie eine Verabredung haben dürfen und mit wem nicht, wann sie Zivilkleidung tragen dürfen und wann nicht, in welchem Studienabschnitt sie sich ein Auto kaufen dürfen und so weiter. Alle müssen Football-Spiele besuchen und Bravo rufen. Alle müssen bestimmte kulturelle Veranstaltungen besuchen, die meist abends abgehalten werden. Nach einem harten Tag mit entsprechender sportlicher Betätigung sind sie dabei allerdings meist so müde, dass viele einfach einschlafen.

Auch hier ist ein Teil dieser Regelungen durch die Furcht vor einer Haftung zu erklären, falls jemandem etwas passiert. Daher ist vieles, was in den Akademien geschieht, nur schöner Schein, der sich höchstens dazu eignet, beim Besuch von Würdenträgern Eindruck zu schinden. Die Studenten – oder Kadetten, wie sie in vielen Ländern heißen – sind meist hochintelligent und hochmotiviert, ihren künftigen Beruf zu beherrschen. Viele von ihnen sind jedoch nicht der Typ des Akademikers, der theoretisches Wissen erwerben, am Schreibtisch sitzen, lernen, Prüfungen ablegen und wissenschaftliche Arbeiten schreiben will. Durch ihren Eintritt in die Akademie haben viele sogar gehofft, einer Schreibtischtätigkeit zu entgehen. Sonst hätten sie – abgesehen davon, dass die vierjährige Ausbildung in einer Eliteuniversität vom Staat bezahlt wird – genauso gut auf ein „ziviles" College gehen können. Noch dazu ist es mehr als zweifelhaft, ob Subalternoffiziere in ihren ersten Dienstverwendungen das theoretische Wissen, mit dem sie an der Akademie vollgestopft werden, überhaupt brauchen. Was ihnen wirklich von Nutzen wäre, ist eine praxisorientierte Ausbildung, die es ihnen ermöglicht, ebenso gut oder besser zu funktionieren wie ihre Untergebenen, sowie etwas Führungs- und Managementkompetenz vermittelt. Den Rest sollten sie im Wesentlichen zu einem späteren Zeitpunkt in ihrer Karriere lernen, wie es auch in einigen anderen modernen Armeen üblich ist. Trotzdem nimmt die praktische Ausbildung in den Studienplänen nur relativ wenig Raum ein.

Da die Soldaten wie kleine Kinder behandelt werden, die sich nicht zu benehmen wissen und nicht auf sich selbst aufpassen können, gibt es von Seiten der militärischen Vorgesetzten auch offizielle und inoffizielle Vorschriften, was das Sprechen und Denken betrifft. Die inoffiziellen Regeln haben den Nachteil, dass aus ihnen nicht klar hervorgeht, was erlaubt ist und was nicht. Im Laufe der Geschichte haben Soldaten ihre Gegner immer wieder mit Schimpf- und Spitznamen belegt. Die Griechen nannten alle Nichtgriechen (nicht nur Soldaten) *barbaroi* – damit meinten sie, dass diese nicht sprechen konnten wie vernünftige Menschen, sondern nur Geräusche machten *(barbar)*. Beispiele aus unserer Zeit sind Bezeichnungen wie „Boches", „Krauts", „Japs", „Nips" und „Nippers" und das im Vietnamkrieg in den 1960er Jahren gebräuchliche „Gooks".

Aber diese Beinamen waren keineswegs alle abwertend. Die Deutschen nannten ihre englischen Gegner „Tommy", die Engländer gaben den Deutschen das Kompliment zurück und nannten sie „Jerry"; bei beiden Bezeichnungen schwang Respekt, ja sogar Zuneigung mit. Das Gleiche galt in gewissem Maße für „Iwan" und „Ami", wie die Deutschen im Zweiten Weltkrieg die Russen und Amerikaner nannten. Im Vietnamkrieg verwendeten die Amerikaner auch die Bezeichnung „Charlie", die sich ursprünglich von „Viet Cong" herleitete.[20] Die spätere Verwendung des Wortes deutet jedoch nicht auf Abscheu oder Hass hin.

In unserer heutigen politisch korrekten Welt ist es nicht mehr damit getan, diejenigen zu töten, die einen töten wollen. Man darf auch keine Souvenirs mitnehmen, kein Selfie in triumphierender Pose über dem besiegten Feind machen und kein Denkmal errichten, das den Feind im Augenblick der Niederlage zeigt (was im Laufe der Geschichte eigentlich immer üblich war).[21] Nein, die Landsleute zu Hause, die meist noch nie unter Feuer gestanden sind, haben in ihrer Weisheit entschieden, dass man dem Feind als Menschen Respekt erweisen muss[22] – auch wenn er, wie die Dschihadisten, furchtbare Gräueltaten begeht.

Diese Grundsätze können auf die Soldaten in unterschiedlicher Weise einwirken. Einerseits sind die positiven Beinamen wohl deshalb entstanden, weil sie den Soldaten helfen, mit den gewaltigen Belastungen des Krieges fertigzuwerden. Andererseits machen es ihnen abwertende Beinamen leichter, den Feind wie befohlen zu töten. Die Psychologen haben dafür den Begriff „Dehumanisierung" geschaffen.[23] Wer sich diesem Trend entgegenstellt, wird zum einsamen Rufer in der Wüste; er riskiert sogar, in ebendiese Wüste geschickt zu werden. Der

Druck ist so stark, dass das Wort „töten" selbst zum Tabu geworden ist. Statt das, was die Soldaten tun und auch tun sollen, beim Namen zu nennen, spricht man vom „Neutralisieren" – als ginge es um ein harmloses Computerspiel.

Natürlich dienen viele Beschränkungen dazu, das Interesse der Soldaten an Pornographie und Sex zu steuern, sprich zu verringern. Dies trifft vor allem auf die USA, aber fast im gleichen Maße auf die Armeen anderer westlicher Staaten zu. Das hauptsächliche Ziel dieser Maßnahmen besteht darin, ein frauenfreundliches Arbeitsumfeld zu schaffen und Dinge zu vermeiden, die Frauen als „anstößig" empfinden könnten. Die offizielle Definition des Begriffes „Pornographie" ist zu lang, um hier zur Gänze zitiert zu werden.[24] Es handelt sich dabei um „Material, das den Anstand, die Schicklichkeit oder das Schamgefühl gröblich verletzt oder auf das sittliche Empfinden verstörend wirkt", und zwar wegen seiner die Gemeinschaftsnormen verletzenden, „vulgären, schmutzigen oder abstoßenden Beschaffenheit oder seiner Tendenz, zu unzüchtigen Gedanken anzuregen ... Es erregt das lüsterne Interesse einer vernünftigen Person" unter anderem durch „Nacktheit einer Person, ob tatsächlich, simuliert oder bewegt", auch wenn die gezeigten Personen sich nicht sexuell betätigen.

Nach diesem Maßstab müssten viele der größten Kunstwerke der Welt verboten sein, sowohl die Venus von Milo wie der *Doryphoros* (Speerträger) des Polyklet. Diese Statue aus dem 5. Jahrhundert v. Chr. ist vielleicht die schönste Darstellung eines Kriegers, die je ein Künstler geschaffen hat. Für die zahlreichen Darstellungen von nackten Ringkämpfern aus Antike und Renaissance mit ihrer aufreizenden homoerotischen Wirkung müsste das Gleiche gelten. Millionen Menschen vieler verschiedener Kulturen, jung und alt, Männer und Frauen, kommen jedes Jahr, um sich diese Kunstwerke im Original anzusehen. Wer will und es sich leisten kann, kauft sich solche Werke oder Kopien davon und stellt sie bei sich zu Hause auf, ohne dass dadurch psychische Probleme entstünden.

Mit der Begründung, dass Pornofilme sich negativ auf die Kampfkraft der Truppe auswirken, drohte ein amerikanischer Divisionskommandeur, seine Soldaten vor das Kriegsgericht zu stellen, wenn sie sich solche Filme ansähen.[25] Ob er mit dieser Drohung Erfolg hatte und, falls ja, mit welchem Ergebnis, ist alles andere als eindeutig. Hätte es solche Vorschriften im Ersten und Zweiten Weltkrieg gegeben, so wäre auch ein Großteil der sogenannten „Nose-art" verboten

2. Krieg den Männern

worden, mit der Kampfflieger ihre Zuneigung zu dem Flugzeug zum Ausdruck brachten, von dem ihr Leben abhing. Genau das geschah, als Offiziere der Air Force die Stützpunkte nach „unzulässigem" Material durchsuchten, „mehr als zweihundert" solche Kunstwerke fanden und konfiszierten.[26] Bei dieser Razzia wurden nicht weniger als 27.598 „unsachgemäße/unangemessene" Gegenstände entdeckt.

Interessanterweise wurde „der Großteil der 631 als pornographisch bewerteten Gegenstände im Luftausbildungskommando entdeckt". Daraus könnte man schließen, dass das Luftausbildungskommando seine Aufgabe, den Soldaten „angemessene" Werthaltungen zu vermitteln, nicht besonders gut erfüllt hat. Noch interessanter ist die Tatsache, dass die Einstufung des Materials als „vulgär, schmutzig oder abstoßend" den Kommandanten überlassen blieb, die wohl meist keine künstlerische Ausbildung absolviert hatten. Einige von ihnen scheinen die erhaltenen Anweisungen ziemlich weit ausgelegt zu haben. Sie konfiszierten nicht nur den *Playboy*, sondern auch die Magazine *Sports Illustrated* (Ausgabe Badeanzüge) und *Maxim*, die natürlich beide keine Nacktfotos und schon gar keine unzüchtigen Darstellungen enthielten.

Wenn ein Offizier sich – auch ohne Absicht – über andere Aspekte des herrschenden Meinungsklimas hinwegsetzt, kann dies noch viel ernstere Folgen haben. Dies zeigt der Fall von Kapitän zur See Owen Honors im Jahr 2011. Honors' Dienstbeschreibung war offenbar so gut, dass er das Kommando über einen Flugzeugträger erhielt. Dieser wurde vor einigen Jahren für etwa 5 Mrd. Dollar gebaut und ist mit achtzig bis neunzig Flugzeugen bestückt, die noch einmal so viel wert sind. Dass Honors diese Aufgabe erhielt, obwohl die Navy einen Überschuss an hohen Offizieren hatte und jederzeit bereit war, diese aus geringstem Anlass loszuwerden, ist keine geringe Leistung.[27]

Honors' Fehltritt bestand darin, einigen Mitgliedern seiner 5.000 Mann starken Mannschaft erlaubt zu haben, ein Video zu drehen, ohne vorher sicherzugehen, dass wirklich niemand daran Anstoß nahm. Später stellte sich heraus, dass er selbst in dem Jahre zuvor entstandenen Video aufgetreten war. Als der „anrüchige" Inhalt des Videos [in dem es eindeutige sexuelle Anspielungen gab, d. Ü.] bekannt wurde, wurde er umgehend abgelöst. Er durfte letztlich zwar in der Navy bleiben, seine Karriere war jedoch zu Ende.[28]

Gregor McWherter, ehemaliger Kommandant der Blue Angels (der Kunstflugstaffel der US-Navy), verlor seinen Job, weil er auf ein

Flugzeugdach einen so großen blau-goldenen Penis malte, dass er aus dem Weltall zu sehen war (allerdings nur von dort).[29] Es geht aber nicht nur darum, „unmoralische" Äußerungen zu verhindern. In den USA und anderswo versucht man beharrlich, Soldaten zu Eunuchen zu machen. Unter anderem ist Ehebruch zwar nach dem „Uniform Code of Military Justice" nicht verboten, wird aber unter den Gummi-Tatbestand des „ungebührlichen Verhaltens" subsumiert. Sogar ledige Personen sind schon wegen Ehebruchs angeklagt worden![30] Doch das ist nicht alles: Bis 2013 galten Oral- und Analverkehr noch als Straftaten. Das Militär ist offenbar noch in der Gedankenwelt von Richard von Krafft-Ebing befangen, der 1886 in seinem bekannten Werk „Psychopathia sexualis" schrieb: „Jede Äußerung [des Geschlechtstriebs], die nicht den Zwecken der Natur, i. e. der Fortpflanzung dient, stellt eine Perversion dar."[31]

In der Navy verloren 1991 allein durch den Tailhook-„Skandal" Dutzende hochqualifizierte Offiziere ihren Job. Viele von ihnen waren Piloten, deren Ausbildung Millionen von Dollar kostet.[32] Zwei Admiräle wurden entlassen, der Selbstmord eines weiteren Admirals, nämlich des Befehlshabers der Marineoperationen Jeremy Boorda, dürfte ebenfalls mit dem Tailhook-„Skandal" zusammenhängen. Zu Recht wurde diese Affäre als die größte Niederlage der US Navy seit Pearl Harbour bezeichnet.[33] Und das alles wegen der zweifelhaften Behauptungen einer Frau, die angab, von ihren Kameraden bei einer wilden Party in Las Vegas begrapscht worden zu sein. Zur Belohnung wurde sie nicht nur von Präsident George W. Bush „zum Tee" ins Weiße Haus eingeladen, sondern verdiente auch noch Millionen mit ihren Beschuldigungen.[34] Sogar ein Film wurde über sie gedreht.

2014 soll es bei den US-Streitkräften mehr SARCs (Sexual Assault Response Coordinators) als Musterungsoffiziere gegeben haben.[35] Das Problem wuchs immer mehr an – vielleicht nur, weil all diese „Koordinatoren" Ergebnisse vorweisen mussten, um nicht auf einen anderen, vielleicht weniger angenehmen, Posten versetzt zu werden. Nach einer Schätzung waren bei einem Drittel aller Offiziere, die zwischen 2005 und 2013 ihren Job verloren, sexuelle Vergehen wie Ehebruch und „ungehörige Beziehungen" ausschlaggebend. Kein Wunder, wenn man bedenkt, wie lange eine Dienstverwendung bei der Navy dauert und unter welchen beengten Verhältnissen Männer und Frauen dort arbeiten. Allein im Jahr 2010 trennte sich die Navy von vierzig Offizieren, die eines sexuellen Fehlverhaltens beschuldigt wurden.³⁶ Viele wurden nicht einmal angehört, schon gar nicht durften sie sich vor Gericht verteidigen. Man ging einfach von einer „Schuldvermutung" aus und drängte sie zum freiwilligen Ausscheiden.

Am bekanntesten wurde der Fall David Petraeus. Petraeus war ein Viersternegeneral des Marine Corps, der sich im Irak und in Afghanistan wie kein zweiter amerikanischer Kommandant ausgezeichnet hatte. Er wurde beschuldigt, mit einer ehemaligen Mitarbeiterin, Paula Broadwell, „sexualisierte" Botschaften ausgetauscht zu haben. Jedoch hatte das intime Verhältnis der beiden erst begonnen, nachdem Petraeus aus der Navy ausgeschieden war und die Leitung der CIA übernommen hatte, und erst zu diesem Zeitpunkt musste er zurücktreten. Es spielte keine Rolle, dass die beiden einander jahrzehntelang gekannt hatten. Es spielte ebenso keine Rolle, dass Paula Broadwell Oberst der Reserve war. Da sie ein Bataillon kommandieren durfte, konnte sie wohl auf sich selbst aufpassen, was auch von niemandem bezweifelt wurde.

Das Problem ist so verbreitet, dass es dafür gleich zwei spöttische Bezeichnungen gibt: „Bathseba-Syndrom" (nach der Geliebten König Davids aus der Bibel) und „zipper failure" (Zippverschluss-Versagen). Wie in allen modernen Staaten und Institutionen spielt die Furcht, haftbar gemacht zu werden, eine große Rolle. Daher werden auch Beziehungen verboten, die eindeutig auf beiderseitigem Einverständnis beruhen. Manche Militärbehörden haben auch versucht, Soldaten den Besuch bei Prostituierten (mit anderen Worten bezahlten Sex) zu verbieten.³⁷ Nach diesem Maßstab wären viele Befehlshaber der Geschichte längst gefeuert worden, bevor sie ihr Kommando je übernommen hätten, schon gar nicht hätten sie die Siege errungen, denen sie ihren Ruhm verdanken.

Zum Beispiel war der junge David schon verheiratet, als er ein Verhältnis mit der ebenfalls verheirateten Abigail und dann mit Bathseba einging. Caesar schlief mit zahlreichen Frauen, meist mit verheirateten – und nicht nur das, nannte man ihn doch „den Mann aller Frauen und die Frau aller Männer".³⁸ Moritz von Sachsen, der Retter Frankreichs im Österreichischen Erbfolgekrieg, war hinter jedem Weiberrock her. Marschall André Masséna, den Napoleon „den hellsten Stern in meinem Reich" nannte, war ein berüchtigter Schürzenjäger. Napoleon selbst stand ihm um nichts nach. Auf seinen Feldzügen hatte der Großmarschall des Palastes, General Duroc, dafür zu sorgen, dass ihn jeden Abend in seinem Quartier eine Frau erwartete, die auf ihre Pflichten entsprechend vorbereitet war.[39]

Die Aufzählung lässt sich ins Unendliche fortsetzen. Admiral Nelson begann als verheirateter Mann eine skandalöse Beziehung zu Emma Hamilton, der Gattin des britischen Botschafters in Neapel. General Eisenhower soll mit seiner Chauffeurin Kay Summersby ein Verhältnis gehabt haben, General Patton mit seiner Nichte Jean Gordon. Bei Patton könnte es sich um bloße Angeberei gehandelt haben – Grund genug für einen bekannten Historiker, seine geistige Gesundheit in Zweifel zu ziehen.[40] Als General Douglas McArthurs Affäre mit einer Filmschauspielerin namens Isabel Rosario Cooper bekannt wurde, wäre seine Karriere beinahe zu Ende gewesen – nicht wegen des Verhältnisses, sondern wegen der philippinischen Abstammung Coopers.[41] Natürlich waren Eisenhower, Patton und MacArthur alle verheiratet – ebenso wie Moshe Dayan, wohl der größte Soldat, den Israel je hervorgebracht hat. Mit seinem einen Auge zog er mehr Frauen an als die meisten Männer mit zwei.

Bei Homer können wir nachlesen, was sich seither milliardenfach bestätigt hat, nämlich dass Venus und Mars zusammengehören. Sie macht ihm Mut, er sucht bei ihr Erholung nach den schrecklichen Dingen, die er getan und erlebt hat. Sie bewundert ihn dafür – so wie Desdemona Othello bewundert.[42] Außerdem braucht sie ihn, weil er sie gegen andere Männer verteidigt. Keine Geringere als die Feministin Simone de Beauvoir schrieb, dass nach dem Einmarsch der Wehrmacht in Paris im Jahr 1940 die deutschen Soldaten sofort von Französinnen umlagert waren, und zwar sowohl von Amateurinnen als auch von professionellen Prostituierten.[43] 1944 wurden die amerikanischen Truppen in Frankreich – „over paid, over sexed, and over here", wie man sagte – ebenso umlagert.[44] Im besetzten Deutschland machten sie ähnliche Erfahrungen, die sich unter anderem in diversen anzüglichen Variationen über den Text von „Lilli Marlen" niederschlugen.[45]

Der Pulitzerpreisträger Chris Hedges merkte in diesem Zusammenhang Folgendes an: „Im Krieg gibt es eine Art von atemloser Leidenschaft … Menschen, die im Frieden ein biederes, behütetes Leben führen würden, geben sich hemmungslosen geschlechtlichen Beziehungen hin … Diesen Begegnungen wohnt eine stürmische Wollust inne, die in gewisser Weise die Droge des Krieges ersetzen oder ergänzen will … Flüchtige Begegnungen sind mit einer rohen, heftigen sexuellen Energie aufgeladen, die an die selbstzerstörerische Wollust des Krieges erinnert. Die Erotik im Krieg ist wie das Toben des Gefechts. Sie wirkt überwältigend auf die handelnden Personen. Frauen, die sonst nicht als Schönheiten gelten würden, verfügen über alle Reize einer Helena. Männer, die wenig mehr vorzuweisen haben als die Macht zu töten, sind umschwärmt und begehrt. Sex im Krieg ist eine andere Form der Kriegsdroge. Soldaten wollen nichts als Sex; Frauen fühlen sich durch Uniformen stark angezogen, vor allem zu Kriegszeiten. Weder Sprachbarrieren noch kulturelle Unterschiede hindern die Geschlechter daran, einander zu finden. Beim Soldaten ist absolute Macht, Schutz und die Möglichkeit des Entkommens. Die Frau verkörpert das Sanfte, das es im Krieg nicht gibt. Jeder findet im anderen die Eigenschaften, die der Krieg auslöscht – Zärtlichkeit oder Sicherheit …"[46]

Dass es Vergewaltigung, sexuellen Missbrauch und sexuelle Belästigung beim Militär ebenso gibt wie anderswo, kann niemand leugnen. Es gibt jedoch Grund zur Annahme, dass die Anzahl solcher Vorfälle bei den US-Streitkräften von interessierter Seite stark übertrieben worden ist.[47] Wie hoch die tatsächlichen Zahlen auch sein mögen, die Auswirkungen auf das Militärleben sind um ein Vielfaches größer. Am Beginn ihrer Laufbahn müssen Soldaten Kurse zum Thema „sexuelle Belästigung" absolvieren. Man gibt ihnen zu verstehen, dass sie, nur weil sie einen Penis besitzen, potentielle Vergewaltiger sind und eine entsprechende Behandlung zu erwarten haben. Ist es überraschend, dass sie dies als demütigend empfinden?[48]

Als Nächstes wird ihnen befohlen, einander zu verpetzen und alle Vergehen zu melden, die ihnen zur Kenntnis gelangen. Ohne solches Petzen wäre ein Großteil der „opferlosen Delikte", die von Erwachsenen im beiderseitigen Einvernehmen begangen wurden, nie bekannt geworden und hätte schon gar nicht zu Disziplinar- oder Gerichtsverfahren geführt. Das derzeitige System öffnet allen möglichen Spielarten der Erpressung Tür und Tor. Dies gilt nach den Worten eines pensionierten, erfahrenen US Army-Offiziers unabhängig davon, „ob die Einheit in der arabischen Wüste in Zelten untergebracht ist oder an einem Army-Stützpunkt irgendwo in den USA".[49] Es verleitet dazu, die persönlichen Ehrbegriffe über Bord zu werfen, um sich bei Vorgesetzten Liebkind zu machen, und zerstört die familienähnlichen Bande, ohne die keine Streitmacht existieren, geschweige denn operieren kann. Schon gar keine moderne Streitmacht, die zerstreut im Einsatz kämpft, sodass die Kommandanten keine Zwangsmittel einsetzen können, wie sie ihnen seit der Zeit der griechischen Phalanx bis zu den maschinenartigen Heeren Friedrichs des Großen zur Verfügung standen. Sogar die Petraeus-Affäre könnte mit den Grabenkämpfen innerhalb der US-Geheimdienste zusammenhängen, deren Mitglieder zum Teil gegen seine Ernennung zum Direktor der CIA gewesen waren.[50]

Viele Militärangehörige, die behaupten, Opfer sexueller Angriffe oder sexueller Belästigung geworden zu sein, haben nicht den Mut, vor Gericht auszusagen[51] – den Mut, mit der Waffe für ihr Heimatland zu kämpfen, kann man ihnen daher wohl erst recht nicht zutrauen. Die Dinge sind so weit gediehen, dass viele Soldaten mehr Angst haben, zu Unrecht der sexuellen Belästigung beschuldigt zu werden, als dem Feind gegenüberzutreten.[52] Mit gutem Grund – die Anzahl der bekanntgewordenen einschlägigen Fälle pro Jahr ist wesentlich größer als die Anzahl der Gefallenen.

Wie wir noch sehen werden, geht der Druck gegen viele (wenn nicht die meisten) Ausdrucksformen der Sexualität innerhalb der Streitkräfte von weiblichen Soldaten aus, von denen manche ihre eigenen Interessen verfolgen. Zum Großteil ist er jedoch nicht innerhalb der Militärorganisationen entstanden. Er wurde ihnen von außen aufgezwungen – von einer verrückt gewordenen Welt und mithilfe jener *political correctness*, die jedermann daran hindern will, die Dinge beim Namen zu nennen.[53] Gewisse Kreise wollten das Thema offenbar nutzen, um das Militär einem Papiertiger noch ähnlicher zu machen.

Eine Organisation, die darum bemüht ist, nennt sich – vielleicht unbewusst ironisch – „Protect our Defenders" (Schützt unsere Verteidiger), denn es sei ein „Menschenrecht" dieser „Verteidiger", „in einer sicheren und respektvollen Umgebung zu arbeiten und zu leben". Als wären die Soldaten nicht widerstandsfähige erwachsene Menschen, die „respektable" Organisationen wie den IS bekämpfen sollen, sondern kleine Kinder, denen man Augen und Ohren verschließen muss, damit sie nicht merken, dass es in der Welt auch viel Böses und Grausames gibt! Es interessiert auch niemanden, dass im Laufe der Geschichte – entsprechend den herrschenden Moralvorstellungen und/oder aufgrund beengter Wohnverhältnisse – auch kleine Kinder ihre Eltern und Verwandten nicht nur nackt, sondern auch bei sexueller Betätigung sehen konnten und dabei auch keinen erkennbaren psychischen Schaden davongetragen haben.

Der Spiritus rector der Organisation ist eine Dame namens Nancy Parrish. Sie engagiert sich nicht nur für den „Schutz" der zarten Gemüter der US-Soldaten, sondern auch bei zahlreichen Menschenrechtsaktivitäten in- und außerhalb der USA.[54] Ständig fahndet sie nach „gewaltaffinem" (auch das ist vielleicht eine unbewusste Ironie), „pornographischem" und „misogynem" Material, um es von Computern von Regierungsbehörden und anderen Orten entfernen zu lassen, wo Soldaten ihm ausgesetzt sein könnten.

Im Mittelpunkt ihres Interesses stehen zwei Druckwerke: *Fighter Pilot Songbook/Combat Songbooks* und *The Fighter Pilot's Handbook*.[55] In Wirklichkeit handelt es sich nicht um „Bücher", sondern um Broschüren. Dass die beiden Titel auf Amazon.com „nicht gefunden" wurden, bedarf keiner Erwähnung.[56] Bevor Mrs. Parrish drohte, wegen der Druckwerke ein Verfahren anzustrengen, hatte kaum jemand von ihnen gehört. Der Inhalt ist zu einem großen Teil unglaublich dreckig und gewalttätig. „Back your ass against the wall, here I come balls and all" ist eine der weniger „anstößigen" Textzeilen. Es gibt noch wesentlich ärgere.

Man muss hier zwei Punkte anmerken. Erstens möchte ich einen der bekanntesten Aphorismen von Friedrich Nietzsche abwandeln: „Also sprach das Eisen zum Magneten: ‚Ich hasse dich am meisten, weil du mich anziehst und ich dir nicht widerstehen kann.'"[57] Die Liebe zu den Frauen und die Unfähigkeit, den Reizen des „schönen Geschlechts" zu widerstehen, befeuert die Phantasie der Männer. Freilich nur ihre Phantasie, denn in 99 Prozent der Fälle werden die Gedanken nicht in die Tat umgesetzt, ähnlich wie die Phantasien in E. L. James' großartigem Werk „Fifty Shades of Grey", das unzählige Frauen verschlungen haben.

Zweitens müssen die Soldaten – ebenso wie Schillers Reiter – immer bereit sein, dem Tod ins Angesicht zu sehen. Von Soldaten, die als Kinder behandelt und gegen alles Erdenkliche, auch gegen sich selbst, geschützt werden, kann man diese Bereitschaft nicht erwarten. Ein Trinklied aus dem Ersten Weltkrieg, das der anonyme Herausgeber mit einigen Veränderungen in sein *Fighter Pilot's Handbook* aufgenommen hat, drückt dies nicht so poetisch aus wie Schiller, doch der Sinn ist der Gleiche[58]:

> As we stand near the ringing rafters
> The walls around us are bare
> As we echo our peals of laughter
> It seems as though the dead are still there.
> So stand by your glasses ready.
> Let not tears fill your eye.
> Here's to the dead already
> And Hurrah for the next to die!

Frei übersetzt:

> Wenn wir unter den hallenden Dachbalken stehen,
> Umgeben uns kahle Wände,
> Wenn unser Gelächter erklingt,
> Ist es, als wären die Toten noch unter uns.
> So nehmt eure Gläser zur Hand,
> Keine Träne soll in euren Augen stehen.
> Wir trinken auf die, die schon tot sind,
> Und ein Hurra dem, der als Nächster stirbt!

An eines muss ich die Leser wohl nicht erinnern: Ohne die Bereitschaft des einzelnen Soldaten, „der Nächste" zu sein, „der stirbt", wenn es denn sein muss, hat kein Heer einen Krieg gewonnen und wird auch in der Zukunft keinen gewinnen.

3. Der Juristenstaat

Es wäre übertrieben zu sagen, die Petraeus-Affäre hätte die USA erschüttert. Sie wurde jedoch für wichtig genug erachtet, dass nicht nur Präsident Obama sich persönlich einschaltete, sondern auch der Stab des Weißen Hauses, der Verteidigungsminister, der Sicherheitsberater des Präsidenten, der Generalstaatsanwalt, der Direktor der nationalen Nachrichtendienste, die Chefs des CIA und des FBI und mehrere Kongressmitglieder. Sie alle wussten offenbar mit ihrer kostbaren Zeit nichts Besseres anzufangen, als sich zu vergewissern, ob die E-Mail-Korrespondenz zwischen dem General und seiner Freundin sexuelle Inhalte enthielt oder nicht.

Aus der Anzahl der Schlagzeilen, die „sexuelles Fehlverhalten" beim Militär aufdecken, kann man durchaus schließen, dass Puritanismus, Voyeurismus und schiere Lüsternheit dabei eine große Rolle spielen. Aber das ist nur ein Teil – und vielleicht gar nicht der wichtigste Teil – der Geschichte. Wenn man tiefer schürft, stellt sich heraus, dass ein Mangel an *Vertrauen* schuld an der Misere ist. Der Politologe

3. Der Juristenstaat

Francis Fukuyama hat darauf hingewiesen, dass viele, wenn nicht alle modernen Gesellschaften von Vertrauensverlust gekennzeichnet sind. Wie so oft stehen auch hier die USA an der Spitze.[59]

Viele Ursachen tragen zu dem Phänomen bei. Erstens hat sich durch die Suburbanisation der Abstand zwischen den einzelnen Wohnhäusern vergrößert. Zwar haben Amerikaner nicht mehr die größten Häuser weltweit – diesen Rekord halten jetzt die Australier. Trotzdem gibt es immer noch viele große, verstreute Einfamilienhäuser.[60] Das hat zur Folge, dass Nachbarn einander nicht mehr so gut kennen wie früher. Um ein Treffen zu arrangieren, ist oft ein Telefonanruf und eine Autofahrt notwendig. Auch die Nachbarschaftshilfe funktioniert nicht mehr so wie einst. Wäre Franklin D. Roosevelt heute Präsident, müsste er zur Kenntnis nehmen, dass viele Gartenschläuche einfach nicht lang genug sind, um mit ihnen das Nachbargrundstück zu erreichen und dort ein Feuer zu löschen.

Dazu kommt die Umzugsmobilität. Ein Sechstel der Amerikaner zieht jedes Jahr um. Die Ziffer ist doppelt so hoch wie bei den Briten, viermal so hoch wie bei den Deutschen und fünfmal so hoch wie bei den Chinesen.[61] Außerdem wird die Entfernung zwischen Wohn- und Übersiedlungsort immer größer; mit dem Effekt, dass sich die bisherigen sozialen Bindungen auflösen. Auch die Fluktuation der Beschäftigten steigt.[62] Es herrscht ein ständiges Kommen und Gehen von Menschen, die gar nicht versuchen, soziale Bindungen aufzubauen. Das Vertrauen ist so stark geschwunden, dass ein „guter Samariter" eher damit rechnen kann, für eine fehlerhafte Hilfeleistung zur Verantwortung gezogen, als für seine Bemühungen belohnt zu werden.[63]

Ein weiterer wichtiger Faktor ist der vom Staat geförderte Trend zur „Diversität". „Diversität" bedeutet heutzutage, dass Menschen nicht nach ihren Verdiensten ins Land gelassen, beschäftigt, belohnt oder befördert werden, sondern nach Hautfarbe oder Geschlecht. Ob dies wirklich zu mehr Gerechtigkeit beiträgt, ist umstritten. Klar ist, dass Menschen mit verschiedenem Hintergrund dadurch zur Zusammenarbeit gezwungen werden. Durch den verschiedenen Hintergrund kann es durchaus sein, dass sie Schwierigkeiten haben, einander zu verstehen und Vertrauen aufzubauen.

All diese Probleme erklären bis zu einem gewissen Grad, warum sich die USA im Wettbewerb mit manchen Ländern, besonders fernöstlichen Ländern, schwertun. In den Gesellschaften dieser Länder und in den Unternehmen, die sie hervorbringen, spielt das Einzelkämpfertum eine geringere Rolle als in Amerika. Vielmehr sind persönliche Bekanntschaften und Netzwerke der Schmierstoff, der die Dinge zum Funktionieren bringt. Unselbständig Tätige fühlen sich mit ihrer Firma auch viel stärker verbunden als im Westen.

Wo Vertrauen ein knappes Gut ist, werden Rechtsanwälte gebraucht. Zur Jahrtausendwende wurde die Anzahl der Anwälte in Amerika auf 750.000 geschätzt. Demnach kommt ein Anwalt auf 373 Einwohner. Das ist viel mehr als in jedem anderen Land mit Ausnahme des winzigen Staates Israel.[64] Sowohl in den USA als auch in anderen westlichen Ländern leben nicht wenige Rechtsanwälte davon, dass sie andere Anwälte beraten. Das Ergebnis sind undurchsichtige Hierarchien und noch undurchsichtigere Netzwerke,[65] die bereit sind, sich in den Dienst aller möglichen Anliegen und (finanziellen oder anderweitigen) Interessen zu stellen.[66]

Auch die Militärs leiden an den gleichen Problemen, schon allein deshalb, weil sie noch öfter umziehen als Zivilisten.[67] Das „Kerngeschäft" der Soldaten besteht darin oder sollte darin bestehen, ihr Heimatland zu verteidigen, dafür zu kämpfen und, wenn nötig, zu sterben. Da vor allem die USA seit eineinhalb Jahrhunderten kaum einen Krieg in der Nähe ihrer Grenzen geführt haben, führt ihr Dienst die Soldaten oft an Orte, die so weit entfernt und so wenig „entwickelt" sind wie die „Hallen Montezumas und die Küste von Tripolis" [erste Zeile der Hymne des US-Marine Corps, d. Ü.]. Außerdem haben die Streitkräfte den Ruf, sich nichts bieten zu lassen und für Schreiberlinge nur Verachtung übrig zu haben. Nach diesen beiden Aussagen zu schließen, könnte man annehmen, dass der Juristenanteil im militärischen Bereich kleiner sein müsste als im zivilen.

In Afghanistan und an ähnlichen Orten sind Schützen sicherlich gefragter als Federfuchser. Trotzdem hatte die US Army im Jahr 1998 4.438 Juristen im aktiven Dienst.[68] Im selben Jahr trugen 440.000 Männer und Frauen die Uniform der Army.[69] Auch wenn wir den Teil der Bevölkerung abziehen, der weniger als achtzehn Jahre alt ist und vermutlich keinen juristischen Beistand braucht, war der Juristenanteil in der Army etwa dreimal so hoch wie in der zivilen Bevölkerung. Natürlich gibt es beim Militär einen unverhältnismäßig hohen Anteil an jungen Männern; einer Gruppe, bei der bekanntlich die Wahrscheinlichkeit von Gesetzesverstößen, Disziplinar- und Gerichtsverfahren besonders hoch ist. Andererseits werden all jene, die Berufssoldaten werden wollen, zuerst auf ihren Leumund hin überprüft. In der Army war die Anzahl der Juristen 2006 um 10 % höher als am Ende des Kalten Krieges 1991. Genau in diesen eineinhalb Jahrzehnten war die Anzahl der Soldaten um 31 % gefallen.

Diese Zunahme musste als Begründung für den Versuch herhalten, dem Chef des Judge Advocate General (JAG) drei statt zwei Sterne zu verleihen. Wäre der Plan gelungen, so wären auch viele seiner Untergebenen befördert worden. Ein Teilnehmer der damaligen Diskussion meinte gegenüber der „Washington Post", die „nationale Sicherheit" sei damals „den Eigeninteressen des JAG untergeordnet worden".[70] Die Streitkräfte anderer westlicher Länder dürften nicht so stark betroffen sein, bewegen sich aber in die gleiche Richtung. 1999 gab es bei den Streitkräften Großbritanniens 130 uniformtragende Juristen. Vierzehn Jahre später waren es 190, wobei Zivilisten und verschiedene juristische Hilfskräfte nicht mitgerechnet sind.[71] Im gleichen Zeitraum fiel die Gesamtzahl des uniformierten Personals von 208.000 auf 173.000. Ein Jurist kam daher nicht mehr auf 1.600, sondern auf 1.094 Soldaten. Die britischen Streitkräfte sind in einer ganz anderen militärischen Tradition verwurzelt; die geringere Anzahl von Juristen lässt sich mit jener in den USA gar nicht vergleichen. Und doch sind die gleichen Faktoren am Werk, die bei den Streitkräften beider Länder eine ähnliche Entwicklung auslösen.

Zu dem Vertrauensverlust und der daraus resultierenden Überregulierung kommt noch der Übergang vom konventionellen Krieg zur Aufstands-, Guerilla- und Terrorbekämpfung. Der Gegner ist hier kein anerkannter Staat, der zur Gewaltanwendung berechtigt ist, er gibt sich weder durch Uniformen noch durch das offene Tragen der Waffen zu erkennen, wie es das Kriegsrecht vorschreibt. Immer wieder kommt es zu Vorfällen, an denen Nichtkombattanten beteiligt sind und die als Verletzung der Einsatzregeln oder sogar als Kriegsverbrechen beurteilt werden könnten. Woher soll man wissen, ob der Mann (oder die Frau), der sich der Straßensperre nähert, kein Terrorist ist, der eine Bombe bei sich trägt? Und was ist mit dem Jungen, der dort an der Ecke steht? Ist er ein Botengänger – oder hängt er nur herum?

Solche ungeklärten Vorfälle führen immer wieder zu Disziplinaroder Strafverfahren. Diese sollen klären, was wirklich geschehen ist, und bei einem eventuellen Verstoß gegen Rechtsnormen den Verantwortlichen zur Rechenschaft ziehen. Wenn im Laufe des Afghanistanfeldzugs ein Einwohner getötet wurde, musste der zuständige

Offizier ein fünfseitiges Formular ausfüllen, das alle Details von der Kleidung der getöteten Person bis zur Lufttemperatur aufschlüsselte.[72] Juristen mit einsatzbereiten Computern sahen ihm über die Schulter und zergliederten jedes Wort und jeden Buchstaben. Dass der Offizier versuchte, keine Probleme zu bekommen, auch wenn das nur durch falsche Angaben möglich war, versteht sich von selbst. Einem Scherzwort zufolge steht das Kürzel „LIC" nicht für „Low intensity conflict" (Konflikt geringer Intensität), sondern für „Lawyer-infested conflict" (rechtsanwaltverseuchter Konflikt).

Die Kehrseite der Medaille stellen die überhandnehmenden Gerichtsverfahren dar, die Soldaten *gegen* die Streitkräfte anstrengen, bei denen sie gedient haben. 2005 brachten 365 britische Soldaten Klagen wegen Personenschaden ein. 2010/2011 war diese Zahl um das Zwanzigfache gestiegen und stieg immer noch. Bei manchen Verfahren geht es um sehr schwere Verletzungen wie den Verlust von Gliedmaßen. Andere Klagen sind schikanös. In nur einem Jahr – 2012/13 – stiegen die Kosten um ein Viertel. Seit 2005 sollen 340 Millionen Pfund ausbezahlt worden sein.[73]

So entsteht ein Teufelskreis. Die Streitkräfte müssen sich notgedrungen gegen die Forderungen der Soldaten wehren. Die Soldaten müssen nach Möglichkeit die oft demütigenden, oft auch törichten Einschränkungen umgehen, die die Streitkräfte – die oft gegen ihren eigenen Willen im Namen der *political correctness* handeln, aber zu feige sind, um es zuzugeben – ihnen auferlegen. Aber das ist noch nicht alles. Die Soldaten werden von spezialisierten Anwaltskanzleien unterstützt, die kein Honorar verlangen, aber einen Prozentsatz der erstrittenen Schadenersatzzahlung erhalten und damit einen starken Anreiz haben, so oft und auf so hohe Summen zu klagen, wie sie können. Mit etwas Glück ziehen sie das große Los. In allen drei Situationen profitieren die Anwälte.

Früher einmal wurden Anwälte als „Gesandte des Teufels" bezeichnet. Heute werden uniformtragende Anwälte in Filmen wie *A few good men* (dt.: Eine Frage der Ehre, 1992) und *The Night Crew* (dt.: Überlebe die Nacht, 2015) zu Helden verklärt – auf Kosten der kämpfenden Soldaten. Gewiss, ohne Juristen kann keine große Organisation auskommen. Was die Arbeit der Anwälte betrifft, lohnt sich die Lektüre von *Bleak House*, einem Siebenhundert-Seiten-Roman von Charles Dickens. Wo Anwälte auftreten, folgen nach Dickens Gaunereien, Ausflüchte, Verschleppung, Plünderung und Belästigung auf dem Fuße. Gar nicht zu reden von „eidesstattlichen Aussagen, eidesstattlichen Erklärungen, Wiederholungen, Weitschweifigkeiten, Anträgen, Gegenanträgen, Siegelungen, Ansuchen und Bezugnahmen". „Jeder muss eine Kopie erhalten, immer und immer wieder, von allem, was sich angesammelt hat." So entstehen „Wagenladungen von Papier". Es ist – meint Dickens abschließend –, als würde es „Kartoffeln vom Himmel regnen".[74]

Der Leser möge entscheiden, ob sich seit Dickens' Zeit etwas geändert hat.

4. Das entmilitarisierte Militär

Das Jahr 1991/1992 verbrachte ich in Quantico, Virginia; ich wohnte am Stützpunkt und unterrichtete an der dortigen Akademie der Marines (Marine Corps Staff College). Der Erste Golfkrieg war soeben zu Ende gegangen, und einmal fragte ich die etwa zweihundert Teilnehmer an meiner Vorlesung – fast ausschließlich Männer –, wer von ihnen am Golfkrieg teilgenommen hätte. Fast alle hoben die Hand. Als Nächstes wollte ich wissen, wer von ihnen auf dieses Erlebnis lieber verzichtet hätte. Keine Hand blieb in der Höhe.

Keiner kann oder will leugnen, dass der Krieg das Schrecklichste ist, was Menschen tun. Im Guten wie im Bösen kann er jedoch zugleich eine Quelle großer Freude sein – vielleicht der größten Freude, die es gibt. Nicht nur Werke wie Schillers Reiterlied legen Zeugnis davon ab, auch bedeutende Kriegsgegner wie die englischen Dichter Wilfred Owen und Siegfried Sassoon bestätigen diese Tatsache.[75] Ein ehemaliger amerikanischer Soldat notierte in diesem Zusammenhang: „Der Krieg ist die Hölle, aber das ist nur die halbe Geschichte. Der Krieg ist auch Geheimnis, Schrecken, Abenteuer, Mut, Erkenntnis, Heiligkeit, Mitleid, Verzweiflung, Sehnsucht und Liebe. Der Krieg ist scheußlich; der Krieg macht Spaß. Der Krieg ist aufregend; der Krieg ist geisttötend. Der Krieg macht einen zum Mann; der Krieg bringt einen um."

Diese Aussagen sind wahr und doch widersprüchlich. Einerseits kann man sagen, dass der Krieg grotesk und absurd ist. Aber der Krieg hat auch seine Schönheit. Bei allem Grauen ist doch ein Gefecht ein majestätisches, ehrfurchtgebietendes Schauspiel. Wir sehen atemlos zu, wie die Leuchtspurpatronen sich wie leuchtende rote Bänder durch die Dunkelheit schlängeln. Während wir in einem

Hinterhalt kauern, steigt ein kalter, teilnahmsloser Mond über den Reisfeldern auf. Wir bewundern die fließende Symmetrie der vorrückenden Einheiten, die Ausgewogenheit der Formen und Proportionen, die großen Feuerbahnen, die von den Artillerieschiffen herunterströmen, die Leuchtmunition, den weißen Phosphor, das orangerote Glühen des Napalms, den roten Schein der Raketen. Schön ist es eigentlich nicht. Es ist beeindruckend. Wir hassen es, aber unsere Augen hassen es nicht. Wie ein mörderischer Waldbrand, wie Krebszellen unter dem Mikroskop hat jedes Gefecht, jeder Bombenangriff, jedes Artilleriefeuer die ästhetische Reinheit der absoluten moralischen Indifferenz – eine mächtige, unbarmherzige Schönheit – und eine wahrheitsgetreue Erzählung vom Krieg sagt auch darüber die Wahrheit, selbst wenn es eine hässliche Wahrheit ist … Im Kern ist Krieg vielleicht ein anderes Wort für Tod – und doch wird Ihnen jeder Soldat sagen, wenn er denn die Wahrheit sagt, dass die Nähe des Todes auch eine Nähe zum Leben mit sich bringt. Nach einem Feuergefecht folgt immer das ungeheure Wohlgefühl, am Leben zu sein … Man ist nie lebendiger, als wenn man fast tot ist. Man erkennt, was von Wert ist. Mit einer Frische, als wäre es zum ersten Mal, liebt man das, was das Beste an einem selbst und an der Welt ist, das, was verloren gehen kann … Man ist erfüllt mit einer harten, schmerzhaften Liebe zur Welt, wie sie sein könnte und immer sein sollte, aber jetzt gerade nicht ist."[76]

Im herrschenden Klima der *political correctness* fordern solche Worte den Angriff geradezu heraus. Hätte ich die gleiche Frage wie 1991 unter ähnlichen Umständen heute gestellt, wären höchstwahrscheinlich die meisten Hände in der Höhe geblieben. Ein Soldat, der öffentlich zuzugeben wagt, dass der Kriegseinsatz ihm Freude gemacht hat – auch ein Krieg gegen einen Massenmörder wie Saddam Hussein, der seinen Sturz, wenn nicht den Tod, verdient hatte –, kann damit rechnen, dass man ihm im besten Fall den Mund verbietet und ihn im schlechtesten Fall hinauswirft.

Zwei legendären amerikanischen Kriegern ist es so gegangen – den Generälen James Amos und James Mattis. Dass beide Marines waren, ist kein Zufall – die Marines haben den Ruf, die härteste US-Truppe zu sein, und weisen den höchsten Männeranteil auf. Ihre Karrieren müssen sie durch jenen Raum geführt haben (Breckenridge Hall), in dem ich meine Frage stellte. Amos quittierte nach 44 Jahren den Dienst, weil er nach seinen eigenen Worten „genug davon hatte, mich mit diesen Wilden in den Medien und im Kongress abzugeben. Dauernd stellen sie mir Fragen über Heckenschützen, die auf Tote pissen, über Nazifahnen und solchen Mist." „Ich stelle mir vor", fügte er hinzu, „dass Jim (Mattis) schon wissen wird, wie man mit denen umgeht."[77] Dies stellte sich als Irrtum heraus. Wegen der Äußerung, dass es „verdammt viel Spaß" mache, gewisse Leute zu erschießen – vor allem Leute wie die Taliban, die Frauen ins Gesicht schlügen –, wurde Mattis „empfohlen", den Mund zu halten.[78]

In jedem Fachgebiet, sei es Kunst, Wissenschaft, Wirtschaft oder ein anderes, haben am ehesten jene Menschen Erfolg, denen ihre Arbeit Freude macht. Hat es je einen guten Tischler oder einen hervorragenden Musiker gegeben, auf den dies nicht zutraf? Wer jedoch keine Freude an seiner Arbeit findet oder finden darf, wird höchstwahrscheinlich scheitern. Allein schon deshalb sollten Menschen, die gute Leistungen erbringen, darauf stolz sein dürfen. Das trifft nirgends so sehr zu wie beim Militär. Dort hat man den höchsten Preis zu zahlen, wenn man scheitert. Von Friedrich dem Großen stammt das Wort, dass nur der Stolz die Soldaten ins feindliche Artilleriefeuer marschieren lässt.

Im Ersten Weltkrieg entstand das Gedicht „The Superman" (Der Übermensch) von Robert Grant, das beim Kriegseintritt der USA 1917 veröffentlicht wurde:

> Relentless, savage, hot and grim the infuriate columns press
> Where terror simulates disdain and danger is largess
> Where greedy youth claims death for bride and agony seems bliss.
> It is the cause, the cause, my soul! Which sanctifies all this.
> Ride, Cossacks, ride! Charge, Turcos, charge! The fateful hour has come.
> Let all the guns of Britain roar or be forever dumb.[79]

Frei übersetzt:

> Erbarmungslos, wild, heiß und grimmig drängen die rasenden Kolonnen vorwärts,
> Wo der Schrecken Verachtung vortäuscht und es Gefahr zuhauf gibt,
> Wo die gierige Jugend den Tod als Braut will und die Qual wie Seligkeit erscheint.
> Die gute Sache ist es, meine Seele, die all das rechtfertigt!
> Reitet, Kosaken! Greift an, Turkos! Die schicksalhafte Stunde ist da.
> Lasst alle Kanonen Englands brüllen oder auf ewig verstummen.

Die Qualität der Dichtung tut nichts zur Sache. Wären diese Verse heute geschrieben worden, hätte man sowohl den Verseschmied als auch die „rasenden Kolonnen" als schießwütige, mordsüchtige Ungeheuer an den Pranger gestellt. Für sein Vaterland zu kämpfen und sein Leben einzusetzen genügt nicht mehr. Wenn man das Glück hat, die Kriegsgräuel zu überleben, muss man noch sein Einfühlungsvermögen unter Beweis stellen: Man muss betonen, wie sehr man selbst und wie sehr der Gegner im Krieg gelitten hat und dass beide im Rückblick immer noch leiden.

Ein Symptom dieses Problems können wir in der geänderten Bedeutung der Begriffe „Held" und „Heldentum" erkennen. Im alten Griechenland waren „Helden" Männer, die durch ihre außergewöhnliche Tapferkeit fast göttlichen Status erlangten. Nicht wenige Helden waren sogar Halbgötter, die von einem Gott und einer sterblichen Mutter oder – wie Achilles – von einer Göttin und einem sterblichen Vater abstammen. Andere wurden nach ihrem Tod vergöttlicht und in eigens erbauten Tempeln verehrt, die Kosten übernahm die Staatskasse.[80] Die Helden durften auf ihre Taten stolz sein, ja sie wurden von der Gesellschaft dazu ermutigt. Wenn sich bei Homer zwei Helden auf dem Schlachtfeld begegnen, fangen beide sofort an, sich ihrer Taten und ihrer Abstammung zu rühmen. So war es auch in England zur Zeit der Angelsachsen und in Japan zur Zeit der Samurai, ebenso in allen anderen Kulturen, in denen sich Stammes- und Sippenkrieger gegenüberstanden.[81]

Der Philosoph Ernest Becher schrieb 1973 in seinem Buch *The Denial of Death*, dass wir Menschen die Grenzen unserer körperlichen Existenz zu überwinden versuchen, indem wir uns mit etwas identifizieren und – wenn nötig – für etwas unser Leben geben, was unserer Meinung nach größer, besser, edler und von längerer Dauer ist als wir selbst. Er sieht also im Heldentum einen Versuch, Unsterblichkeit zu erlangen. Wenn das stimmt, ist es umso interessanter festzustellen, dass das Wort „heroism" den Höhepunkt seiner Beliebtheit um 1900 erreichte, genau zu der Zeit, als die Macht des Westens sich ebenfalls auf dem Höhepunkt befand. Seither erlebt der Begriff einen allmählichen Niedergang. Oft wird er trivialisiert – so werden Homosexuelle, die sich zu ihrer Neigung bekennen, oder Frauen, die eine angebliche Belästigung öffentlich machen, zu Helden stilisiert. Die Trivialisierung führt ihrerseits zur Ironisierung des Begriffs, der oft in Anführungszeichen gesetzt wird. Von Soldaten, die als Helden bezeichnet werden, erwartet man oft eine höflich abwehrende Haltung. General Norman Schwarzkopf, der die Truppen der Anti-Irak-Koalition 1991 zum Sieg führte, begriff das genau und nannte daher seine Autobiographie „It doesn't take a hero" (dt.: „Man muss kein Held sein"). Obwohl er nach seinen eigenen Worten seinen Stolz auf die Leistung der Truppen in den Vordergrund stellen wollte, ist ihm das nicht recht gelungen. Allzu viele Menschen sahen darin nur falsche Bescheidenheit.

Ein Bekannter von mir, ein pensionierter Oberst des Marine Corps, erzählte mir, wie er als junger Offizier bei seinem Abflug nach Vietnam von einem unbekannten Mädchen – das war, bevor „girl" (Mädchen) zum Schmähwort geworden ist – eine Blume in die Hand gedrückt bekam; verbunden mit dem Wunsch, er möge nicht lebend zurückkommen. Seitdem kann die amerikanische Gesellschaft den Truppen, die sie in die Kriegsgebiete schickt, nicht mehr in die Augen sehen; heimkehrende Särge dürfen nicht mehr gefilmt werden. Weder die Vietnam-Rückkehrer noch jene aus Afghanistan und dem Irak wurden mit der traditionellen Konfettiparade willkommen geheißen.[82] Manche europäischen Heimkehrer aus den beiden letzteren Kriegen mussten sich sogar davonschleichen und vor einer gleichgültigen, sogar feindseligen Öffentlichkeit verstecken, die von ihnen oder ihren Taten nichts wissen wollte. Bei meinen Besuchen in westeuropäischen Militärmuseen habe ich schon sehr, sehr lange keine Lehrkraft mehr gesehen, die eine Schulklasse durch die Ausstellungsräume geführt hat.

Alles Negative, wofür das Militär steht, wird im Wort „Militarismus" zusammengefasst. Der Begriff geht auf die 1880er Jahre zurück und bedeutete ursprünglich nur den Wunsch oder die Meinung des Volkes oder der Regierung, dass der Staat das eigene Militär in Ehren halten sollte. Er drückte auch die Überzeugung aus, dass ein starkes Heer notwendig sei und wenn nötig auch eingesetzt werden müsse, um im Interesse des Staates Krieg zu führen. In diesem Sinne bestanden alle Regierungen der westlichen Welt bis vor nicht allzu langer Zeit aus Militaristen – sogar aus begeisterten Militaristen.

In der Zwischenkriegszeit bezeichnete der britische Historiker Arnold Toynbee den Militarismus als den „weitaus häufigsten Grund für den Zusammenbruch von Zivilisationen".[83] Wenn man den Begriff „Militarismus" googelt, erfährt man als Erstes, dass es sich um einen „abwertenden" Begriff handelt. Sein übler Leumund rührt daher, dass er mit Deutschland und Japan vor 1945 assoziiert wird. Dabei wird übersehen, dass Hitler wohl bewusst war, dass ihn viele seiner Offiziere – vor allem der höheren – nicht recht mochten, und dass er Begegnungen mit ihnen, abgesehen von offiziellen Anlässen, daher auswich. Weiter wird übersehen, dass während der zwölf Jahre des Dritten Reiches der einzige ernsthafte, organisierte Versuch, Hitler zu stürzen, von Offizieren wie Henning von Tresckow und Claus Schenk Graf von Stauffenberg ausging, die sich der preußischen Tradition verpflichtet fühlten.

Der Begriff „Militarismus" kann verschieden definiert werden. Manche verstehen darunter den (ihrer Meinung nach irrigen) Gedanken, dass die Streitkräfte etwas Positives zur Gesellschaft beizutragen haben, das über ihre Kernaufgabe – nämlich Krieg zu führen und sich in vielen Fällen für die besagte Gesellschaft erschießen zu lassen – hinausgeht. Man kann darunter auch die Überzeugung verstehen, dass die Streitkräfte die „Schule der Nation" sein sollen – dieser Gedanke war weit verbreitet, bevor die Abschaffung der allgemeinen Wehrpflicht ihn obsolet machte. Als „Militarismus" kann man auch die Ansicht bezeichnen, dass das Militärpersonal in Politik und Gesellschaft eine wichtige Rolle spielen soll. Oft verbindet man damit negative Eigenschaften und Konnotationen wie Starrheit, Konservativismus, Autoritarismus, Dogmatismus und Intoleranz gegenüber Mehrdeutigkeit – abgesehen von Aggressivität, Imperialismus und dem Gottseibeiuns Antifeminismus.[84]

Kurz gesagt, Militarismus ist das Letzte vom Letzten. Als ich in den 1950er und 1960er Jahren in Israel aufwuchs, galt alles Militärische als Synonym für Tüchtigkeit, Leistungsfähigkeit und sogar für Heldentum. Heute gilt es sowohl in Israel als auch in der gesamten westlichen Welt eher als Synonym für Zweitklassiges – man denke nur an Militärküche, Militärkunst, Militärmusik und so weiter. Manche Witzbolde sind sogar der Meinung, dass „military intelligence" ein Widerspruch in sich ist. Als ob man keinen scharfen Verstand und keine hochentwickelten Geistesgaben brauchte, um Krieg zu führen! Laut Merriam Webster ist ein Militarist jemand, der „zum Krieg drängt oder einen Krieg auszulösen versucht". Als Synonyme werden (in Übersetzung) „Falke, Jingoist, Kriegstreiber, Hetzer, Zündler, Anstifter, Aufwiegler, Kriegsteilnehmer, Kämpfer, Chauvinist" angeboten, als Antonyme „Friedensstifter, Taube, Pazifist".

Die meisten Werke der Militärkunst, ob gut oder schlecht, stehen für den Dank der Gesellschaft an jene, die für sie ihr Leben riskiert haben. Wenn man ihnen schon keine Bewunderung entgegenbringt, so haben sie doch wenigstens Respekt verdient. Allen Unkenrufen zum Trotz hat die Militärkunst einige der großartigsten Kunstwerke aller Zeiten hervorgebracht, von den Darstellungen der ägyptischen Pharaonen, die von ihrem Streitwagen aus Pfeile abschießen, über Griechenland und Rom, wo jene Schönheit, die durch Verstümmelung entsteht, besonders bewundert wurde,[85] und die Statuen von Kriegern aus der Renaissance bis zu Le Bruns Galérie des Batailles in Versailles.[86]

Manche Autoren wie Alfred Vagts, dessen Werk *History of Militarism* (1937) immer noch die beste Darstellung über das Thema ist, unterscheiden zwischen „militärisch" und „militaristisch". Demnach ist „militärisch", was zur Schaffung und Erhaltung der Effektivität der Streitkräfte beiträgt; „militaristisch" ist das, was ich als „Kriegskultur um ihrer selbst willen" bezeichnet habe.[87] Diese Unterscheidung stößt auf unüberwindliche Schwierigkeiten, weil es in diesem Bereich sehr schwer, vielleicht sogar unmöglich ist, Mittel und Zweck auseinanderzuhalten.[88] Welcher Kommandant hat seinen Soldaten je gesagt, dass sie deshalb die Fahne grüßen sollten, um ihren Kampfgeist zu bewahren und zu stärken? Falls er es getan hätte, wäre er nicht ausgelacht worden?

Ein Gefecht ist der größte Atavismus, den es auf Erden gibt. Der Schrecken, der es erfüllt, dreht das Rad der Evolution um eine Million Jahre zurück und schafft eine Situation, in der nur eines wichtig ist – lebendig herauszukommen. Paradoxerweise ist gerade deshalb die Kriegskultur so lebendig. Jeder Versuch, an ihr etwas zu ändern, mag er nach den Instinkten in einem modernen Land noch so lobenswert sein, ist gefährlich und sollte nur mit der größten Vorsicht verbunden sein. Was einmal zerstört ist, kann nie wiederhergestellt werden. Eine Armee, die keine starke Kulturtradition hat, die sie wie ein Korsett zusammenhält, auch wenn es brenzlig wird, ist keine gute Armee.

Militarismus ist auch mit einer friedlichen Außenpolitik nicht unvereinbar. Thukydides beschreibt in seinem Peloponnesischen Krieg die konservative Politik Spartas und sein Zögern, den Krieg zu erklären.[89] Später war Sparta der einzige griechische Stadtstaat, der sich Alexanders Feldzug gegen die Perser nicht anschloss. Hitler beschwerte sich in den ersten Jahren nach der nationalsozialistischen Machtergreifung immer wieder, dass seine Generäle, vor allem jene des Heeres, keinen Krieg führen wollten. Hitler bezeichnete die Generäle als „Angsthasen".[90] Erst 2014 entschied sich die Schweiz als einer der wenigen jener Staaten, die schon sehr, sehr lange Zeit keinen

Krieg geführt haben, in einer Volksabstimmung für die Beibehaltung der allgemeinen Wehrpflicht.

Dort wo derzeit Frieden herrscht, beruht dieser Friede hauptsächlich auf jener Abschreckung, die nur von Soldaten und ihren Waffen ausgeht und nur von ihnen aufrechterhalten werden kann. Fast alle Männer (und zu einem geringen Teil auch Frauen), die ein gewisses Risiko und dazu noch alle möglichen körperlichen und psychischen Nachteile auf sich nehmen, um Menschen in fernen Ländern zu helfen, sind Soldaten. Wer außer dem Militär könnte diese Aufgabe übernehmen? Wer hat das nötige Personal, die Ausbildung und die Ausrüstung? Oder glaubt jemand, dass ein paar blauäugige Konfliktlöser auch nur einen Teil der grausamen Kriege verhindern oder lindern können, die auf der ganzen Welt immer wieder ausbrechen?

Trotzdem lassen sich viele Bürger westlicher Länder – hauptsächlich, aber nicht ausschließlich in Europa – nicht davon abhalten, die Streitkräfte ihrer Länder ebenso zu dämonisieren wie die „militaristische" Tradition, in der diese verwurzelt sind. Wenn man diesen Kritikern zuhört, möchte man meinen, es sei ein Verbrechen, sein Land zu verteidigen und darauf stolz zu sein.

5. Vom Soldaten zum Söldner

Jahrtausendelang war es die wichtigste Aufgabe eines Herrschers, im Krieg seine Truppen anzuführen – das zeigen schon die Titel, die sie führten. Griechische *strategoi*, römische Konsuln, mittelalterliche Herzöge und Grafen erhielten die dazu nötige Ausbildung. Noch 1535 befehligte Kaiser Karl V. sein Heer im Tunisfeldzug; dem Kaiser wurde mehrmals das Pferd unter dem Leib getötet. Auch als gekrönte Häupter nicht mehr persönlich kämpften und das Heer befehligten – in Europa also ab der Mitte des 16. Jahrhunderts –, erwartete man von ihnen noch immer eine eingehende Beschäftigung mit militärischen Angelegenheiten. Clausewitz unterrichtete die preußischen Prinzen, auch den späteren König Friedrich Wilhelm IV. sowie den späteren Kaiser Wilhelm I., in dieser Materie. Noch in den letzten Jahrzehnten des 19. Jahrhunderts erhielten die meisten Erbmonarchen einen solchen Unterricht. Viele Herrscher, die ihr Amt nicht aufgrund von Erbschaft ausübten, waren Soldaten gewesen und hatten daher zumindest einige Erfahrung in militärischen Dingen.

5. Vom Soldaten zum Söldner

In den 1960er Jahren setzte ein tiefgreifender Wandel ein. Ein westliches Land nach dem anderen schaffte die allgemeine Wehrpflicht ab, und die Anzahl der Bürger mit militärischer Erfahrung sank zunehmend. Minister, Staatssekretäre, hohe Beamte, Abgeordnete und andere Regierungsverantwortliche hatten lebenswichtige Entscheidungen zu treffen, ohne das nötige Verständnis der „Grammatik des Krieges" (Clausewitz) erworben zu haben.[91] Eine Militäranalystin kam auf den Gedanken, „bei der Landesverteidigung" gehe es „nicht mehr darum, Soldaten in Reih und Glied einander gegenüberzustellen, um eine Schlacht auszutragen". Daher brauchten politische und militärische Verantwortliche keine „Militärdiensterfahrung" mehr.[92]

Besonders in Europa, aber auch anderswo, sind nicht wenige dieser Verantwortlichen Weicheier. Nicht einmal im Traum würde es ihnen einfallen, selbst all das zu tun, was sie anderen im Kriegsfall befehlen, oder auch nur die dafür notwendige Ausbildung zu absolvieren. Die meisten würden nicht einmal ihren Söhnen, schon gar nicht ihren Töchtern, erlauben, zum Militär zu gehen und in den Krieg zu ziehen. Was ist also die Alternative? Die schwedische Außenministerin Margot Wallström glaubt eine Lösung gefunden zu haben: Sie will Präsident Putins „Macho-Aggression" in der Ukraine eine „feministische Außenpolitik" entgegensetzen.

Eine solche Politik würde natürlich – Gott behüte – nicht auf Gewalt oder die Androhung von Gewalt setzen. Die Ministerin baue stattdessen auf „Repräsentation, Ressourcen und Respekt".[93] Sie sagte allerdings nicht dazu, wie Repräsentation, Ressourcen und Respekt verhindern sollen, dass Russlands U-Boote in schwedische Gewässer eindringen und Russlands teilweise nuklearfähige Flugzeuge den schwedischen Luftraum verletzen. Vielleicht meinte sie in Wirklichkeit, dass sie sich darauf vorbereitet, die Rute zu küssen, mit der Putin ihr Land schlagen will. Wenn das stimmt, ist sie keineswegs die einzige. Die deutsche Verteidigungsministerin Ursula von der Leyen (CDU) stellte zum Thema Ukraine die Frage, ob die NATO überhaupt etwas tun könne, um „diese riesige russische Militärmaschine" zu stoppen.[94]

Kein Wunder, dass in sämtlichen westlichen Ländern die Bereitschaft zum Militärdienst seit Jahrzehnten immer geringer wird. Das Ergebnis: Militärpersonal ist knapp und schwer zu finden. Und dies, obwohl die Bevölkerung gewachsen und es infolge der Abschaffung der Wehrpflicht möglich ist, Personen aufzunehmen, die älter als

18/19 Jahre sind, und obwohl, zumindest theoretisch, die Öffnung der Streitkräfte für Frauen das Menschenreservoir, aus dem sie schöpfen können, etwas mehr als verdoppelt hat. Gewiss melden sich in Zeiten hoher Arbeitslosigkeit mehr Personen zum Militär.[95] Der langfristige Abwärtstrend ist jedoch unübersehbar.

Was den sozialen Hintergrund betrifft, gibt es in den USA eine negative Korrelation zwischen der Bereitschaft zum Militärdienst und Eltern mit Collegeabschluss, guten Noten und dem Wunsch, aufs College zu gehen. Eine positive Korrelation besteht zwischen der Bereitschaft zum Militärdienst im Zusammenhang mit einer hispanischen oder afroamerikanischen Herkunft.[96] So groß ist der Mangel an geeigneten Soldaten, dass die USA nach dem Vorbild des Römischen Reiches auf Personen zurückgreifen, die keine US-Staatsbürger sind. Zu den Anreizen zählen der Zugang zu einem geeigneten Vertreter im Personalamt für das Staatsbürgerschaftsverfahren am eigenen Stützpunkt und eine verkürzte Bearbeitungszeit. Nach 9/11, einem Ereignis, das Uncle Sams Bedarf an Kanonenfutter deutlich erhöhte, wurde der Erlass der Staatsbürgerschaftsgebühr als weiterer Anreiz hinzugefügt.[97] Ende 2014 bedeutete das eine Ersparnis von tausend Dollar ohne Einrechnung etwaiger Familienmitglieder.

Weitere Anreize sollen die Soldaten dazu bewegen, ihre Dienstzeit nach der ersten Dienstperiode noch einmal zu verlängern. Das System scheint zu funktionieren. 2012 machten Personen ohne US-Staatsbürgerschaft 2,2 % der Bevölkerung im wehrfähigen Alter (18–29 Jahre) aus. Der Prozentsatz innerhalb des Militärs war fast doppelt so hoch. Wegen der ethnischen Diversität – die trotz aller Nachteile bei Auslandseinsätzen von Vorteil sein kann – und wegen ihrer Bereitschaft, um des Erwerbs der Staatsbürgerschaft willen größere Risiken auf sich zu nehmen, gelten sie als ausgezeichnete Soldaten.[98]

Nicht nur im mächtigsten Land der Erde, sondern auch in einigen der kleinsten westlichen Staaten steht der Militärdienst ausländischen Staatsbürgern offen. In Dänemark können diese entweder zu denselben Bedingungen wie Inländer dienen oder einen längerfristigen Vertrag abschließen und eine Spezialausbildung absolvieren. Vor allem Letzteres zeigt, wie unbeliebt der Militärdienst bei den dänischen Staatsbürgern geworden ist. Ein „besonderer Bezug" zu Dänemark – was immer das bedeuten mag – genügt, um sich bewerben zu können.[99] Sogar die Schweiz, jenes Land, in dem die Verknüpfung zwischen Staatsbürgerschaft und Wehrpflicht immer am stärksten ausgeprägt war, hat eine Zeitlang die Einführung eines solchen Systems erwogen.[100] Die Schweiz hat ein höheres Pro-Kopf-Einkommen und eine geringere Arbeitslosigkeit als die meisten Länder. Sie hat auch einen höheren Anteil an ausländischen Bewohnern als jedes andere europäische Land. Eine solche Reform wäre also durchaus sinnvoll – nur wollen die Schweizer nichts davon wissen, was ihnen hoch anzurechnen ist.

Andere westliche Länder, die Ausländer zum Militärdienst zulassen (besser gesagt: händeringend nach ihnen suchen), sind Belgien, Großbritannien, Kanada, Frankreich, Irland, Luxemburg, Norwegen und Spanien.[101] Drei dieser Länder – Großbritannien, Frankreich und Spanien – haben Eliteeinheiten, deren Mannschaften ausschließlich aus Ausländern bestehen. In der Praxis, wenn auch nicht in der Theorie, wird das Leben jener, die in diesen Einheiten dienen, als weniger schutzwürdig angesehen als das anderer Soldaten. Wenn es für das Militär etwas zu tun gibt, kommen diese Einheiten als Erste zum Einsatz. Die Streitkräfte, zu denen sie gehören, erhalten mit ihrer Hilfe wenigstens ein paar der „Zähne" zurück, die man ihnen gezogen hat.

Eine weitere, sehr wichtige Entwicklung weist in die gleiche Richtung: die zunehmende Anzahl, Größe und Bedeutung privater Militärunternehmen. Söldner, wie sie manchmal genannt werden, spielen eine immer wichtigere Rolle.[102] 1991, zur Zeit des Ersten Golfkrieges, war einer von 50 US-Soldaten ein Söldner. Bald darauf, im Balkankonflikt, soll einer von zehn beteiligten Soldaten ein Söldner gewesen sein. Als die sogenannte „Koalition der Willigen" 2003 im Irak einmarschierte, bildeten Söldner die zweitgrößte Streitmacht nach jener der USA. Allein zwischen 2000 und 2005 verdoppelten sich die Ausgaben der USA für Söldner. Im Verhältnis zur Größe des Landes und seiner Streitkräfte war die Entwicklung in Großbritannien noch dramatischer.[103]

Wie bei so vielen anderen Geschäftszweigen gibt es auch in der Militärindustrie eine starke Konzentration. Die meisten der großen Player in den westlichen Ländern sind amerikanische, britische und französische Unternehmen. Die Gründer/Eigentümer/Leiter sind oft pensionierte Generäle und Admiräle. Dazu kommen etliche ehemalige Geheimdienstleute und die üblichen Erbsenzähler. Die Söldner selbst sind hauptsächlich auch ehemalige Militärangehörige. Bei ihrer Anwerbung wird hauptsächlich auf ihre Erfahrung und auf den Kostenfaktor geachtet, erst dann auf die Nationalität. Je nach Alter, früherem Dienstgrad und Erfahrung können die Männer – Frauen scheinen fast keine dabei zu sein – ein Mehrfaches dessen verdienen, was reguläre Soldaten bekommen. Dafür erwarten und erhalten sie auch keine Zusatzleistungen wie Wohnung, Kranken- oder Pensionsversicherung, die die Kosten eines Soldaten in einer staatlichen Armee um das Doppelte bis Dreifache erhöhen.[104]

Manche dieser Unternehmen besitzen schwere Waffen und Waffensysteme, die allerdings meist nicht topmodern sind. Sie kaufen sie billig am internationalen Markt, von Waffenhändlern, die auf Kriegsgerät aus zweiter Hand spezialisiert sind. Vor allem bei Feldzügen in Dritte-Welt-Ländern haben ihre Soldaten so ziemlich das Gleiche zu tun wie ihre Kameraden bei den „zahnlosen" staatlichen Streitkräften. Sie steuern Flugzeuge und Hubschrauber. Sie lenken Panzerfahrzeuge. Sie bauen Fernmeldenetze auf, schaffen und sichern Nachschublinien, bewachen Stützpunkte und stellen den Geleitschutz für VIPs. Mit oder ohne Erlaubnis pusten sie jeden weg, der sich ihnen in den Weg stellt, wenn es notwendig und angezeigt ist.

Söldner waren nie zart besaitet. Sie genießen jedoch den unschätzbaren Vorteil, sich nicht um die oft sinnlosen und demütigenden Konventionen kümmern zu müssen, die die heutigen Politiker und die öffentliche Meinung den regulären Streitkräften auferlegt haben – auch nicht um jene Konventionen, die Leuten wie Petraeus, Amos oder Mattis solche Probleme bereitet haben, dass sie gefeuert wurden oder „freiwillig" den Dienst quittierten. Mit anderen Worten: sie sind willens und in der Lage, das zu tun, was in einer gefährlichen und oft ziemlich scheußlichen Welt eben getan werden muss.

KAPITEL III
Verweiblichung der Streitkräfte

1. Der Kampf um die Gleichheit

Derzeit läuft in den westlichen Ländern ein Sozialexperiment, das in der Geschichte einmalig dasteht, nämlich die Verweiblichung der Streitkräfte. Die Frauen tragen keine Schuld daran, wenn man davon absieht, dass Feministinnen Frauen in Rollen und auf Posten drängen wollen, für die sie nicht geeignet sind. Viele, wahrscheinlich die meisten dieser Frauen tun ihr Bestes. Die Art, wie sie in die Streitkräfte aufgenommen und wie sie dann behandelt werden, ist einer der entscheidenden Gründe, warum diese Streitkräfte nicht annähernd so erfolgreich sind, wie sie sein sollten. Wenn sich diese Entwicklung fortsetzt, könnte ihre Kampf- und Siegfähigkeit weiter leiden. Daher muss sie im Detail analysiert werden.

Die Verweiblichung der Streitkräfte ist ein Phänomen, das fast ausschließlich auf die westlichen Länder beschränkt zu sein scheint. Gewiss haben auch andere Länder Soldatinnen, sogar einige muslimische Länder. Sie scheinen diese jedoch nicht sonderlich ernst zu nehmen. König Hussein von Jordanien stellte einmal ein Korps aus Soldatinnen auf, das von einer seiner Töchter, Aisha, befehligt wurde. Seither hat man jedoch nicht mehr viel davon gehört. Oberst Gaddafi umgab sich mit einer weiblichen Leibgarde, um sein Image als spleeniger Diktator zu pflegen. Nach dessen gewaltsamem Tod gaben die Frauen – vielleicht aus Furcht vor Repressalien – an, von Gaddafi und seinen Schergen sexuell missbraucht worden zu sein.[1] Die rosa Paradeuniformen mancher – offenbar wegen ihres hübschen Äußeren ausgewählter – chinesischer Soldatinnen sprechen ebenso für sich wie der Schönheitswettbewerb „Miss Russian Army", der angeblich abgehalten wird, um mehr Frauen zum Militärdienst zu motivieren.[2] Soweit bekannt, hat es allerdings weder bei den russischen Truppen, die 2014 die Krim besetzten, noch bei den Streitkräften des ukrainischen Gegners auch nur eine einzige Frau gegeben.

Die Geschichte der Frauen im Kriegseinsatz ist faszinierend und reicht weit zurück.³ In vormoderner Zeit gab es in vielen Armeen eine kleine Schar von Soldatinnen, die in manchen Fällen als Männer verkleidet waren. In Stammes- und Feudalgesellschaften übernahm manchmal eine Frau anstelle eines verstorbenen oder abwesenden Verwandten das Kommando. Aber auch diese Frauen kämpften – bis auf wenige Ausnahmen – nicht selbst, wie das die meisten männlichen Oberbefehlshaber bis etwa 1550 taten. Im Heerlager waren allerdings sehr viele Frauen anzutreffen: Marketenderinnen, Wäscherinnen, Köchinnen, Krankenpflegerinnen und natürlich Prostituierte. Manchmal überstieg die Zahl der Frauen und Kinder jene der Soldaten.

Als sich im Ersten Weltkrieg ein Mangel an Soldaten bemerkbar machte, nahmen zuerst die britischen und dann die amerikanischen Streitkräfte weibliche Freiwillige auf. Um die damals sogenannte „moral corruption" („sittliche Verderbtheit" – heute würde man sagen „sexuelle Belästigung") zu bekämpfen, dienten sie in einem eigenen Korps. Sie konnten weder gegen ihren Willen im Ausland eingesetzt werden noch an Kampfhandlungen teilnehmen. Die meisten arbeiteten in der Verwaltung oder als Krankenschwestern. Als Freiwillige konnten sie jederzeit den Dienst quittieren. All das hatte zur Folge, dass sie eigentlich nur halbe Soldaten waren. Es erklärt auch, warum es fast keine gefallenen oder verwundeten Soldatinnen gab.

Im Zweiten Weltkrieg war die Situation ziemlich ähnlich. Sowohl in Großbritannien als auch in den USA stieg die Bandbreite an militärischen Organisationsbereichen (military occupational specialties, MOS), die Frauen offenstanden. Auch die Anzahl der Frauen im Heer wuchs. Wie nicht anders zu erwarten, gab es immer wieder Liebesaffären zwischen Heeresangehörigen beider Geschlechter. Da die Frauen in einem eigenen Korps dienten und keine männlichen Vorgesetzten hatten, gab es kaum Komplikationen und auch kaum Einwände. Männer fühlten sich eben zu Frauen hingezogen und Frauen zu Männern – vor allem, wenn Letztere etwas zu bieten hatten, falls sich die Beziehung als dauerhaft erwies.

So wie schon im Ersten Weltkrieg, wurden die verschiedenen Frauenkorps als vorübergehendes Experiment angesehen. 1948 führte der Kongress Hearings durch, um zu entscheiden, ob Frauen die Möglichkeit erhalten sollten, sich in Friedenszeiten zum Militärdienst zu melden. Durch das in der Folge erlassene Gesetz Nr. 625 erhielten die US-Streitkräfte zum ersten Mal die Ermächtigung, Frauen auf Dauer aufzunehmen.[4] Angestrebt wurde die Schaffung eines Kernbestandes an weiblichen Soldaten, der erweitert werden konnte, falls wieder ein großer Krieg ausbrechen sollte, der eine Mobilmachung erforderlich machte.

Bei der Umsetzung ging man von zwei ganz verschiedenen, sogar gegensätzlichen Thesen aus. Einerseits wollte der Kongress, wie schon im Ersten und im Zweiten Weltkrieg, die weiblichen Militärangehörigen schützen, da sie als zu schwach angesehen wurden, um sich gegen ihre männlichen Kameraden durchzusetzen. Der Kongress beschloss daher, dass die Frauen weiter in eigenen Korps unter weiblichen Vorgesetzten dienen sollten. Andererseits ging man davon aus, dass der Sinn und Zweck der Streitkräfte das Kämpfen sei und nur Männer kämpfen könnten. Daher sollte das Militär seinen männlichen Charakter beibehalten; der Einsatz von Frauen müsse strengen Beschränkungen unterliegen. Das Gesetz wurde innerhalb der Streitkräfte so interpretiert, dass diese Beschränkungen noch verschärft wurden.

Die Anzahl der Frauen bei den Streitkräften wurde auf 2 % der Gesamtstärke gedeckelt. Sie wurden von Kampfeinsätzen ausgeschlossen; das galt sowohl für den Dienst zur See (Frauen gab es nur auf Transport- und Lazarettschiffen) als auch für das Steuern von Flugzeugen in Kampfmissionen. Frauen konnten keinen höheren Dienstgrad als den eines Obersten (bzw. Navy Captain) erreichen; sie konnten auch nicht an den Militärakademien studieren. Ihre Aufstiegschancen waren daher begrenzt. Weibliche Militärangehörige wurden auch durch eine ganze Reihe kleinlicher Vorschriften diskriminiert. Zum Beispiel bekamen sie – anders als Männer – nur dann Beihilfen für Familienmitglieder, wenn sie nachweisen konnten, der „Hauptverdiener" im Haushalt zu sein.

Die Ausbildung der Frauen erfolgte auf eigenen Militärstützpunkten und enthielt ausreichend Sport, um körperlich fit zu bleiben, es war aber keinerlei Waffenausbildung vorgesehen. 93 % arbeiteten entweder als Sekretärinnen oder im medizinischen Bereich.[5] Nach den Werbeplakaten der US-Streitkräfte zu schließen, hätte man meinen mögen, Frauen kämen mit einer umgeschnallten Schreibmaschine zur Welt. Auf ein gepflegtes Äußeres wurde größter Wert gelegt. So hatte jede Frau, die zur Air Force wollte, ihren Bewerbungsunterlagen nicht weniger als vier aus verschiedenen Blickwinkeln aufgenommene Fotos beizulegen. Um „damenhaftes Benehmen" zu gewährleisten, war Unterricht in Betragen, Anlegen von Make-up usw. zu absolvieren.[6] Weibliche Mitglieder des Marine Corps hatten im Dienst Lippenstift und Nagellack zu tragen.

Wegen des eingeschränkten Betätigungsfeldes oder auch aus anderen Gründen entschieden sich nur wenige Frauen für den Militärdienst. Im Koreakrieg versuchte Verteidigungsminister George Marshall diese Zahlen zu erhöhen und rief das *Defense Advisory Committee on Women in the Services* (DACOWITS) ins Leben, das für den Eintritt in die Streitkräfte werben sollte – vergeblich, denn der ursprünglich angepeilte Frauenanteil von 2 % wurde nie erreicht. Bis in die späten 1960er Jahre stellten Frauen nur 1,2 % der Gesamtstärke der Streitkräfte. Wie ihre Vorgängerinnen in den beiden Weltkriegen waren sie in Wirklichkeit nur halbe Soldaten. Auf Schritt und Tritt wurden sie von Einschränkungen daran gehindert, eine wichtigere Rolle zu spielen; wenn es um die Disziplin ging, wurden sie mit Samthandschuhen angefasst.

Mit dem Vietnamkrieg wurde eine Wende eingeleitet. Die Streitkräfte standen unter erheblichem Druck, die unablässige Nachfrage nach Menschenmaterial zu erfüllen, ohne die Reserve zu mobilisieren. 1967 entschlossen sie sich, verstärkt auf Frauen zu setzen, um ihre Probleme wenigstens zum Teil zu lösen.[7] Die Deckelung bei 2 % fiel, der erste weibliche General wurde ernannt. Allein zwischen 1973 und 1976 stieg der Frauenanteil bei den Streitkräften um mehr als das Doppelte, nämlich von 3 auf 7 %. Auch die Anzahl der MOS, die Frauen offenstanden, stieg auf mehr als das Doppelte, und zwar von 35 auf 80.[8] Der Hauptgrund für die neue Linie war der Mangel an qualifizierten Männern. Lawrence Korb, Professor für Regierungslehre und Betriebswirtschaft und Staatssekretär für Personalwesen in der ersten Regierung Reagan, drückte es folgendermaßen aus: „Auf keinen Fall werden wir einen Posten lieber unbesetzt lassen, als eine Frau zu nehmen."[9]

Ein zweiter Grund für die genannte Entwicklung war das Anwachsen des Feminismus, vor allem des sogenannten „liberalen" oder „Gleichheits"feminismus ab den 1960er Jahren. Ein dritter Grund liegt in der Entwicklung weg von der allgemeinen Wehrpflicht hin zu Freiwilligenheeren, die im gesamten Westen festzustellen ist. Vor allem die letztgenannte Entwicklung spielte den Frauen in die Hände. Sie ermöglichte ihnen, die Kampagne für die Gleichberechtigung – wie wir noch sehen werden, ging es in Wirklichkeit nicht um Gleichheit, sondern um Privilegien – fortzusetzen, ohne befürchten zu müssen, dass für Frauen – wie früher für Männer – die allgemeine Wehrpflicht eingeführt werden könnte.[10]

Zumindest am Anfang mussten viele Reformen gegen den Widerstand der männlichen Offiziere und einfachen Soldaten durchgesetzt werden, die entschlossen waren, ihre Position zu verteidigen.[11] Als der Reformprozess begann, dachte kaum jemand daran, Frauen zu Kampfeinsätzen heranzuziehen. Im Gegenteil: Man wollte herausfinden, welche Stellen man mit Frauen besetzen konnte, um die frei werdenden Männer den Kampfeinheiten zuteilen zu können. Mit anderen Worten: Frauen galten eindeutig als zweitklassige Ersatzkräfte. Zu dem Thema wurde eine ganze Reihe komplizierter Berechnungen angestellt und in einer Studie des Brookings Institute zusammengefasst.[12] Manche der „untypischen" Berufsfelder, die Frauen nunmehr offenstanden, gehörten zum Bereich der Wissenschaft und Technik und waren hochangesehen. Andere waren zwar auch „untypisch", boten den uniformtragenden Frauen jedoch nur Arbeiterjobs an der Seite der Männer im Bereich manueller Arbeiten, der Logistik, der Raumpflege usw.

Um die Rolle der Frau bei den Streitkräften aufzuwerten, musste eine ganze Anzahl von Vorschriften, die ihnen bestimmte Tätigkeiten verboten, aufgehoben werden. So hatte der Chef der Seeoperationen, Elmo Zumwalt, angeordnet, dass Frauen an Bord aller Schiffe mit Ausnahme von Kampfschiffen Dienst tun durften;[13] ebenso durften sie jedes Flugzeug außer Kampfflugzeugen lenken. Später erhielten sie auch die Erlaubnis zum Lenken von Kampfflugzeugen, allerdings nur hinter der Front, etwa beim Befördern oder Ausprobieren von Flugzeugen oder zum Erteilen von Flugunterricht. Zum ersten Mal gab es auch eine Waffenausbildung für Frauen, wenn auch keine wirklich ernstzunehmende.

Frauen warteten Flugzeuge, schossen Raketen ab und arbeiteten mit Computern. Sie bedienten auch Baumaschinen, füllten Benzintanks und regelten den Verkehr zu Lande, zu Wasser und in der Luft. Wie um zu beweisen, dass sie das gleiche Pensum wie die Männer absolvieren konnten, fuhren sie auch mit dem Gabelstapler in Munitionslagern herum.[14] Damals wurde dies als großartiger Fortschritt für die Frauenemanzipation angesehen. 1972 wurden die getrennten Offiziersausbildungskurse für Frauen abgeschafft; Frauen wurden in die Reserveoffiziers-Ausbildungskorps (ROTC) an zivilen Universitäten aufgenommen. 1976 setzte der Kongress trotz vieler Widerstände die Öffnung der Militärakademien für Frauen durch. Vier Jahre später feierte der erste gemischte Jahrgang seinen Abschluss.

Unter Clifford Alexander jr., Secretary of the Army unter Präsident Jimmy Carter, beschleunigte sich diese Entwicklung.[15] 1978 wurde der Dienstposten der Kommandantin des Frauenkorps abgeschafft. Frauen wurden in die reguläre Kommandokette eingegliedert, mit dem Ergebnis, dass nun Männer Frauen und Frauen Männer befehligen konnten.[16] Auch die Frauenstützpunkte wurden geschlossen. Von nun an waren Männer und Frauen meist in verschiedenen Stockwerken desselben Gebäudes untergebracht. Das Ziel war die Schaffung eines Unisex-Militärs; dies ging bis zur probeweisen Einführung von Unisex-Uniformen. Als sich herausstellte, dass sie weder Frauen noch Männern passten, ließ man das Experiment in aller Stille auslaufen. Anfang 2015 wurden jedoch neue dahingehende Versuche gestartet.[17]

1981 war die Zahl der Frauen bei den Streitkräften auf 8,5 % der Gesamtstärke angestiegen. Da die Militärorganisation aber auf männliche Soldaten zugeschnitten war, führte der steigende Frauenanteil zu diversen Problemen. Professor Korb, zu dessen Zeit es einen Frauenanteil von 11 % gab, musste für die Frauenproblematik so viel Zeit aufwenden wie für kein anderes Problem.[18] Manche Vorschriften, die Frauen diskriminierten, wurden stillschweigend fallengelassen. Andere führten zu heftigen Kontroversen und wurden erst beseitigt, nachdem Anwälte im Auftrag von weiblichen Soldaten gegen die Streitkräfte prozessiert oder damit gedroht hatten.

Die Entscheidung im Verfahren *Frontiero gegen Richardson* (1971) brachte jene Vorschrift zu Fall, nach der eine Soldatin nur dann Beihilfen für Familienmitglieder erhielt, wenn sie nachweisen konnte, der „Hauptverdiener" in der Familie zu sein. Nach der Entscheidung im Verfahren *Cushman gegen Crawford* (1976) durften schwangere Soldatinnen im Dienst bleiben und nach der Geburt des Kindes wieder in den Dienst der Streitkräfte zurückkehren – ein Recht übrigens, das im amerikanischen Arbeitsrecht nicht vorgesehen ist und keineswegs von allen zivilen Arbeitgebern der USA gewährt wird. Die Entscheidung *Owens gegen Brown* (1978) zwang die Navy, Frauen weitere Schiffe zugänglich zu machen.[19]

In den genannten und anderen Fällen versuchten die Streitkräfte – ihrer Meinung nach im Interesse der Landesverteidigung – die Reformen zu blockieren. Von den Dutzenden Zeugen, die in den Jahren 1991/1992 vor der Kommission des Präsidenten über die Bestellung von Frauen innerhalb der Streitkräfte aussagten, waren fast alle gegen diese Maßnahmen.[20] Es nützte nichts: Sowohl in den erwähnten als auch in anderen Fällen übernahmen die Gerichte die Argumente, die für die Gleichberechtigung sprachen. Als vier frühere Soldatinnen drohten, die Streitkräfte wegen der noch bestehenden Beschränkungen der Teilnahme an Bodenkämpfen zu klagen, knickte Leon Panetta, bis 2013 Verteidigungsminister, sofort ein und erfüllte die Forderungen ohne weitere Gegenwehr.[21] Seine direkten Untergebenen folgten seinem Beispiel. Keine Forderung, die auf „Geschlechtergerechtigkeit" beruht, ist zu dumm, um vorgebracht zu werden. Der Chef des Stabs des gemeinsamen Oberkommandos der Streitkräfte, General Martin Dempsey, erklärte doch tatsächlich, der Einsatz von Frauen in Kampfeinheiten würde dazu beitragen, die Anzahl der sexuellen Übergriffe zu verringern![22]

Nach und nach folgten die Streitkräfte anderer westlicher Länder wie Belgien, Großbritannien, Kanada, Frankreich, Griechenland, Schweden und der Niederlande dem Beispiel der USA. In mehreren Ländern stellte sich nach dem Wechsel von der allgemeinen Wehrpflicht zum Freiwilligenheer heraus, dass sich nicht genügend Männer meldeten, jedenfalls nicht jene hochqualifizierten Männer, die am dringendsten gebraucht wurden. Man versuchte nun, die Lücke durch die Aufnahme zusätzlicher Frauen zu schließen. Außerdem wurden eifrig Experimente zur Einsatzfähigkeit von Frauen auf verschiedenen Gebieten angestellt – zum Großteil überflüssigerweise, weil sie nur die amerikanischen Ergebnisse bestätigten.

Wie in den USA führte dies zu einem begrenzten Vordringen von Frauen in „untypische" Berufsfelder (MOS), von technischen und wissenschaftlichen Aufgaben (Frankreich) bis zum eingeschränkten Dienst zur See (Niederlande).[23] Wie in den USA wussten Soldatinnen die ihnen (ihrer Meinung nach) zustehenden Rechte manchmal mithilfe der Gerichte durchzusetzen. Dabei ging es meist um den Zugang von Frauen zu weiteren Berufsfeldern der Armee, manchmal auch um die Gleichberechtigung mit den Männern in Bezug auf die Bezahlung, den Zugang zu militärischen Ausbildungsanstalten, die Beförderung usw.

Ab 1988 haben die von den USA geführten Kriege, jeder auf seine Weise, zum Erfolg der Kampagne für die Gleichberechtigung der

Soldatinnen beigetragen. Das gilt für den Krieg in Panama, die Golfkriege sowie die Kriege in Bosnien, im Kosovo, in Afghanistan und im Irak. Die Tätigkeiten, die Frauen bei den Streitkräften aller westlichen Länder verrichten, die Dienstgrade und Positionen, die sie bekleiden, wären bis in die 1990er Jahre nicht vorstellbar gewesen. Viele Frauen werden noch immer in Bereichen wie Verwaltung und Kommunikation, medizinischer Versorgung und Nahrungsmittelversorgung beschäftigt. Andere haben technische Aufgaben, obwohl diese, soweit feststellbar, meist nicht besonders schwierig, anstrengend oder gefährlich sind. Frauen fliegen Kampfflugzeuge, sie gehören auch zur „Mannschaft" von Marineschiffen, die manchmal sogar von Frauen befehligt werden.

In mehreren westlichen Ländern sind die Streitkräfte mit weiblichen Generälen gesegnet. Im Jahr 2011 war ein weiblicher General, Margaret Woodward, für die Koordinierung der NATO-Luftangriffe in Libyen zuständig.[24] Später wurde sie von der Air Force – typischerweise – mit der Bekämpfung sexueller Übergriffe innerhalb der Militärorganisation beauftragt. Die deutsche Verteidigungsministerin Ursula von der Leyen hat sich zum Ziel gesetzt, die Anzahl der weiblichen Generäle zu erhöhen.[25] Wie diese Maßnahme zur Lösung der Probleme der Bundeswehr beitragen soll, die durch jahrelange Vernachlässigung entstanden sind, sagte die Ministerin nicht.

Wie vor allem die oben angesprochene Entscheidung Panettas zeigt, sind – zumindest offiziell – die letzten Bastionen am Zerbröckeln. Kaum ein Jahr vergeht, ohne dass Vorschriften geändert und der Begriff „Kampfeinsatz" neu definiert wird. Trotzdem sieht man unter anderem an der viel höheren Zahl der männlichen Gefallenen, dass die fast vollständige Gleichberechtigung nicht alle Probleme löst, wie das die Feministinnen behaupten. Stattdessen bringt sie neue Probleme mit sich, denen wir uns im Folgenden zuwenden müssen.

2. *Amazones antianeirai*

Die Amazonen werden von Homer als *antianeirai* (männergleich) bezeichnet.[26] In der gesamten altgriechischen Literatur wird dieses Beiwort nur auf die Amazonen angewandt. Sie mussten auch *antianeirai* sein – sonst hätten sie im Nahkampf mit scharfen Waffen und schweren Rüstungen nicht gegen die Männer bestanden. Das Problem ist nämlich folgendes: Was die Feministinnen auch behaupten und was auch in den Gesetzbüchern steht – Männer und Frauen sind zwar in mancher Hinsicht gleich, in anderer jedoch nicht. Alle Versuche, sie so zu behandeln, als ob sie in jeder Hinsicht gleich wären, haben zwar einige Probleme gelöst, mussten jedoch früher oder später ebenso viele neue Probleme mit sich bringen. Und die Probleme ließen nicht auf sich warten.

Lassen wir einmal das umfangreiche, aber keineswegs eindeutige Forschungsmaterial über die intellektuellen und psychischen Unterschiede zwischen den beiden Geschlechtern beiseite. Es bleiben immer noch zwei körperliche Unterschiede, die jedem Mann und jeder Frau bekannt sind. Der erste betrifft Körperkraft, aerobische Kapazität, Ausdauer, Laufstärke, Wurfkraft, Robustheit und Widerstandskraft gegen die im Feld zu erwartenden Bedingungen (z. B. Schmutz). Anders als viele glauben oder zu glauben vorgeben, wirkt sich dieser Unterschied nicht nur im Kampf am Boden aus, sondern auch in weiten Bereiche des See- und Flugdienstes sowie schwerer Instandhaltungsarbeiten. (Der zweite Unterschied zwischen Mann und Frau – Schwangerschaft bzw. Mutterschaft – wird im nächsten Kapitel angesprochen.)

Aufgrund der Versuche, Frauen in die Streitkräfte zu integrieren, wurde zum erwähnten ersten Unterschied eine Riesenmenge an Daten gesammelt, die in zahlreichen Büchern und Artikeln nachzulesen sind sowie im Internet abgerufen werden können. Studien ergeben, dass die durchschnittliche Soldatin der US Army 12 Zentimeter kleiner und 14,3 kg leichter ist als der durchschnittliche männliche Soldat. Sie verfügt über 16,9 kg weniger Muskel- und um 2,6 kg mehr Fettmasse.[27] Die Oberkörperkraft beträgt 55 %, die Unterkörperkraft 72 % jener des Mannes. Da die Fettmasse indirekt proportional zur aeroben Kapazität und zur Hitzetoleranz ist, sind Frauen auch bei aeroben Aktivitäten wie belastetem Marschieren und Arbeiten bei Hitze im Nachteil. In großen Höhen ist die Benachteiligung für Frauen so groß, dass ihre Fortpflanzungsfähigkeit darunter leiden kann.[28]

Versuche ergaben, dass auch bei gleicher Körpergröße die Körperkraft der Frau nur 80 % der Kraft des Mannes beträgt. Insgesamt erbringen nur die besten 20 % der Frauen die gleiche körperliche Leistung wie die untersten 20 % der Männer. Ein Biologe behauptet, dass von den stärksten 100 Individuen aus einer zufällig ausgewählten Gruppe aus 100 Männern und 100 Frauen 93 Männer und nur 7 Frauen wären.[29] Nach einer anderen Studie über die Körperkraft von Männern und Frauen erreichen nur die besten 5 % der Frauen den Medianwert der Männer.[30] Dank der „besseren Fähigkeit der Männer, Muskelmasse aufzubauen",[31] führt intensives Training nicht zu einer Verringerung, sondern zu einer Verstärkung der Diskrepanz.[32]

Auch durch ihren Körperbau sind Frauen zum Kämpfen weniger gut gerüstet. Dünnere Schädelknochen, ein weniger ausgeprägter Überaugenwulst und schwächere Kieferknochen bieten weniger Schutz gegen Schläge.[33] Die kürzeren Arme erschweren es, eine Waffe aus der Scheide zu ziehen, damit zuzustechen oder sie zu werfen. Die Möglichkeit, dass es Frauen wegen ihrer Gehirnstruktur schwerer fallen könnte, Geschosse zu lenken und abzufangen, wollen wir hier außer Acht lassen.[34] Die Beine der Frau sind kürzer, der Winkel zwischen Körper und Beinen ist anders als beim Mann. Dadurch ist sie dem Mann gegenüber sowohl im Sprint als auch im Langstreckenlauf im Nachteil.[35]

Alle erwähnten Tests wurden mit jungen, kinderlosen Frauen durchgeführt. Wenn eine Frau geboren hat, ist die Struktur des Beckens noch ausgeprägter. Viele Frauen bekommen auch große Hängebrüste, die bei anstrengender körperlicher Betätigung im Weg sein können.[36] Der einzige wichtige körperliche Vorteil der Frauen besteht darin, dass sie offenbar seltener von Höhenkrankheit betroffen sind. Durch den höheren Körperfettanteil können sie auch Kälte besser ertragen.

Aufgrund dieser Einschränkungen haben es nur sehr wenige Frauen geschafft, an der militärischen Ausbildung und an Gefechten in gleicher Weise teilzunehmen wie Männer. Gemäß dem römischen Historiker Sallust, der die Worte des Feldherrn Marius überliefert hat, bedeutet das: „Feinde erlegen, Wachdienst versehen … Sonnenbrand und Winterkälte ertragen, auf der harten Erde zu schlafen, Entbehrung und Anstrengung zugleich trotzen."[37]

Immer wieder hat der Versuch, diese Probleme zu ignorieren, zu katastrophalen Ergebnissen geführt. Einige gängige Trainingsgeräte wie beispielsweise Klettergerüste erwiesen sich als zu gefährlich für Frauen, die nicht die nötige Oberkörperkraft mitbrachten.[38] Frauen fielen bei Fußmärschen zurück und schieden bei Gruppenläufen aus, sodass diese teilweise abgeschafft werden mussten. Hindernisparcours mussten umgestaltet werden, weil Frauen sie nicht bewältigten; sie konnten nicht an einem Seil hinaufklettern; sie schafften es nicht, beim Werfen einer Handgranate – der Waffe par excellence im Häu-

2. Amazones antianeirai

serkampf der Zukunft – die notwendige Mindestweite zu erreichen, um nicht selbst in Stücke gerissen zu werden. Das Handgranatentraining musste daher entweder gestrichen werden oder wurde zur sinnlosen Farce.

Dass Soldatinnen in der US Army monatelang ihre Regel nicht bekamen, war gang und gäbe.[39] In Westpoint waren Stressfrakturen Anfang der 1980er Jahre bei Frauen zehnmal häufiger als bei Männern. Eine Studie ergab, dass bei Frauen die Wahrscheinlichkeit einer Beinverletzung doppelt so hoch und die Wahrscheinlichkeit einer Fraktur fünf Mal so hoch war wie bei Männern. Verletzungen waren auch der Grund dafür, dass Frauen fünf Mal so viele Tage eingeschränkten Dienst leisteten wie Männer.[40] Frauen bei der Air Force waren vier Mal so oft im Spital wie Männer. Neun Mal so oft wie Männer waren sie vom Schienbeinkantensyndrom betroffen, fünf Mal so oft von Stressfrakturen, und mehr als fünf Mal so oft litten sie an Sehnenscheidenentzündungen.[41]

Captain Linda Bray, die wegen ihres Einsatzes im Panamakrieg 1988 berühmt wurde, war die erste amerikanische Soldatin, die offiziell an Kampfhandlungen teilnahm. Die kleine, zerbrechlich wirkende Frau musste eigenen Angaben nach so schwere Ausrüstungsgegenstände tragen, dass sie sich die Hüften brach. Später, nach ihrer Rückkehr ins Zivilleben, konnte sie – wieder nach eigenen Angaben – weder laufen noch springen, nicht einmal den täglichen Einkauf erledigen, weil sie dabei zu starke Schmerzen hatte.[42] In Kanada schloss nur 1 % der Frauen, die an der Standard-Infanterieausbildung teilnahmen, diese auch ab. Kein Wunder, dass die kanadischen Behörden die Anzahl der Frauen, die tatsächlich an Kampfhandlungen teilnahmen, nicht bekanntgeben wollen.[43] Von den beiden weiblichen Mitgliedern des US Marine Corps, die sich für einen Infanterieoffizierskurs in Quantico meldeten, warf eine schon am ersten Tag das Handtuch. Die andere machte – vielleicht unklugerweise – zwei Wochen lang weiter, bis medizinische Probleme sie zum Aufgeben zwangen.[44] Was Israel betrifft – das in diesem Buch nicht zu den „westlichen Ländern" gerechnet wird –, liegen Daten der IDF vor, die in die gleiche Richtung weisen.[45]

Dass Frauen für orthopädische Beschwerden anfälliger sind, ist ebenso anerkannt wie die Tatsache, dass das bei Soldatinnen häufig auftretende Ausbleiben der Menstruation (Amenorrhoe) bei längerem Anhalten sowohl zu Unfruchtbarkeit als auch zu Osteoporose führen kann.[46] Andere Gesundheitsexperten betonen den Zusammenhang zwischen der Ausübung bestimmter Wettkampfsportarten durch Frauen und Essstörungen wie Anorexie und Bulimie.[47] Durch das harte Leben im Feld kommt es oft zu Erkrankungen des Harn- und Fortpflanzungstrakts; bei Soldatinnen, die in der Marine dienen,[48] stieg die Fehlgeburtenrate um 100 %. Ein im Dezember 2014 veröffentlichter Bericht des britischen Verteidigungsministeriums erhärtet nicht nur diese Tatsachen, sondern geht sogar darüber hinaus.[49]

Da ich in Israel lebe, hatte ich Gelegenheit, mir durch eigene Beobachtungen ein Urteil zu diesem Thema zu bilden. Bei der koedukativen vormilitärischen Erziehung in den Hügeln bei Jerusalem fielen die Läuferinnen regelmäßig so weit hinter ihre männlichen Kameraden zurück, dass die beiden Gruppen einander aus den Augen verloren. Dadurch konnte für die Frauen ein Sicherheitsrisiko entstehen. Wenn etwas schiefging, konnte dies Rechtsstreitigkeiten nach sich ziehen. Die Lösung, alle gemeinsam laufen zu lassen, hatte zur Folge, dass die Jungen so langsam laufen mussten, dass sie fast gar kein sinnvolles Training absolvierten. Wenn die Mädchen einen Vorsprung erhielten, konnte dies als sexuelle Belästigung ausgelegt werden, vor allem, wenn die Mädchen zugleich als „Köder" dienten, um die Jungen zum schnelleren Laufen zu animieren.

Die gleichen Gründe – fehlende Körperkraft einerseits, Furcht vor Belästigung andererseits – hinderten die Frauen auch daran, Bahren zu tragen oder sich darauf tragen zu lassen. Damals gab es jedoch noch den von Israel besetzten Sicherheitsstreifen im Südlibanon; durch die Übung sollten die Auszubildenden unter anderem lernen, einen verwundeten Kameraden zu tragen. Kurz gesagt: Immer dann, wenn eine Gruppe mehr als nur ein paar Frauen enthielt und diese Frauen nicht als fünftes Rad am Wagen behandelt wurden, war das Scheitern der Übung programmiert. Wird von den Frauen das Gleiche verlangt wie von den Männern, führt dies auch zu einer immensen Vergeudung von Ressourcen, da ein großer Teil der Frauen Verletzungen erleidet und/oder aussteigt.[50]

Eine „Lösung" des Problems bestand in einer getrennten Ausbildung mit unterschiedlichen körperlichen Anforderungen für Männer und Frauen. In der britischen Militärakademie Sandhurst entschied man sich für einen Kompromiss. In einem vergeblichen Versuch, die leichteren Bedingungen für Frauen zu verschleiern, ließen die Ausbilder das Lauftraining für Männer und Frauen an einem gemeinsamen

2. AMAZONES ANTIANEIRAI

Ort beginnen und abschließen, dazwischen jedoch getrennte Laufstrecken absolvieren. Es nützte nichts: Weil bei einer Parade drei Soldatinnen der Royal Air Force (RAF) neben ihren männlichen Kameraden marschieren mussten und dabei gezwungen waren, längere Schritte als gewöhnlich zu machen, musste das Verteidigungsministerium jeder dieser Frauen 150.000 Dollar zahlen. Es interessierte niemanden, dass viele verwundete Kriegsveteranen weniger erhielten – und dass die „Verletzungen", wenn man dieses Wort gebrauchen will, nicht von Dauer waren. Die Frauen erholten sich vollständig und machten außerhalb des Militärs erfolgreich Karriere.[51]

Ein weiterer Lösungsversuch ist das sogenannte „Gender norming". Ein Besucher vom Mars könnte glauben, beim „Gender norming" gehe es darum, dass Männer und Frauen die gleichen Normen (Anforderungen) erfüllen müssen, damit sie zusammenarbeiten und einander ersetzen können, was bei einem tödlichen Geschäft wie dem Krieg durchaus notwendig werden kann. In Wirklichkeit dient das System, das bei den Streitkräften der USA und anderer westlicher Länder praktiziert wird, dem gegenteiligen Zweck.[52] „Gender norming" wird als „die Gepflogenheit" definiert, „weibliche Bewerber oder Rekruten beim Militär und weibliche Angestellte oder Bewerber in Zivilberufen nach weniger strengen Anforderungen (Normen) zu beurteilen als männliche".[53] Nach einer anderen Definition versteht man unter „Gender norming" eine allgemeine Herabsetzung der Anforderungen, sodass nicht nur Männer, sondern auch Frauen sie erreichen können, wie zum Beispiel beim Heben eines bestimmten Gewichts, beim Laufen einer bestimmten Distanz mit oder ohne Gepäck, dem Absolvieren einer bestimmten Anzahl von Liegestützen und Klimmzügen usw.[54] In manchen Fällen wurden die „Normen" nicht nur herabgesetzt, sondern ganz abgeschafft. Kaum waren die Marines gezwungen worden, eine „integrierte" Grundausbildung einzuführen, erließ man den Frauen die für Männer vorgesehene Anzahl von Klimmzügen (soweit sie überhaupt Klimmzüge machen mussten).[55]

Wenn für Männer und Frauen die gleichen Anforderungen gelten, werden die Männer nicht genügend gefordert und ihre Ausbildung erfüllt zumindest zum Teil ihren Zweck nicht. Wenn die Anforderungen nicht gleich sind, wird von den Männern hinter vorgehaltener Hand die Klage geäußert, dass Frauen alle möglichen Kurse absolvieren, alle möglichen Posten, Beförderungen und Vorteile erhalten, ohne bewiesen zu haben, dass sie die gleichen Leistungen erbringen können, die von den Männern verlangt werden.[56] Bei Frauen zählt offenbar nicht die Leistung – redliches Bemühen genügt. Wir haben es auch hier mit einem Beispiel für die schleichende Infantilisierung zu tun, die nicht nur die Jugenderziehung, sondern auch die Streitkräfte erfasst hat.

Vergessen wir jedoch nicht, dass es hier um ernste Dinge geht. Erhalten die Soldaten und Soldatinnen, die vor ihrem Einsatz stehen, tatsächlich eine Kampfausbildung, die es ihnen ermöglicht, ihre Aufgabe zu erfüllen und den Einsatz zu überleben? Wenn ja, dann sollten die gleichen Anforderungen für alle gelten. Wenn nein, dann sollte man jenen, die die Ausbildung machen, weder gestatten noch sie dazu verpflichten, an einem Kampfeinsatz teilzunehmen. In beiden Fällen werden die Soldaten, die Soldatinnen oder beide unfair behandelt; die Streitkräfte, denen sie dienen, setzen ihr Leben durch mangelnden Willen oder mangelnde Fähigkeit, sie gebührend vorzubereiten, einer unverhältnismäßigen Gefahr aus.

3. Privilegien bewahren

Von alters her war keine Organisation so streng hierarchisch aufgebaut, so diszipliniert und von solcher Ungleichheit gekennzeichnet wie ein Heer. Der eine ist Feldmarschall, der andere Gefreiter. Je ausgeprägter die Hierarchie, desto besser funktioniert die Armee meist. Nach Thukydides machte die große Anzahl an Offizieren im spartanischen Heer es möglich, Befehle schnell von oben nach unten weiterzugeben.[57] Das römische Heer war berühmt für seine Disziplin. Wenn eine Einheit sich im Gefecht feige verhalten hatte, mussten die Soldaten antreten. Jeder Zehnte wurde ausgelost. Wer eine Unglücksnummer gezogen hatte, wurde von seinen Kameraden gesteinigt oder totgeprügelt.[58] Dies geschah, damit alle wussten, wer die Befehle gab und wer sie auszuführen hatte.

Der Losentscheid weist jedoch auf etwas anderes hin: Wenn die Mitglieder einer Gruppe oder Organisation ihr Leben in Gefahr bringen, so müssen sie gerecht behandelt werden. Dazu gehört eine gewisse Gleichheit und Gleichbehandlung. Gute und schlechte Zeiten, Mühsal und Gefahr müssen alle miteinander teilen. Die Einzelpersonen müssen ihre Individualität vergessen, auf dieselben Befehle in der gleichen berechenbaren Weise reagieren und so austauschbar wie möglich werden. Jeder muss jederzeit bereit sein, die Stelle jedes anderen einzunehmen. Belohnungen und Strafen müssen gerecht erfolgen,

3. Privilegien bewahren

und zwar nach der Leistung und nicht nach irgendwelchen persönlichen Eigenheiten der einzelnen Soldaten. Es darf keine Bevorzugung, keine Günstlingswirtschaft geben – sonst sind Unzufriedenheit, Intrigen und sogar Meuterei die wahrscheinlichen Folgen.

„Heute du, morgen ich", hieß es bei den deutschen Soldaten, als Deutschland noch eine Armee hatte, die dieses Namens würdig war. Ohne Gleichbehandlung kann es in einer Einheit keinen Zusammenhalt geben. Die Soldaten müssen zusammenhalten und zusammenbleiben, auch und gerade in höchster Gefahr. Dieser Zusammenhalt ist die wichtigste Eigenschaft jeder militärischen Formation.[59] Wenn dieser Zusammenhalt fehlt, ist die Formation nur eine lose Menschenansammlung – leicht auseinanderzujagen, unfähig zu koordiniertem Handeln, fast oder ganz ohne militärischen Wert –, die man nach Clausewitz' Worten „als Hilfsheere" in „reichen Provinzen" am besten weit hinter der Front stationiert, wo sich die Männer amüsieren können.

Dieser Korpsgeist (ein Wort, das heute viel seltener gebraucht wird als früher) entsteht jedoch nicht von selbst. Er muss mit Bedacht gefördert werden, von Kommandanten, die wissen, was sie tun, und im Rahmen von Organisationen, die zu diesem Zweck geschaffen wurden. Nehmen wir zum Beispiel das Marinekorps der Vereinigten Staaten. Neuen Rekruten wird ihre Zivilkleidung weggenommen und sie müssen Uniform tragen. Haar, Bart und Schnurrbart werden gestutzt, bis sie den Vorschriften entsprechen. Kurz gesagt: Ihre bisherige Identität wird ausgelöscht und sie erhalten eine neue. Das geht so weit, dass ihre Familienmitglieder sie beim ersten Besuch oft nicht erkennen. Die Rekruten stehen morgens gemeinsam auf, waschen sich gemeinsam, essen gemeinsam, üben gemeinsam, singen gemeinsam und gehen gemeinsam schlafen. Der „Bettenbau" erfolgt nach einheitlichen Regeln. Die Schuhe werden in einem zentimetergenau vorgeschriebenen Abstand von den Betten in einer Reihe aufgestellt.

Sogar die Brillen werden eingesammelt und durch einheitliche Dienstbrillen ersetzt. Manche Armeen legen es sogar darauf an, dass die Soldaten möglichst hässlich aussehen; der gemeinsam ertragene Spott der Außenwelt soll sie noch enger zusammenschweißen. Gleichbehandlung heißt auch, dass alle alles miteinander teilen müssen. In den ersten Wochen erhalten die Soldaten keine Post und dürfen keine privaten Telefonanrufe entgegennehmen. Auch danach werden Essenspakete, die einzelne Soldaten von auswärts erhalten, durchsucht.

Es muss genug für alle da sein, sonst wird das Paket vom Kasernenpersonal weggeworfen.

Geteilt werden jedoch nicht nur materielle Güter, sondern auch Freude, Leid, Mühsal, Schmerzen und Kummer. Nach vielen Jahren werden manche wehmütig an die Zeit zurückdenken, als „wir alle gleich waren". Ein „beglücktes Häuflein Brüder", sagt Heinrich V. bei Shakespeare; Admiral Nelson zitierte diese Worte vor seinen Schiffskommandanten am Vorabend der Schlacht bei Trafalgar, in der er selbst fallen sollte. Ehemalige Kameraden treffen sich, schwelgen in Erinnerungen, trinken miteinander, klopfen einander auf die Schulter; sie besuchen die Schlachtfelder, wo sie gekämpft haben, und zollen gefallenen Kameraden Respekt. Solange das Treffen dauert, sind trennende soziale Unterschiede vergessen.

Es ergibt sich folgendes Problem: Da Männer und Frauen eben *nicht* gleich sind, ist es ungerecht, sie gleich zu behandeln. Wenn man sie aber nicht gleich behandelt, ist das auch ungerecht, allerdings auf andere Art und Weise. Um bei unserem Thema, dem Militär, zu bleiben: Im Laufe der Geschichte war der größte Unterschied zwischen der Behandlung von Männern und jener von Frauen, dass Männer oft zum Militärdienst verpflichtet waren, Frauen jedoch fast nie. Der Militärdienst kann jedoch Kampf auf Leben und Tod bedeuten, von dem viele nicht zurückkehren. Daher gibt es in der Gesellschaft kein größeres Vorrecht als jenes, keinen Militärdienst leisten zu müssen. Solange es bewaffnete Konflikte gibt, wird es wohl auch kein größeres Vorrecht als dieses geben.

Obwohl viele westliche Länder sich für die Abschaffung der Wehrpflicht entschieden haben, wirkt das Problem noch immer nach. 1981 hatte das Oberste Bundesgericht der USA im Verfahren *Rostker gegen Goldberg* zu entscheiden, ob die Regierung das Recht hätte, nur die Männer, nicht aber die Frauen für den Fall einer Wiedereinführung der Wehrpflicht in ein Verzeichnis aufzunehmen. Mit einer Mehrheit von sechs gegen drei Stimmen entschied es, dass dies verfassungskonform sei. Der Gerichtshof führte dazu aus, der Sinn und Zweck einer allfälligen zukünftigen Einführung der allgemeinen Wehrpflicht sei die Aufstellung von *Kampf*truppen. Da Frauen von Kampfeinsätzen ausgeschlossen wären, müssten sie auch nicht registriert werden. Der Gerichtshof, der sich der politischen Realität im Allgemeinen und des von feministischer Seite ausgeübten Druckes im Besonderen sehr wohl bewusst war, sorgte durch diese Haarspalterei dafür, dass ein Vorrecht der Frauen das andere nach sich ziehen musste.

Falls es wirklich zu einem Krieg käme, würde es den Streitkräften an Nicht-Kampf-Personal (d. h. an Fachkräften aller Art) ebenso fehlen wie an Kampftruppen – aber das scheint dem Obersten Bundesgericht nicht wichtig gewesen zu sein. Genau dieser Personalmangel war der Grund, dass die US Army im Jahre 2006 das maximale Eintrittsalter von 35 auf 42 Jahre anhob. So war zum Beispiel jene 41-jährige Großmutter, die sich 2010 zur Army meldete, gelernte Sekretärin, keine Scharfschützin oder Artilleristin.[60] Und sie war keineswegs die einzige.

Das Gericht hat auch außer Acht gelassen, dass Frauen schon lange an verschiedensten Kampfeinsätzen teilnehmen und daher die diesbezügliche Ausnahmeregelung keinen Sinn mehr ergibt. Diese Tatsachen hinderten 1991/92 die Kommission des Präsidenten nicht daran, den Frauen zu versichern, dass ein etwaiger Umschwung in der Wehrpolitik keinesfalls bedeuten würde, dass Frauen sich registrieren lassen oder gar gegen ihren Willen Uniform tragen und Wehrdienst leisten müssten.[61] Auch Präsident Obama, dessen Regierung den feministischen Forderungen eine in der Geschichte der USA nie dagewesene Aufmerksamkeit schenkt, zeigt kein besonderes Interesse daran, ein Thema wieder aufs Tapet zu bringen, das sich als Bumerang erweisen könnte.

Im zweiten Jahrzehnt des 21. Jahrhunderts stehen auch andere westliche Staaten vor ähnlichen Problemen – oder versuchen, deren Existenz zu leugnen. Einer dieser Staaten ist Griechenland, wo die Männer zum Wehrdienst verpflichtet sind, während die Frauen nur als Freiwillige dienen können. Wie schon gesagt, ist die Verknüpfung zwischen Staatsbürgerschaft und Wehrpflicht in keinem Land so stark ausgeprägt wie in der Schweiz. Darin liegt einer der Gründe, warum die Schweizerinnen erst 1976 das Wahlrecht erhielten – ein halbes Jahrhundert nach den Amerikanerinnen und den meisten Europäerinnen. Obwohl sich die Schweiz nun aber für die Beibehaltung der Wehrpflicht entschieden hat, bleiben die Frauen weiter davon ausgenommen. Dabei wird es wohl bis zum Jüngsten Tag bleiben.

Deutschland ist viel wichtiger als Griechenland und die Schweiz zusammen. Als Mitte der 1950er Jahre die deutsche Bundeswehr geschaffen wurde, führte man auch die allgemeine Wehrpflicht wieder ein. Um keine unliebsamen Erinnerungen an das Dritte Reich aufkommen zu lassen, wurde gleichzeitig der Zivildienst ins Leben gerufen. Er sollte Wehrdienstverweigerern die Möglichkeit geben, ihrem Land während eines vergleichbaren Zeitraumes und zu vergleichbarer Bezahlung zu dienen wie Rekruten. Die meisten Männer, die diese Alternative wählten, werden zur Betreuung von Kranken, Behinderten, Kindern, Alten, Drogensüchtigen usw. eingesetzt; sie verrichten mit anderen Worten Arbeiten, die früher meist von Frauen geleistet wurden.

Natürlich waren Frauen, die ja keinen Wehrdienst leisten mussten, nie zum Zivildienst verpflichtet. Noch signifikanter ist die Tatsache, dass die Behörden oft mit einem Überschuss an Zivildienern konfrontiert waren. Manche von ihnen mussten warten; das wiederum bedeutete, dass sie sich nicht in der Universität einschreiben lassen und nicht studieren konnten. So erhielten Frauen noch ein zweites Privileg.

In keinem westlichen Staat, in dem das Thema diskutiert wurde, mussten Frauen den gleichen Dienst wie Männer leisten.[62] Im Gegenteil: Angesichts der entfernten Möglichkeit, dass im Namen der Gleichheit ein verpflichtender Zivildienst für Frauen eingeführt werden könnte, schafften die Behörden lieber die Wehrpflicht ab, als sich dem Thema zu stellen. Das einzige Land, das einen anderen Weg ging, war Norwegen. 2013 beschloss das norwegische Parlament nicht nur die Beibehaltung der Wehrpflicht (wie in der Schweiz), sondern auch ihre Ausdehnung auf die Frauen. Kaum war die Entscheidung jedoch gefallen, folgte schon eine Erklärung, wonach nicht beabsichtigt sei, „Frauen gegen ihren Willen zum Wehrdienst zu zwingen". Die Entscheidung würde nur „ein ausgewogenes Verhältnis zwischen den Geschlechtern herstellen".[63] Da kann man wohl nur noch Amen sagen ...

Alle westlichen Streitkräfte, die Frauen aufnahmen und deren Rolle ausbauten, hatten es bald mit einem weiteren Problem zu tun – der Schwangerschaft. Da praktisch alle Soldatinnen zwischen 18 und 45 Jahre alt sind, ist diese Tatsache kaum überraschend. Ohne Frage macht eine Schwangerschaft die meisten Frauen weniger leistungsfähig – vor allem wenn es um Schwerarbeit unter den schwierigen und oft unhygienischen Bedingungen geht, mit denen Soldaten im Feld zu rechnen haben. Das Problem bleibt auch mehrere Wochen nach der Geburt und bis zum Ende der Stillzeit bestehen. Auch die Frauen behaupten nichts anderes, wenn sie alle möglichen Privilegien verlangen.

3. Privilegien bewahren

Während des Zweiten Weltkrieges wurden Schwangere bei allen Armeen, die Frauen als Freiwillige aufnahmen, entlassen. Als die Rolle der Frau bei den Streitkräften in den 1970er Jahren an Wichtigkeit zunahm, gingen die Behörden das Problem auf ähnliche Weise an, ohne sich offenbar allzu viele Gedanken darüber zu machen. Auch die britischen Streitkräfte gingen zwischen 1978 und 1990 so vor und mussten feststellen, dass die Entlassung von Schwangeren dem europäischen Recht widersprach. Im Endeffekt gingen 4.100 Frauen, von denen manche noch im Dienst standen und manche nicht mehr, zu Gericht und verlangten Abfindungszahlungen. Etwa 2.400 Frauen bekamen recht und erhielten Summen bis zu 600.000 Dollar. Jede Abfindung kostete den Steuerzahler durchschnittlich 10.000 Dollar.

Manche dieser Frauen erhielten sogar Entschädigungszahlungen für angeblich erlittenen „emotionalen Schaden" – nicht, weil sie keine Kinder mehr gebären konnten, sondern weil sie, um beim Militär bleiben zu können, die Schwangerschaft hinausgeschoben und Verhütungsmittel verwendet hatten.[64] All dies geschah zu einer Zeit, als nach dem Ersten Golfkrieg die Militärausgaben radikal gesenkt wurden und die Streitkräfte von rigiden Sparmaßnahmen betroffen waren. Es gab jedoch noch weitere Probleme. In einer Periode von sechs Jahren, in der das britische Heer in Afghanistan und im Irak stationiert war, mussten etwa 200 schwangere Soldatinnen evakuiert werden. Manche wurden mit Flugzeugen ausgeflogen, die für den Transport von Verwundeten reserviert waren.[65]

In den USA standen die Dinge nicht anders: Teilweise weil sie die medizinischen Konsequenzen einer Schwangerschaft anerkannten, teilweise wegen der Unmöglichkeit, den Druck von feministischer Seite auszuhalten, und teilweise wegen der allgegenwärtigen Furcht vor Haftungsrisiken haben die Streitkräfte schwangeren Frauen eine ganze Reihe von Vorrechten eingeräumt. Nach Ablauf einer bestimmten Anzahl von Wochen seit der Empfängnis dürfen sie nicht im Ausland oder an Bord von Schiffen stationiert werden. Sie haben das Recht, aus den Streitkräften auszutreten (wird nicht immer gewährt), das Recht auf Schwangerenbetreuung für einen Zeitraum von sechs Wochen nach dem Austritt (unter bestimmten Bedingungen); sie sind vom körperlichen Leistungsfähigkeitsprogramm während der Schwangerschaft und bis sechs Monate nach der Geburt befreit; sie dürfen statt der vorgeschriebenen Schuhe Tennisschuhe tragen und erhalten nach der Geburt Erholungsurlaub.[66]

Wie bei allen Vorrechten können die entsprechenden Vorschriften missbraucht werden. Es soll vorgekommen sein, dass Frauen schwanger wurden, weil sie nach Hause geschickt werden wollten.[67] Es ist durchaus möglich, dass der Wunsch von Soldatinnen, nicht in Gebieten wie dem Irak oder Afghanistan stationiert zu werden, zumindest teilweise für den Anstieg der (angeblich) ungeplanten Schwangerschaften verantwortlich ist – obwohl Verhütungsmittel kostenlos angeboten werden und obwohl die befragten Frauen angaben, Verhütungsmittel seien leicht erhältlich. 2008 war die Anzahl solcher Schwangerschaften prozentuell doppelt so hoch wie im zivilen Bereich.[68] Die Situation war bald so schlimm, dass derselbe US-General, der den Soldaten wegen des Ansehens von Pornofilmen mit Strafen gedroht hatte, die gleiche Drohung gegen schwangere Soldatinnen und gegen diejenigen Soldaten aussprach, die sie geschwängert hatten. Nach „heftiger Kritik" von demokratischen Abgeordneten mussten die entsprechenden Regelungen jedoch zurückgenommen werden.[69]

Nur zwei Erklärungen sind möglich. Die Erste lautet, dass die Soldatinnen nicht über die Möglichkeit zur Verhütung Bescheid wussten. Das scheint ziemlich unwahrscheinlich. Schließlich müssen sie und ihre männlichen Kameraden gleich zu Beginn der Grundausbildung Pflichtvorlesungen über Sex, Fortpflanzung, Verhütung und jede Form des sexuellen Missbrauchs von der Belästigung bis zur Vergewaltigung besuchen, und zwar in einem solchen Ausmaß, dass sogar die Trainingszeit gekürzt werden musste. Die zweite Möglichkeit ist, dass die Soldatinnen schlicht und einfach die Unwahrheit gesagt haben. Der Datenschutz macht es unmöglich, das eine vom anderen zu unterscheiden. Es verdient festgehalten zu werden, dass die männlichen Soldaten – die in unmittelbarer Nähe der Frauen leben und arbeiten und die sich also ein Urteil bilden können – das Letztere vermuten.

Solange die Feldzüge im Irak und in Afghanistan, diesen Orten des Schreckens, andauerten, war abgesehen von einer schweren Verletzung eine – geplante oder ungeplante – Schwangerschaft die schnellste Möglichkeit, nach Hause zu kommen. Aber die Bevorzugung geht noch weiter. Bei den griechischen Streitkräften, die seit den 1970er Jahren Frauen aufnahmen, erhielten Soldatinnen bessere Quartiere und waren weniger Belästigungen ausgesetzt.[70] Belgische Soldatinnen durften von Gesetzes wegen keine gefährlichen und gesundheitsschädlichen Arbeiten verrichten; sie durften weder Gräben ausheben noch mit bleihaltigen Farben hantieren oder in Druckkammern arbeiten.⁷¹ In der Schweiz mussten sie wesentlich weniger lang dienen, um befördert zu werden.⁷² Die Liste ließe sich beliebig lange fortsetzen.

Um in die USA zurückzukehren: Hier dürfen nur Soldatinnen, aber nicht Soldaten ihren Haarschnitt beibehalten und etwas Schmuck tragen. Um ihr Haar zu schützen, dürfen weibliche Offiziere einen Regenschirm tragen.⁷³ In allen Truppengattungen außer den Marines – die vorne eingesetzt werden und immer als Erste angreifen – ist der Offiziersanteil bei den Frauen größer als bei den Männern. In einer Armee, wohlgemerkt, deren offizieller Zweck in Kampfeinsätzen besteht, an denen Frauen noch nicht in vollem Umfang teilnehmen.⁷⁴

In gewisser Weise ist es heutzutage für Soldatinnen leichter als für Soldaten, zu Ruhm und Geld zu kommen. Kaum ein Tag vergeht, ohne dass die Medien „die erste Frau" ins Rampenlicht stellen, die dieses oder jenes getan oder geschafft hat. Dieser Medien-Hype bringt viele Vorteile. Ein Beispiel: Der Aufenthaltsort von Jessica Lynch – jener US-Soldatin, die 1991 im Irak gefangengenommen wurde –, wurde den Amerikanern von einem irakischen Arzt verraten, der sie behandelt hatte. Daraufhin organisierten die Amerikaner eine eigene Rettungsaktion, um sie zu befreien.⁷⁵ In einem Buch über ihre Erlebnisse als Kriegsgefangene, das später verfilmt wurde, stilisierte man Jessica Lynch zur Heldin; im Januar 2015, ein Vierteljahrhundert nach ihrer Befreiung, ergab ihr Name immer noch 420.000 Treffer auf Google. com. Die Medien erinnern uns in großer Aufmachung an den „hohen Blutzoll" an gefallenen Soldatinnen.⁷⁶ Dass die Zahl der männlichen Gefallenen etwa fünfzig Mal so hoch ist, wird ignoriert.

Die ständige Forderung der Soldatinnen nach „Gleichbehandlung" steht im Widerspruch zum Verlangen nach allerlei Privilegien für Soldatinnen auf mehreren Gebieten. Das wichtigste Privileg besteht darin, dass Frauen in jenen Ländern, in denen noch die allgemeine Wehrpflicht gilt, nicht zum Zivildienst verpflichtet sind. An zweiter Stelle stehen Vergünstigungen in Bezug auf Schwangerschaft und Geburt, an dritter Stelle die Bevorzugung bei der Beförderung zum Offizier. Dazu kommt noch das „gender norming"; dieses Wort ist ein politisch korrekter Ausdruck für das Herunterschrauben von Anforderungen, damit Frauen ihnen gerecht werden können. Nach den Worten von General Dempsey muss das Militär nun beweisen, dass eine Anforderung, der Frauen nicht gewachsen sind, für die operative Effektivität notwendig ist.⁷⁷ Entweder es bleibt dabei oder das „gender norming" wird schnell abgeschafft werden; vielleicht gibt es dann auch Konsequenzen für jene, die es erfunden haben und dafür eingetreten sind.

Es käme wohl niemand auf die Idee, bei einem gemischtgeschlechtlichen Football-Spiel einem weiblichen Receiver zu gestatten, sich näher am Tor aufzustellen als einem männlichen – oder Männer und Frauen gemeinsam ein Hundert-Meter-Rennen absolvieren zu lassen und den Frauen zehn Meter Vorsprung zu geben. Kann es sein, dass in den USA und anderen westlichen Ländern der Sport ernster genommen wird als der Krieg? Wenn ja, wäre es nicht überraschend. Kriege sind für diese Länder weit, weit weg – sie finden in Ländern statt, von denen viele noch nie gehört haben. Hingegen verfolgen Millionen mit atemloser Spannung sportliche Wettkämpfe, als hinge ihr Leben davon ab.

Anders, als man es sich gemeinhin vorstellt, besteht ein Krieg zu neunzig Prozent aus harter, oft schmutziger und nicht selten gefährlicher Arbeit. Diese führt zu schweren Erschöpfungszuständen, die sogar zu einer Verlangsamung des Denkens führen können. Schon im Ersten Golfkrieg beklagten sich männliche Soldaten, dass ihre Kameradinnen die notwendigen Arbeiten wie das Aufstellen von Zelten oder das Abladen und Aufladen von Artilleriemunition nicht schafften. Dadurch wurde die Arbeitsbelastung der Männer erhöht und manchmal auch die Operationsgeschwindigkeit verringert.[78] Viele Soldatinnen in Afghanistan und im Irak waren so wenig in der Lage, sich selbst zu schützen, dass nach einem Bericht der BBC 71 % von ihnen sexuell angegriffen und 30 % vergewaltigt wurden. Nachts mussten sie sogar auf die Toilette begleitet werden – von Männern, die ihre Ruhepause dafür opfern mussten![79] Vielleicht hatte die in früheren Zeiten übliche Trennung der Geschlechter zur Vermeidung von sexueller „Belästigung" bei der Arbeit und beim Militär doch ihren Sinn?[80]

Wenn Frauen tatsächlich unter den gleichen Bedingungen wie Männer an Bodenkämpfen teilnehmen – was bei den US-Streitkräften ab 2016 vorgesehen ist –, werden sie durch ihre geringere körperliche Leistungsfähigkeit ein noch größeres Sicherheitsrisiko darstellen, als es viele im Feld eingesetzte Frauen ohnehin schon sind. Ein Absinken der gesamten Leistungsfähigkeit und größere Verluste sowohl bei den Frauen als auch bei den Männern, die sich um sie kümmern müssen, sind zu erwarten und dürften bereits eingetreten sein.

3. Privilegien bewahren

Männer und Frauen sind eben *nicht* austauschbar und werden wohl auch nicht austauschbar werden, es sei denn, dass eines Tages a) die Unterschiede im Körperbau nicht mehr bestehen oder b) Männer Kinder gebären und/oder Frauen keine mehr gebären. Da sie nicht austauschbar sind, können sie nicht so behandelt werden, als wären sie austauschbar. Ein Ausspruch des Marineministers von US-Präsident Wilson, Josephus Daniels, bringt diese Tatsache auf den Punkt. Der erfolgreiche Zeitungsherausgeber Daniels hatte viele Jahre lang die Einführung des Frauenwahlrechts unterstützt. Kurz vor dem Eintritt der USA in den Ersten Weltkrieg war er der erste Amtsträger in der Geschichte der USA, der mithilfe einer Gesetzeslücke die Aufnahme freiwilliger Soldatinnen ermöglichte. Bald war er mit den dadurch entstandenen Problemen konfrontiert. Wie er seinen Untergebenen sagte, lehnte er jeden Versuch ab, Frauen vor ein Kriegsgericht zu stellen; er lehnte es, um es mit anderen Worten auszudrücken, also ab, sie so zu behandeln, wie Soldaten bei Fehlleistungen immer behandelt worden sind. „Man kann mit Frauen nicht umgehen wie mit Männern", sagte Daniels.[81] Wahrscheinlich hätte die Aussicht, der strengen militärischen Disziplin unterworfen zu werden, viele Frauen abgeschreckt, vor allem gebildete Frauen aus der Mittelschicht, die bei der Navy besonders gefragt waren. Auch die öffentliche Meinung hätte *diese* Art der Gleichbehandlung nicht toleriert.

In der Praxis, wenn auch nicht in der Theorie, hat sich Daniels' Sichtweise erhalten. Sowohl in den beiden Weltkriegen als auch danach wurden bei den Streitkräften westlicher Länder Soldatinnen (im Vergleich zu Soldaten) eher entlassen als bestraft.[82] Dies galt sogar für die Sowjetunion, die zwar kein „westliches Land", aber für die große Zahl von Soldatinnen bei ihren Streitkräften berühmt war. Trotz allen Geredes über Gleichberechtigung besteht niemand hartnäckiger auf allen möglichen Frauenprivilegien als die Feministinnen. Vor allem DACOWITS, das ursprünglich Frauen zum Eintritt in die Streitkräfte bewegen sollte, verwandelte sich nach und nach in einen furchterregenden Wachhund und sah seine Aufgabe nur mehr darin, Frauen zu beschützen und ihre Interessen auf jede erdenkliche Weise zu fördern. So war es immer, seit einige unternehmungslustige Affen den Wald verließen und sich entschlossen, in der Savanne zu leben, um sich dann allmählich zu Menschen zu entwickeln. Und so wird es bleiben, solange wir Menschen sind.

4. Im Lande des „Doppeldenkens"

Dass die Gesellschaft Frauen eine ganze Anzahl von Vorrechten zubilligt, die Männern nicht zustehen und auch vielleicht nicht zustehen sollten, ist nichts Neues.[83] Vielleicht wäre es den Frauen – die körperlich schwächer, vielleicht auch weniger aggressiv und kämpferisch sind – ohne diese Privilegien gar nicht möglich, Kinder zu empfangen, zu gebären, zu ernähren und aufzuziehen. Die Männer sind sich dieser Tatsache bewusst, sonst hätten sie es nicht auf die Dauer hingenommen, dass es nach wie vor hauptsächlich ihre Aufgabe ist, Frauen und Kinder zu beschützen und auch zu ernähren.

Zwei Dinge sind jedoch neu. Zuerst ist hier die Bedeutung von Rechtsstreitigkeiten und Anwälten zu nennen. Wenn Soldatinnen glauben, Opfer einer Ungleichbehandlung geworden zu sein, gehen sie vor Gericht. Wenn sie der Meinung sind, dass die Gleichbehandlung zu Problemen führt, gehen sie ebenfalls vor Gericht. So geschehen, als die englische Soldatin Tilern DeBique die britischen Streitkräfte klagte, weil sie jederzeit bereit sein musste, zur Parade anzutreten, obwohl sie ein Kind stillen musste. Nach ihrer Entlassung forderte sie eine Abfindung von 1.600.000 Dollar. Letztlich wurde die Summe auf 25.000 Dollar reduziert. Das mag manchem nicht allzu viel erscheinen. Auf Antrag ihres Anwaltes jedoch kam das Gericht zum dem Schluss, die Streitkräfte hätten einen Fehler begangen – eine Einladung an andere Frauen, künftig ähnliche Forderungen zu stellen.[84]

Neu ist im Weiteren, dass die Mitarbeiter der Streitkräfte nicht erwähnen dürfen, dass es solche Vorrechte gibt. Sollte jemand darauf hinweisen, dass Frauen manche Leistungen nicht so gut erbringen können wie Männer und daher davon befreit sind, folgt beinahe automatisch der Vorwurf der „Frauenfeindlichkeit". Wenn jemand als „frauenfeindlich" gebrandmarkt wird, kann dies das Ende seiner Karriere bedeuten – auch wenn seine diesbezügliche Meinung von inneren Überzeugungen herrührt, auch wenn er sie privat geäußert hat und auch wenn er ausdrücklich hinzugefügt hat, dass er trotz seiner Überzeugung weiterhin bereit sei, Frauen bei Kampfeinsätzen zu befehlen.[85]

Damit ist auch erklärt, warum fast alle jene Zeugen, die sich vor der Kommission des US-Präsidenten gegen die Zulassung von Frauen zu Kampfeinsätzen aussprachen, schon pensioniert waren oder knapp vor der Pension standen – wenn sie nicht selbst Frauen waren. Nicht wenige Studien, die sich gegen die Versuche von Frauen aussprechen, den Männern auf allen Gebieten gleichgestellt zu werden, wurden von Frauen verfasst; zwei davon werden in diesem Buch zitiert. Das Problem ist nirgends ernster als beim Militär, obwohl manche zivilen Bereiche, vor allem die Universitäten, fast ebenso betroffen sind.

Die Aufrechterhaltung der Fiktion innerhalb der Fiktion – nämlich dass die sagenhaften Amazonen zwar Frauen, aber auch „männergleiche" Kämpferinnen waren – machte den griechischen Künstlern schon vor dem Beginn der klassischen Periode zu schaffen. Sie lösten das Problem, indem sie die Amazonen so darstellten, dass sie – bis auf die hellere Farbe der Hände und Gesichter und einige charakteristische Details der Kleidung wie Tierhäute – von den Männern nicht zu unterscheiden waren. Eindeutig zu erkennen waren sie nur, weil die Künstler ihre Namen (Areto, Derinoe, Melousa usw.) darunterschrieben. In nicht wenigen Fällen sind die Namen von Amazonen nur auf diese Weise überliefert.

In der ersten Hälfte des 5. Jahrhunderts v. Chr. kam es zu einer Wende. Welche Faktoren dafür verantwortlich waren, wissen wir nicht – vielleicht die gleichen, die die Bildhauer einige Zeit später veranlassten, neben Männern in zunehmendem Maße auch nackte Frauen darzustellen. Immer öfter zeigen Vasenbilder und Reliefs die Amazonen nicht als geharnischte Kriegerinnen, als praktisch geschlechtslose Wesen, sondern als Frauen mit langem Haar – oft wird die Kämpferin von ihrem Gegner an den Haaren gepackt und gezerrt –, schlankem Oberkörper und recht unterentwickelten Muskeln. Oft ist eine Brust entblößt, manchmal auch beide (es gibt keine Darstellungen von „einbusigen" Amazonen, vielleicht, weil diese hässlich ausgesehen hätten); diese Bilder haben zwar einen erotischen Reiz, der Glaubwürdigkeit der Amazonen als Kriegerinnen sind sie jedoch nicht zuträglich.

Anders gesagt: Solange die Künstler die Amazonen als „männergleiche" und den Männern im Kampf ebenbürtige Kriegerinnen darstellen wollten, mussten sie alle äußeren Zeichen der Weiblichkeit verbergen. Als spätere Künstler sie als Frauen darstellten, gehörte der Anschein der Gleichheit bald der Vergangenheit an. In der ersten Hälfte des 4. Jahrhunderts v. Chr. war diese Entwicklung abgeschlossen. Darstellungen kämpfender Amazonen gab es nur mehr selten. Wir sehen sie bei zahlreichen anderen, weniger gewalttätigen Beschäftigungen. Sie legen die Rüstung an, ziehen in den Kampf und kehren mit den Leichen der Erschlagenen aus der Schlacht zurück. Andere führen Pferde am Zaum, reiten oder steigen vom Pferd; andere fahren im Streitwagen oder schirren ihn an. Wieder andere waschen sich an einer Quelle, während ihre Waffen daneben lehnen.[86] Auf einigen hellenistischen und römischen Sarkophagen sieht man noch kämpfende Amazonen, die jedoch meist besiegt werden.

Auch heute zeigt sich das gleiche Problem bei Darstellungen kämpfender Frauen (die mit dem wirklichen Leben allerdings so gut wie nichts zu tun haben). In Büchern, Filmen und Fernsehserien wimmelt es von kämpfenden Heldinnen. Ganz anders als die Amazonen auf den Sarkophagen tragen sie regelmäßig den Sieg über die schwächlichen Männer davon, manchmal über ganze Bataillone. Trotzdem verfügen all diese Frauen über gut entwickelte sekundäre Geschlechtsmerkmale, die sie zum Teil auch entblößt zur Schau stellen. Denken Sie an den Prototyp dieser Heldinnen, Tarzans Gefährtin Jane, die in einem wirklichen Dschungel mit ihrem Bikini vom Gestrüpp zerfetzt und von den Moskitos lebendig aufgefressen worden wäre. Oder an Jane Fonda in *Barbarella*, Pamela Anderson in *Barbed Wire*, Brooklyn Decker in *Battleship* und Anne Hathaway als Catwoman in *The Dark Knight Rises*. Oder auch an die zwölfjährige Maddy Ziegler im Tanzvideo zum Song *Chandelier*, wo sie mit einem doppelt so großen und schweren Mann kämpft und ihn zur Schnecke macht.

Keine einzige dieser weiblichen Heldengestalten sieht aus, als ob sie auch im wirklichen Leben auf Bäumen herumturnen, Schwerarbeit leisten oder die mörderischen Strapazen bewältigen könnte, die vor allem der Bodenkampf mit sich bringt. Schon gar nicht sehen sie aus, als könnten sie mit einem durchschnittlichen Mann kämpfen und ihn besiegen. Sonst hätten sie die kräftige Muskulatur am Nacken, an den Schultern, am Oberkörper und an Armen und Beinen entwickelt, die für „richtige" Krieger typisch sind. Eine Frau mit einem solchen Körperbau würde aber nie und nimmer als Schönheit angesehen werden – weder auf der Leinwand noch im wirklichen Leben. Das erklärt auch, warum viele Superheldinnen wie „Wonder Woman" oder „Xena die Kriegerprinzessin" Zauberkräfte und andere übernatürliche Hilfsmittel besitzen. Noch mehr trifft dies bei den Heldinnen in Computerspielen zu.[87] Nach ihrer Anatomie zu schließen könnten viele dieser Damen kaum gerade stehen, geschweige denn einen Zweikampf mit einem Mann ausfechten.

4. Im Lande des „Doppeldenkens"

In diesen Filmen, Serien und Games geht es nicht um die Wiedergabe der Realität, sondern um Unterhaltung mittels einer psychologisch hochexplosiven Mischung aus Waffen und Dekolleté. Die Zielgruppe, die angesprochen werden soll, besteht hauptsächlich aus jüngeren Männern. Wäre es umgekehrt und würden Männer gezeigt, die Unmengen von Frauen töten oder überwältigen, wäre der Aufschrei wohl bis zum Mond zu hören. Die männervernichtenden Superheldinnen nimmt hingegen kaum jemand ernst, und sie richten daher nicht viel Unheil an. Dass ein Mädchen die völlig unrealistischen Heldentaten für bare Münze nimmt und nachzumachen versucht, kommt kaum je vor, anders als bei Jungen, die ihre Helden manchmal sehr wohl nachahmen. Mädchen sind in dieser Beziehung offenbar vernünftiger.

Im wirklichen Leben sieht die Sache weniger erfreulich aus. Um keinen Ärger zu bekommen, erwartet man von Männern – hauptsächlich von jenen der Streitkräfte –, dass sie zwei widersprüchliche Dinge glauben oder sich zumindest ihren Unglauben nicht anmerken lassen: Erstens, dass Soldatinnen ebenso gut ihre Pflichten erfüllen und kämpfen können wie Soldaten und deshalb jene Gleichbehandlung verdienen, die sie und ihre Unterstützer fordern. Zweitens, dass die Soldatinnen – die ja mit den Soldaten gleichgestellt sind – keinerlei Vorrechte genießen. Genau das bezeichnet George Orwell in seinem Buch „1984" als „Doppeldenk" („doublethink"), womit er die Fähigkeit meint, „gleichzeitig zwei sich einander ausschließende Meinungen zu haben; im vollem Wissen, dass sie einander widersprechen, und an beide zu glauben".[88]

Wie in *1984* ist die Zensur das hauptsächliche Mittel, mit dem die Streitkräfte und ihre politischen Herren und Meister das „Doppeldenk" durchsetzen. Es kann sich um aktive Zensur handeln, also um ein Verbot, über ein Thema zu diskutieren. Bei der passiven Zensur hingegen werden die diesbezüglichen Daten nicht erhoben oder der Öffentlichkeit nicht zugänglich gemacht. Abgesehen von Anekdoten, die im Internet gepostet werden – meist von aktiven oder ehemaligen Soldaten oder Leuten, die sich als solche ausgeben –, ist es schwer und manchmal ganz unmöglich, an Informationen zu kommen, die die tatsächliche Leistungsfähigkeit der Soldatinnen zweifelhaft erscheinen lassen.

Es gibt unzählige Beispiele für Zensurmaßnahmen. Jährlich durchgeführte Befragungen in den 1990er Jahren ergaben, dass nur 10 % der Soldatinnen in der US Army dafür eintraten, Frauen auch gegen deren Willen in Kampfeinheiten zu versetzen. Kein Wunder, dass die Befragungen eingestellt wurden und seither nicht mehr durchgeführt werden.[89] Wir wissen, dass die koedukative Grundausbildung bei Männern weniger effektiv ist.[90] Wir wissen jedoch nicht, wie viel Grundausbildungsinhalte die Männer beim weiterführenden Training wiederholen müssen und was das kostet. Die Zensur geht so weit, dass sich nicht nur Außenseiter, sondern auch Regierungsstellen keine Informationen über die Aktivitäten der verschiedenen Heeresteile beschaffen können. Als das General Accounting Office von der Army Informationen über die Ausbildungsaktivitäten im Jahre 1982 haben wollte, erhielt es zur Antwort, die diesbezüglichen Aufzeichnungen seien nicht aufzufinden.[91]

Wir wissen, dass seit der Eröffnung der Militärakademie in West Point im Jahr 1802 alle Absolventen, die nicht aus medizinischen Gründen untauglich waren, einer der Kampftruppen zugeteilt wurden.[92] Es war ja die wichtigste Aufgabe der Akademie, Offiziere für die Kampftruppen auszubilden. Als jedoch der erste gemischte Jahrgang vor dem Abschluss stand, war den Verantwortlichen klar, dass man es mit den Frauen nicht genauso machen konnte. Daher wurde das System geändert, und die Absolventen konnten sich eine Waffengattung auswählen. Und welche Auswirkungen hatte diese Änderung auf die Kampftruppen und auf West Point? Wir wissen es nicht.

Wir wissen, dass bei Soldatinnen die Wahrscheinlichkeit, dass sie nach der ersten Dienstperiode noch einmal verlängern, insgesamt geringer ist als bei Soldaten. In der Navy beträgt der Unterschied nicht weniger als 50 %. Dies hängt wahrscheinlich damit zusammen, dass der Dienst zur See als der wichtigste überhaupt gilt und physisch und psychisch besonders fordernd ist – von den Auswirkungen auf das Familienleben ganz zu schweigen. Aber welchen Einfluss hat die Tatsache, dass das Wissen so vieler gut ausgebildeter Soldaten verloren geht, auf die Effektivität der Streitkräfte? Das scheint nicht wichtig. Wichtig ist nur eines, so sagt man uns, nämlich, dass mehr weibliche Militärangehörige öfter befördert werden und in den Genuss der Vorteile kommen, die mit der Beförderung einhergehen.[93]

Wir wissen, dass Frauen weder in den USA noch sonst wo auch nur annähernd den gleichen körperlichen Anforderungen genügen müssen wie Männer und dass sie nicht annähernd so oft an Kampfhandlungen teilnehmen wie diese. Welche Auswirkungen haben diese Vorrechte auf die Streitkräfte und auf die Frauen selbst? Warum suchen Soldatinnen um 50 % öfter Ambulanzen auf als Soldaten, obwohl sie an den besonders fordernden Einsätzen kaum teilnehmen? Und warum geben sie dreimal öfter als Männer an, unter Migräne zu leiden?[94] Weil Frauen aufgrund ihrer Konstitution stärker zu Krankheiten und Verletzungen neigen? Oder weil sie weniger bereit sind, Beschwerden und Schmerzen zu ertragen? Oder weil sie erwarten, dass sowohl Ärzte als auch Ärztinnen ihre Beschwerden ernster nehmen als die ihrer männlichen Kameraden? Und liegt der Grund für diese Erwartung darin, dass beim Militär, wie in der Gesellschaft allgemein, die Gesundheitsprobleme von Frauen ernster genommen werden als jene der Männer?[95] Und was bedeutet das alles für ihre Effektivität als Soldatinnen?

Wir wissen, dass im zivilen Bereich Frauen bei Straftaten viel milder behandelt werden als Männer.[96] Dieser Unterschied bleibt bestehen, auch wenn man Faktoren wie Rasse, Klasse, Alter, die Art der Straftat usw. abrechnet. Es wäre also kaum überraschend, wenn beim Militär das Gleiche der Fall wäre. Aber wenn man diesbezügliche Daten recherchieren möchte, könnte man ebenso gut den Mond anbellen.

Wir wissen, wie viele alleinerziehende Mütter und Väter es beim Militär gibt (2013 waren es etwa 156.000).[97] Es sind über 10 % der Aktivstärke – mit allen Konsequenzen, was die Verfügbarkeit für Auslandseinsätze betrifft. Das Problem nahm so überhand, dass sich die Streitkräfte 2013 entschlossen, keine alleinerziehenden Eltern mehr aufzunehmen. Aber wie viele der derzeitigen alleinerziehenden Militärangehörigen sind Frauen? Wenn wir annehmen, dass die Zahl etwa der im zivilen Bereich entspricht, wo das Verhältnis der alleinerziehenden Mütter zu den alleinerziehenden Vätern 4,25 : 1 beträgt, käme man auf 131.000.[98] Es gibt dabei jedoch einen Haken: Frauen beim Militär sind viel öfter geschieden als außerhalb. Bei Männern ist es umgekehrt.[99] Die tatsächliche Zahl ist daher fast mit Sicherheit höher. Stehen alleinerziehende Eltern, die zum Großteil Frauen sind, für Auslandseinsätze wirklich im gleichen Maße wie andere Soldaten zur Verfügung? Wenn ja, welche Auswirkungen hat dies auf die Kinder und auf die Frauen selbst? Und wer gleicht den Unterschied aus und trägt die entstehenden Lasten?

Warum wurde die Anzahl der amerikanischen Soldatinnen, die ungeplant schwanger wurden, seit 2008 nicht mehr veröffentlicht? Warum gibt es seit 2009 keine aktuellen Daten mehr über die Anzahl der britischen Soldatinnen, die aus dem gleichen Grund von den Kriegsschauplätzen evakuiert werden mussten? Vielleicht weil die Soldatinnen beider Nationen plötzlich viel besser verhüten? Oder doch eher, weil die Daten, hätte man sie veröffentlicht, die Auswirkungen auf die Effektivität allzu deutlich gezeigt und den feministischen Forderungen nach Gleichstellung innerhalb und außerhalb der Streitkräfte geschadet hätten?

Manchmal hat man den Eindruck, als dienten die veröffentlichten Daten, wenn nicht zur Irreführung, dann zumindest zur Verschleierung der wahren Verhältnisse. Zum Beispiel heißt es in einem Artikel, dass zwischen Januar 2003 und Dezember 2011 50.634 amerikanische Soldaten und Soldatinnen aus medizinischen Gründen aus dem Irak und Afghanistan ausgeflogen wurden. Darunter waren 44.358 Männer und 6.378 Frauen. „Frauen machen ungefähr 10 % der in den Kriegen nach 9/11 eingesetzten Soldaten aus; ihr Anteil an den aus medizinischen Gründen Evakuierten beträgt weniger als 13 %." Ob der Anteil der ausgeflogenen Soldatinnen „dem Frauenanteil bei der Truppe ziemlich nahe kommt"[100] oder 30 % darüber liegt, hängt wohl vom Standpunkt ab.

Außerdem geht aus dem Artikel und wahrscheinlich auch aus den Pentagon-Quellen, auf denen er beruht, nicht hervor, wie viele Soldaten und wie viele Soldatinnen wegen Verletzungen evakuiert wurden, die sie im Gefecht erlitten hatten. Wir wissen nur, dass solche Verletzungen nur in 15 % aller Fälle der Grund für die Evakuierung waren. Da Frauen kaum an Kampfhandlungen teilnehmen – bei den Gefallenen beträgt der Frauenanteil nur 2 % –, sind 30 % für alle anderen Evakuierungsgründe eindeutig zu wenig.

Zurück zu den Anschuldigungen der sexuellen Belästigung, des sexuellen Missbrauchs und der Vergewaltigung. Diese Beschuldigungen sind zu einer gefährlichen Waffe geworden, die Soldatinnen gegen Soldaten benutzen können und manchmal benutzen. Eine amerikanische Pilotin hat es mir gegenüber einmal so ausgedrückt: „Sexuelle Belästigung ist das, was ich meinen Vorgesetzten melde." Mit anderen Worten: *Jeder* Annäherungsversuch, auf den die Frau nicht positiv reagiert, ist eine sexuelle Belästigung. Auch wenn der Vorwurf sich nicht bestätigt, bleibt doch etwas hängen. Nach einigen Quellen steigt die Anzahl falscher Anschuldigungen durch Soldatinnen schneller als die Anzahl gerechtfertigter Anschuldigungen.[101] Aber wie viele Frauen werden wegen einer falschen Anschuldigung bestraft? Außerhalb des militärischen Bereichs lautet die Antwort: sehr wenige.[102] Für den militärischen Bereich gibt es offenbar auch hier keine Daten.

Man muss kein Bibelwissenschaftler sein (wir alle kennen die Geschichte von Potiphars Frau, die Joseph der versuchten Vergewaltigung bezichtigte), um die Gründe zu identifizieren, die zu derartigen Anschuldigungen führen können und führen: der Wunsch der Frau nach Vergeltung für etwas, das der Mann getan oder nicht getan hat; ihr Wunsch, die wahren Gründe für ihre unzureichende Performance zu verschleiern; die Angst, einer „unangemessenen" Beziehung zu einem Soldaten oder des Ehebruchs beschuldigt zu werden; eine ungewollte Schwangerschaft der Frau, während ihr Ehemann sich in einem fernen Land befindet, und pure Geldgier.

Letztlich waren die langen Kriege in Afghanistan und im Irak die ersten Operationen, bei denen Frauen in beträchtlicher Anzahl zum Einsatz kamen. Es war kein Zufall, dass im Laufe dieser Konflikte auch ein neues Kriegstrauma entstand: MST (Military Sexual Trauma). Es verbreitete sich in Windeseile, und fast alle Opfer waren weiblich.[103] In Afghanistan und dem Irak bestand jedoch für alle Soldaten der MNR-I (Multi National Force-Iraq) und der ISAF (International Security Assistance Force) die ständige Gefahr, getötet oder verstümmelt zu werden. Was sagt uns die Tatsache, dass so viele Soldatinnen tatsächlich oder angeblich durch MST dienstunfähig geworden sind – was doch wohl weniger schwerwiegend ist als eine tödliche Verletzung oder Verstümmelung –, über die Fähigkeit der Frauen, beim Militär oder gar in Kampfeinheiten zu dienen?

Es gibt unzählige derartige „Probleme". Ist ein „Problem" einmal als solches anerkannt, wird die Lösung unweigerlich darin gesehen, die Soldaten noch schärferen Regelungen zu unterwerfen, während die Soldatinnen noch mehr Privilegien erhalten als zuvor. So wurde per Gesetz der Mutterschutzurlaub verlängert, um mehr Soldatinnen zum Verbleib bei den Streitkräften zu bewegen. Es wird oft angenommen, dass mehr Frauen als Männer den Dienst quittieren, weil sie nicht so schnell befördert werden wie Männer. Niemand scheint die Möglichkeit in Betracht zu ziehen, dass es umgekehrt sein könnte – d.h., dass Frauen nicht befördert werden, *weil* sie den Dienst quittieren. Als Lösung des „Problems" wird jedenfalls sofort vorgeschlagen, die „Diskriminierung" der Frauen zu beenden – natürlich zu Lasten der männlichen Mehrheit.

Noch ein letztes Beispiel: Der US-Senat, die Medien und die öffentliche Meinung haben lange Zeit starken Druck auf die Streitkräfte ausgeübt, den Anteil der Schuldsprüche wegen gewaltsamer sexueller Übergriffe zu erhöhen. Schließlich beschloss der Senat einstimmig einen Gesetzesantrag, wonach in solchen Fällen nicht mehr die Militär-, sondern die Zivilgerichte zuständig sein sollten.[104] Mit Stand Anfang 2015 verhindert nur noch das Repräsentantenhaus, dass der Antrag Gesetz wird und der Militärjustiz die Zähne zieht. Die Befürworter dieses Gesetzes werden nicht ruhen, bis der Anteil an Schuldsprüchen in diesen Fällen so hoch ist wie bei anderen Straftaten – über 90 Prozent.[105] Offenbar muss jede Anschuldigung, die eine Soldatin gegen einen Soldaten erhebt, so wahr sein wie das Amen in der Kirche – jedenfalls beinahe.

Um es noch einmal zu wiederholen: So ziemlich das Schlimmste an der Sache ist, dass all jene, die in diesem Zusammenhang unkorrekte Fragen stellen und unkonventionelle Antworten geben, ihre Karriere riskieren. So beruhen die westlichen Streitkräfte zu einem beträchtlichen Teil auf „Sex, Lügen und Videos". Jeder, der jemals vertraulich mit Soldaten gesprochen hat – nicht mit Meinungsforschern, die meist entweder zu den Ergebnissen kommen, die man von ihnen erwartet, oder nicht die richtigen Fragen stellen –, weiß, was dabei herauskommt: verhaltene Unzufriedenheit, die hin und wieder zu Explosionen führt.

Aber auch die strengste Zensur ist nicht allmächtig. In der griechischen Mythologie bestrafte der Gott Apollo König Midas, indem er ihm Eselsohren wachsen ließ.[106] Der König verbarg diese unter einer kegelförmigen Mütze, die der Sage nach die Urform der später so genannten „phrygischen Mütze" war. Der einzige, der das Geheimnis des Königs kannte, war sein Barbier, den er bei Todesstrafe zum Schweigen verpflichtete. Doch der Barbier konnte sich nicht beherrschen. Eines Tages ging er ans Flussufer, grub ein Loch, flüsterte sein Wissen hinein, grub das Loch wieder zu und ging sehr erleichtert nach Hause. Die Schilfhalme hatten das Geheimnis jedoch gehört und flüsterten es einander zu. Der Wind trug es überall hin, bis bald jeder Bescheid wusste. Der Rest ist (Mythen-)Geschichte.

5. Das Ende der Männlichkeit

Die Verweiblichung der Streitkräfte und die aktive Beteiligung von Frauen an Krieg und Kampfeinsätzen droht einen der wichtigsten Gründe (oft *den* wichtigsten Grund) zu eliminieren, warum Männer sich zum Militär melden und kämpfen, nämlich den Wunsch, sich selbst und anderen ihre Männlichkeit zu beweisen.

Wie so oft hat Nietzsche auch hier den Nagel auf den Kopf getroffen, als er schrieb: „Der Mann ist das unfruchtbare Tier."[107] Die Natur hat die Frauen befähigt, Kinder zu empfangen, auszutragen, zur Welt zu bringen und zu ernähren. Die Mehrheit der Frauen sieht dies als ihre wichtigste Lebensaufgabe an. Das gilt in der heutigen Zeit der Emanzipation ebenso wie früher und geht so weit, dass manche Frauen auf ihr „Recht" pochen, nicht von der eigenen HIV-Infektion zu erfahren, sodass sie Kinder bekommen können.[108] Ich persönlich finde das unglaublich egozentrisch und verachtenswert, aber darum geht es nicht. Bei den Männern liegt die Sache anders. Ob sie wollen oder nicht, sie müssen sich selbst eine Existenzberechtigung schaffen. Wenn man Sigmund Freud und anderen Psychologen glauben darf, kommt dazu das Bedürfnis, sich von der eigenen Mutter zu trennen, unter deren Fittichen sie ihre ersten Jahre verbringen, und sich als Männer selbst zu beweisen.[109] Wie die Gesellschaft mit Männern umgeht, denen dieser Übergang (ihrer Meinung nach) nicht gelingt, sehen wir an den harten Worten Donald Trumps in Richtung Jeb Bush.[110]

Seit unvordenklichen Zeiten folgen dieser Trennung Initiationsriten; diese sind mit Entbehrungen und der Zufügung von Schmerzen verbunden, die der Junge ohne mit der Wimper zu zucken ertragen muss.[111] In zahllosen Gesellschaftsordnungen auf der ganzen Welt[112] beginnt der Initiationsritus mit der Trennung des Jungen von seiner Mutter. Dann wird er an einen geheimen Ort gebracht, den keine Frau betreten darf. Manchmal wird der Junge beschnitten, auch Tätowierungen oder Skarifizierungen können Teil des Rituals sein. Er muss Hunger und Durst, Kälte und Schlafentzug ertragen, manchmal wird er von fremdartigen Geräuschen erschreckt und mit ekelerregenden Substanzen beschmiert. Im alten Griechenland wurden die Jungen eine gewisse Zeit lang militärisch ausgebildet und als Grenzwächter eingesetzt. Bei einigen Stämmen Neuguineas musste der junge Mann auf einen Turm steigen, man band ihn mit einem Seil an den Füßen fest und ließ ihn herunterfallen – angeblich ist dieser Brauch die Urform des Bungee-Jumping. Körperliche Züchtigungen waren oft mit verschiedenen Formen der Demütigung verbunden.

Der Sinn der Initiation besteht darin, den „weiblichen Teil" des Jungen zu verkleinern oder auszutreiben.[113] Der genaue Ablauf des Rituals ist nicht so wichtig, solange keine Frauen daran teilnehmen. Während der Zeremonie werden dem Initiaten gewisse männliche „Geheimnisse" mitgeteilt, die er keiner Frau verraten darf, auch nicht jenen Frauen, die ihm am nächsten stehen.[114] Nach der Zeremonie erhalten die Initiaten besondere Kleidungsstücke, Schmuckgegenstände und Werkzeuge – nicht zuletzt Waffen – als Zeichen ihres männlichen Status.[115]

Trotzdem genügt die Initiation nicht, um ein für allemal als Mann anerkannt zu werden. Ein Leben lang muss sich ein Mann immer und immer wieder als Mann behaupten – jedenfalls so lange, bis er alt wird, die Körperkraft nachlässt, die sexuelle Aktivität abnimmt, Männer und Frauen einander ähnlicher werden und die „Männlichkeit" nicht mehr so wichtig ist. Es muss also bestimmte Bereiche oder Tätigkeiten geben, die den Männern vorbehalten sind. Wenn wir mit Platon annehmen, dass die Geschlechter ineinander übergreifen und es keine Tätigkeit gibt, die von Natur aus nur für Männer oder nur für Frauen geeignet ist,[116] sind diese Überlegungen eine große Hilfe bei der Erklärung der Arbeitsteilung zwischen den Geschlechtern.

Von allen menschlichen Tätigkeiten ist wohl keine zur Behauptung der Männlichkeit so geeignet wie der Krieg. Alle anderen Betätigungsfelder sind von mehr oder minder künstlichen Grenzziehungen zwischen Erlaubtem und Verbotenem gekennzeichnet. Nur im Krieg gelten solche Beschränkungen nicht. Der Krieg lässt den Einsatz aller menschlichen Fähigkeiten – der körperlichen, der emotionalen und der geistigen – zu, ja er verlangt ihn sogar, denn im Krieg geht es um den Kampf gegen den gefährlichsten Gegner: einen anderen Menschen, der ebenso stark, ebenso klug und ebenso voller Siegeswillen ist wie man selbst.

Es ist nicht überraschend, dass bei den Hebräern, die im Buch Exodus beschrieben werden, das Wort für „erwachsener Mann" gleichzeitig „Krieger" bedeutet.[117] Das Gleiche galt für viele Stammesgesellschaften auf der ganzen Welt. Bei den Germanen des 1. Jahrhunderts n. Chr. durfte ein junger Mann erst heiraten, wenn er einen Feind getötet hatte.[118] Ähnliche Bräuche gab es bis vor kurzem bei vielen Stämmen West- und Ostafrikas sowie Polynesiens.[119] Bei manchen

Stämmen in Nordamerika, Kuba, Grönland und Mikronesien war die Verbindung zwischen Männlichkeit und Kampfbereitschaft so stark, dass jeder Mann, der aus irgendeinem Grund nicht kämpfen konnte oder wollte, als Frau galt und Frauenkleider tragen musste.[120]

Das hebräische Wort für Heldentum, *gevura*, kommt von *gever* (Mann). Dieses Wort wiederum ist verwandt mit *gavar* (siegen, erobern). Die Bürger der griechischen Stadtstaaten und die Römer kannten nichts Lobenswerteres als *andreia* (Mut; das Wort kommt von *anér*, Mann) und *virtus* (Tapferkeit; von *vir*, Mann). Nicht nur im kriegerischen Sparta, sondern auch im zivilisierten Athen war eine gewisse militärische Ausbildung eine unabdingbare Voraussetzung für Mannheit, Bürgerrecht und Heirat. Das Gleiche galt in vielen anderen Kulturen. Im Altgriechischen, aber auch in saloppem modernem Hebräisch, kann derselbe Ausdruck sowohl „einen Feind töten" als auch „mit einer Frau schlafen" bedeuten.[121] Die Feldherrnstatuen, die immer noch die Plätze zahlreicher Städte zieren, bestätigen, dass der Krieg immer noch als höchster Beweis der Männlichkeit dient.[122]

Sobald Frauen in beträchtlicher Anzahl am Kampf teilnehmen, verliert der Krieg diese Beweiskraft. Immer und überall galt Männerarbeit als zu schwer für Frauen, und alles, was auch Frauen schafften (von dem Gebären von Kindern abgesehen), galt als zu leicht für Männer. Dies war durch die körperlichen Unterschiede zwischen den Geschlechtern begründet, die das Wort „gender" verschleiern oder vergessen machen soll.

Wenn die Götter, das Schicksal oder ein Herrscher einen Mann demütigen wollten, wurde er in die Frauenrolle gezwungen. Nachdem Herakles seine Frau und seine sechs Kinder erschlagen hatte, wurde er zur Strafe an Omphale, die Königin von Lydien, verkauft. Sie zwang ihn, Frauenarbeiten zu verrichten und Frauenkleider zu tragen, sie selbst zog Herakles' Kleider an. Einen Mann als „weibisch" zu bezeichnen, ist bis heute in allen Kulturen die größtmögliche Beleidigung.

Soweit zum Kampf an der Seite von Frauen. Wenn das Gleichgewicht der Kräfte nicht stark verzerrt ist, ist es für einen Mann noch schlimmer, gegen eine Frau kämpfen zu müssen. Wie wir gesehen haben, sind Männer – mit wenigen Ausnahmen – körperlich stärker, widerstandsfähiger und ausdauernder als Frauen. Aber gerade ihre Überlegenheit wirkt gegen sie: Einen solchen Kampf zu „gewinnen", verschafft ihnen keinen Respekt. Es kann durchaus das Gegenteil der

Fall sein. Sollte der Mann aber besiegt werden, wird er für Frauen und Männer zum Gespött.

Das Ergebnis ist eine „lose/lose situation". Dies begriff man zumindest im antiken Griechenland. Unter anderem deshalb mussten die Amazonen, solange sie kämpften, *antianeirai* sein. Deshalb war Achilles, als er unwissentlich eine als Mann gekleidete Amazone getötet hatte, eher peinlich berührt als stolz. Nach einer Quelle tötete er sogar einen Mann, der behauptete, er (Achilles) hätte sich von der Amazone sexuell angezogen gefühlt.[123] Auch Aristophanes spricht das Problem in seiner Komödie „Lysistrata" an: Wenn Frauen beim Pferderennen mitreiten, heißt es dort, werden die Männer nicht mehr mitmachen und es wird keine Pferderennen mehr geben.[124] All das erklärt den Aufschrei, den das Gerücht auslöste, Präsident Obama wolle die Uniform der männlichen Marines ändern und ihnen die gleichen Kopfbedeckungen vorschreiben, wie sie die weiblichen Marines tragen.[125]

Je mehr die Streitkräfte verweiblicht werden, desto größer werden die Probleme. Eines davon ist der von zahlreichen Autorinnen festgestellte Prestigeverlust, den jeder Beruf, jeder Arbeitsbereich und jede Organisation erleidet, wenn dort zu viele Frauen tätig sind; ein Prestigeverlust in den Augen der Männer und – vielleicht mehr noch – der Frauen.[126] Der Prestigeverlust führt zu geringeren Gehältern und einer geringeren Attraktivität für erstklassiges Personal. Dieser Teufelskreis ist auch in vielen Bereichen des zivilen Lebens bekannt.

Manche hoffen, dass die Verweiblichung der Streitkräfte aller Staaten so weit fortschreitet, dass eines Tages Kampf und Krieg überhaupt unmöglich sein werden. Die Betonung liegt auf „aller". Denn eine männlich dominierte Armee würde durch eine weiblich dominierte durchgehen wie ein heißes Messer durch ein Stück Butter. Dieser Tag ist jedoch noch fern, falls er jemals kommen wird. Warum sollten jedoch die männlichen Soldaten in der Zwischenzeit ihr Leben für eine Gesellschaft riskieren, die sie ständig so demütigt?

KAPITEL IV
Die Posttraumatische Belastungsstörung (PTBS) – ein Konstrukt?

1. „Suchet und ihr werdet finden"

„Suchet und ihr werdet finden", hat Jesus gesagt. In unsere „postmoderne" Zeit, in der alles möglich ist und die virtuelle Realität oft von der „wirklichen" Realität nicht mehr zu unterscheiden ist, dürfte dieses Wort besonders gut passen. Viele Erscheinungen, die wir immer für wirklich gehalten haben, erweisen sich plötzlich als „konstruiert" – von dieser oder jeder Gruppierung, auf diese oder jene Weise, zu dieser oder jener Zeit, aus diesem oder jenem Grund, zu diesem oder jenem Zweck. „Wenn ich ein Wort verwende", sagt Humpty Dumpty in *Alice hinter den Spiegeln*, „dann bedeutet es genau das, was ich es bedeuten lasse, und nichts anderes." Aber nicht nur Worte, sondern auch Tatsachen und Gegenstände bedeuten das, was wir sie bedeuten lassen. Vielleicht nicht ausschließlich – in dieser Beziehung haben die radikalen Anhänger Michel Foucaults wohl übertrieben –, aber doch weitgehend.

Nehmen wir unser Thema, den Krieg. Bei den alten Griechen und bei den Römern wurde Krieg mit *areté* und *virtus* assoziiert, also mit Vortrefflichkeit und Tapferkeit. Achilles zog ein kurzes, heldenhaftes einem langen, eintönigen Leben vor. Alexander, der Homer unter der Anleitung seines Lehrers Aristoteles studiert hatte, sagte zu seinen Soldaten: „Arbeit ist ein Zweck an sich, solange es edle Arbeit ist."[1] Die Inschrift auf einem hellenistischen Grabmal besagt, dass Vortrefflichkeit darin bestehe, sein Leben gegen Tapferkeit einzutauschen.[2]

Vergil, der allgemein als der größte römische Dichter angesehen wird, feierte die *virtus*, jene Eigenschaft, durch die es Rom gelungen war, zuerst Italien und dann die Welt zu erobern:

Wir, ein Geschlecht von Geburt schon hart, wir tragen die Kinder
Gleich zum Strom, durch die Flut und den grimmigen Frost sie zu stählen.

Früh und spät bei der Jagd durchstören die Knaben die Wälder,
Tummeln die Rosse zum Spiel und schnellen den Pfeil von dem Bogen.
Aber die Jugend, geduldig beim Werk, mit Geringem zufrieden,
Bändigt das Land mit dem Karst und erschüttert im Kriege die Festen.
Eisen umstarrt uns das Leben hindurch; mit gewendeter Lanze
Stacheln des Zugstiers Rücken wir an; nicht schleichendes Alter
Schwächt uns die Kräfte des Geists und raubt ihm die rüstige Frische,
Trägt doch das weißgraue Haupt noch den Helm; stets freut es uns, neue
Beute zu häufen und stets vom Ertrag zu leben des Raubes.[3]

Irgendwann im Laufe des Mittelalters wurde der Begriff „Vortrefflichkeit" durch „Ehre" ersetzt.[4] Die beiden Begriffe sind verwandt. Wer Vortrefflichkeit besitzt, wird in Ehren gehalten; das hofft er zumindest, und die anderen erwarten es. So verstanden, ist die Ehre der Lohn der Vortrefflichkeit.

Der Zusammenhang mit der Ritterlichkeit zeigt jedoch, dass „Ehre" noch eine weitere Bedeutung hat, die von dem synonym gebrauchten Wort „Ruhm" nicht abgedeckt ist. Die Regeln der Ritterlichkeit/der Ehre sahen einen gerechten Zweikampf vor – ganz anders als in der Antike und auch anders als in der militärischen Tradition Chinas, wie sie bei Sun Tzu nachzulesen ist, in der der Kriegslist der Vorzug gegeben wird und eine direkte Konfrontation als Zeichen von Dummheit gilt. Bei den Turnieren und anderen Schaukämpfen des Mittelalters sollten sich gleichwertige Gegner gegenüberstehen, es gab auch Schiedsrichter. Auch hier sehen wir einen Gegensatz zu den römischen Gladiatorenspielen. Ein Schiedsrichter, der bestimmte, was zulässig war und was nicht, wäre bei solchen Spielen nicht vorstellbar gewesen.[5]

„Ehre" bedeutete auch, dass der Mut des Gegners zu respektieren war. Es war nicht ritterlich, den Gegner in den Rücken zu stechen. Ein Waffenstillstand durfte nicht gebrochen werden. Ein Eid war bindend und musste gehalten werden, auch wenn man ihn dem Gegner geleistet hatte und auch wenn seine Einhaltung Nachteile brachte. Es war besser, einen ehrenhaften Kampf zu verlieren, als einen unehrenhaften Kampf zu gewinnen. Ein Gegner, der sich ergab – so berichtet Froissart, ein Chronist des 14. Jahrhunderts –, sollte nach den „Gesetzen der Ritterlichkeit" behandelt werden.[6] Er sollte nicht getötet oder versklavt werden, wie es in der gesamten Antike üblich war, sondern die Gelegenheit erhalten, Lösegeld zu bezahlen. Er konnte sogar auf

1. „Suchet und ihr werdet finden"

Ehrenwort freigelassen werden – so wie Clausewitz nach der Schlacht bei Jena im Jahre 1806.

Tod ist besser als Schande: Der Held des Rolandsliedes will lieber getötet werden als riskieren, dass er in den Liedern der folgenden Generationen als Feigling aufscheint. Nach der vernichtenden Niederlage bei Pavia soll König Franz I. von Frankreich ausgerufen haben: „Alles ist verloren außer der Ehre." Die Verkörperung dieses Ideals war Bayard, der „Ritter ohne Furcht und Tadel" (chevalier sans peur et sans reproche), ein Zeitgenosse Franz I. Sein Ruf, was ehrenhaftes Verhalten betrifft, führte dazu, dass er zweimal gefangengenommen und beide Male freigelassen wurde, ohne das übliche Lösegeld zahlen zu müssen. Die spanischen Soldaten der gleichen Zeit hatten ein so empfindliches Ehrgefühl, dass sie manchmal Kameraden töteten, wenn diese vorschlugen, sich zu ergeben.

Noch heute bekannte Ausdrücke wie „Feld der Ehre" und „ehrenvoller Tod" zeigen, dass diese Gedanken sich lange gehalten haben. Der Wahlspruch vieler Herrscher geht auf die gleichen Gedanken zurück: *Dieu et mon droit* (*Gott und mein Recht*; Wahlspruch des englischen Königshauses), *Nemo me impune lacessit* (*Niemand reizt mich ungestraft*; Wahlspruch des schottischen Königshauses), *Plus ultra* (*Immer weiter*; Karl V.), *Je maintiendrai* (*Ich werde bewahren*; Haus Oranien). Der Wahlspruch Ludwigs XIV. lautete: *Nec pluribus impar (Auch einer Mehrzahl überlegen)*. Der Sonnenkönig erklärt zu Beginn seiner Erinnerungen, ein junger Fürst müsse Krieg führen, um sich unter den anderen Herrschern eine geachtete Position zu schaffen.[7] Friedrich der Große sagte einmal, nur der Stolz lasse die Soldaten ins feindliche Artilleriefeuer marschieren. Aber es gelang auch ihm offenbar nicht immer, seinen Willen durchzusetzen. Einmal soll er einem seiner Offiziere (Johann Friedrich v. d. Marwitz) gereizt befohlen haben, das Schloss eines gegnerischen Ministers (Heinrich Graf Brühl) zu plündern. Der Offizier soll sich auf seine Ehre berufen und geweigert haben, den Befehl auszuführen.

Es wäre stark übertrieben zu sagen, dass immer nach diesen Ehrbegriffen gehandelt wurde. Wollte man aber behaupten, es wäre nie danach gehandelt worden und diese Begriffe wären immer nur eine heuchlerische Bemäntelung barbarischer Taten gewesen – die Etikette der Grausamkeit, wie ein Autor es nannte –, so wäre dies eine noch ärgere Übertreibung. Man kann sie vielleicht am besten als eine Richtschnur erklären, die immer einen gewissen Einfluss hatte, auch wenn – was nicht selten der Fall war – die Kriegsverantwortlichen vom rechten Wege abkamen.

Ungefähr ab 1740 wurde der Begriff immer seltener verwendet. Wie mein Freund und ehemaliger Schüler Professor Yuval Harari in seinem Buch „The Ultimate Experience" schreibt, wurde er durch die Vorstellung ersetzt, dass der Krieg nur demjenigen, der ihn durchgemacht hat, eine Art Geheimwissen oder höheres Verständnis verleiht[8] – ähnlich dem Geheimnis, von dem Tolstoi in „Krieg und Frieden" schreibt, es liege einen Schritt „über dieser Grenze ..., welche die Lebenden von den Toten trennt, ... Und was ist dort? Wer ist dort? Niemand weiß es, und doch möchte es jeder wissen." Im selben Roman liegt Fürst Andrej, schwer verwundet und dem Tode nahe, auf dem Schlachtfeld von Austerlitz. Plötzlich scheint sich der Himmel über ihm zu öffnen; was er da sieht, macht alles, was er bisher gesehen, gehört, erlebt oder getan hat, völlig bedeutungslos.[9]

Auch von vielen anderen gibt es solche Beschreibungen, wenn auch nicht oft von einer so hohen literarischen Qualität. Siegfried Sassoon, englischer Dichter und Offizier im Ersten Weltkrieg, schrieb 1916 an seine Familie:

„Letztes Jahr, vor der Somme, wusste ich nicht, was auf mich zukam. Jetzt wusste ich es – und der Gedanke war emotional befriedigend! Ich hatte oft die Abschiedsbriefe von Leutnanten an ihre Familien gelesen, die die Zeitungen so gern abdrucken. ‚Noch nie hat mir das Leben eine solche Fülle edler Empfindungen gebracht' und so weiter. Ich hatte nie recht glauben können, dass diese jungen Männer, die dem Tod ins Auge blicken mussten, glücklich waren, und die Gefühlsduselei über Infanterieangriffe lehnte ich ab. Und nun war ich dabei, mich in eine ähnliche Geistesverfassung hineinzusteigern, als wäre eine Attacke aus dem Schützengraben ein religiöses Erlebnis."[10]

Während Vortrefflichkeit und Ehre der Oberschicht vorbehalten waren, konnte jeder aus dem Krieg Erkenntnisse und Erlebnisse mitnehmen. Der spätere Kommandant des Konzentrationslagers Auschwitz, Rudolf Höß, meldete sich mit sechzehn Jahren freiwillig zur Armee und wurde ausgerechnet an die Front nach Mesopotamien geschickt. Später schrieb er über diese Zeit: „Mein Gesichtskreis war weiter geworden. Ich habe ... viel gesehen und erlebt, hab' viele Menschen aus vielerlei Lebenskreisen kennengelernt, hab' ihre Nöten und Schwächen gesehen. Aus dem vor Angst zitternden, der Mutter entlaufenen Schulbuben des ersten Gefechts war ein zäher, rauher Soldat geworden."[11]

Dieser Wandel ist ein Abbild des Übergangs von der aristokratischen zu einer bürgerlichen, demokratischeren Gesellschaft. Die Verschiedenheit der äußeren Umstände erklärt, warum er in verschiedenen Ländern und Gesellschaftsschichten auf verschiedene Weise und in verschiedenem Tempo vor sich ging. Dass es immer Menschen gibt, die althergebrachten Vorstellungen anhängen, auch wenn sie deshalb Spott und/oder Niederlagen hinnehmen müssen, sehen wir aus Cervantes' *Don Quixote*.

Als Sassoon seiner Familie schrieb, war man noch der Meinung, dass der Krieg bei jenen, die ihn durchlebten, „eine Fülle edler Empfindungen" hervorrief. Der wichtigste Autor, der diesen Gedanken in der Zwischenkriegszeit wachhielt, war der Deutsche Ernst Jünger. Er nahm als Infanterieoffizier an zahlreichen Gefechten und Schlachten teil und erhielt schließlich den „Pour le mérite", die höchste Tapferkeitsauszeichnung, die der deutsche Kaiser verleihen konnte. Nach Jüngers Meinung verlangte der Krieg, gerade weil er so schrecklich war, von den Kämpfern, über sich selbst hinauszuwachsen und in einen reineren und edleren Bereich vorzudringen.[12]

Hier und da wurde der Gedanke, dass die Auswirkungen des Krieges auf den Einzelnen nicht unbedingt negativ sein müssten, sogar nach 1945 wachgehalten. Hier ist vor allem Guy Sajer zu nennen. Sajer, dessen wirklicher Name Guy Mouminoux lautet, war ein Franzose aus dem Elsass. Mit sechzehn Jahren meldete er sich freiwillig zur Wehrmacht. Er kämpfte vom Sommer 1942 bis zum Kriegsende an der Ostfront. Seine Erinnerungen wurden ein Bestseller; wie kaum ein anderes Buch führen sie dem Leser den Schrecken des Krieges vor Augen. Einmal jedoch spricht er von der „schieren Begeisterung", die auf „wilde Angst" folgt.[13]

Diese Sichtweise wurde nach und nach zu einer eindeutigen Minderheitsmeinung. Der Krieg blieb seinem Wesen nach (wenn man von einem „Wesen" des Krieges sprechen kann) nach wie vor ein erbitterter Kampf zwischen zwei Gegnern.[14] Geändert hat sich nur das Urteil der Menschen. Von einem fast sakralen Offenbarungserlebnis wie bei Sassoon wurde der Krieg zu einem durch und durch miesen Geschäft. Er hatte weder etwas mit Tugendhaftigkeit, Ehre oder Wissen zu tun, sondern bestand nur darin, dass stumpfsinnige Generäle Millionen an die Front schickten, wo sie mechanisch abgeschlachtet werden – oft von Menschen und mithilfe von Waffen, die die Generäle nie zu Gesicht bekommen haben. Begeisterung und Heldentum waren „out" – unaussprechliches Leid war „in". Und das alles, wie Ezra Pound schrieb, „für ein altes, zahnloses Weibsstück, für eine verpfuschte Zivilisation".[15]

Während der gesamten Zwischenkriegszeit ritten berühmte Schriftsteller wie John Dos Passos, Robert Graves und Ernest Hemingway ständig auf diesem Thema herum. Ein völlig verwandelter Siegfried Sassoon tat desgleichen. Nun war es nur noch ein kleiner Schritt zu der Überzeugung, dass der Krieg weder erhebend noch geeignet war, eine höhere Einsicht zu vermitteln, wie frühere Generationen geglaubt hatten – und dass fast jeder, der lange genug im Kampfeinsatz war, einen seelischen Schaden davontragen musste. Einen Schaden von der Art, von der in Ernst Jüngers zahlreichen Werken keine Spur zu finden ist, die fast alle von den Freuden und der Ästhetik des Krieges wie besessen waren und blieben, bis Jünger mit 102 Jahren starb.

2. Achill in Vietnam

Die körperlichen Verletzungen, die die Kämpfenden im Krieg davontragen und die ihnen oft noch lange nachher Schmerzen bereiten, waren immer augenscheinlich. Dass manche Kriegsverwundete ihr restliches Leben als Blinde, Krüppel oder auf andere Weise Kranke verbringen mussten, wissen wir aus der gesamten Menschheitsgeschichte. Am Heiligtum des Asclepius in Epidaurus befindet sich eine Inschrift aus dem 4. Jahrhundert v. Chr., in der von einem gewissen Georgias aus Herakleia die Rede ist. Dieser „wurde in einer Schlacht durch einen Pfeil verwundet, der ihm in die Lunge drang. Ein Jahr und sechs Monate eiterte die Wunde so stark, dass man fünfundsechzig Flaschen mit dem Eiter füllte."[16] Weniger augenscheinlich war, dass die Teilnahme an einem Krieg zu psychischen Schäden bzw., mit anderen Worten, zu einem Trauma (um jenen Ausdruck zu verwenden, der momentan am beliebtesten ist) führen kann, das keinen offensichtlichen Zusammenhang mit einer körperlichen Verletzung aufweist.

2014 erschien ein Artikel, in dem die Autoren versuchten, diese Traumata bis ins antike Mesopotamien zurückzuverfolgen.[17] Der Artikel hatte das Glück, von der BBC aufgegriffen zu werden, die die (willkommene?) Nachricht im Großteil der Welt bekannt machte. Es gibt tatsächlich Keilschrifttexte über Personen, die an Depressionen, unverständlicher Sprache und ähnlichen Symptomen litten. Die antiken Schriftsteller, die nicht das Wissen der heutigen Psychologen besaßen, führten diese Symptome auf Geister zurück. In den Übersetzungen, die im Artikel zitiert werden, wird jedoch der Kriegsdienst nicht einmal erwähnt. Das Gleiche gilt für den „bösen Geist vom Herrn", der nach den Worten der Bibel König Saul ängstigte.[18]

Ein weiterer Autor, der „suchte und fand", ist Jonathan Shay, ein amerikanischer Psychiater, der mit zahlreichen Vietnam-Veteranen gearbeitet hatte. Der Titel seines Buches, „Achill in Vietnam", war gut gewählt. Er deutete einerseits an, dass jeder amerikanische Soldat ein kühner Achilles sei, und andererseits, dass sogar ein Achilles durch den Krieg traumatisiert worden wäre. Bei der Analyse des großen griechischen Helden schoss Shay jedoch übers Ziel hinaus. Was Achilles auch zustieß, er litt eindeutig nicht „auf Lebenszeit" an „psychiatrischen Syndromen".[19]

Abgesehen von einem Zeitraum von einigen Stunden nach dem Tod seines Freundes Patroklus, wo er in rasendem Zorn tatsächlich furchtbare Taten beging, kann man auch nicht davon sprechen, der Krieg oder der Kampf habe Achilles' „gute Charakteranlagen zerstört".[20] Eher ist das Gegenteil der Fall. Auf den Zornesausbruch folgte bald Reue. Aus dem launischen, streitsüchtigen, rücksichtslosen Unhold Achilles wurde ein wesentlich reiferer und empathiefähigerer Mensch.[21] Er war mit der Unabänderlichkeit des Todes fertig geworden. Bald danach sollte auch ihn der Tod ereilen.

Auch andere Versuche, Fälle von PTBS in der Antike zu identifizieren, waren nicht von Erfolg gekrönt. Manche Wissenschaftler wollen in Philoktetes, dem Helden eines Dramas von Sophokles, ein PTBS-Opfer erkennen.[22] Philoktetes hatte eine eiternde, übelriechende Wunde, die von einem Schlangenbiss herrührte und so stark schmerzte, dass er wahnsinnig wurde. Die Griechen konnten sein Schreien nicht ertragen; sie setzten ihn auf dem Weg nach Troja auf einer unbewohnten Insel aus und zogen erst dann weiter.

Gorgias, ein vorsokratischer Philosoph, schreibt in seiner *Lobrede auf Helena*: „Wenn feindliche Gestalten ihr kriegerisches Gerät von Erz und Eisen zum Kampf und zur Verteidigung gegen die Feinde anlegen, wird der Sehsinn, wenn er das sieht, beunruhigt und das beunruhigt die Seele, sodass die in Angst Versetzten oft eine zukünftige Gefahr wie eine gegenwärtige fliehen … Manche, die furchtbare Dinge sahen, haben ihre Geistesgegenwart verloren; so löscht die Furcht den Verstand aus und vertreibt ihn. Und viele fallen in sinnlose Kümmernis und schreckliche Krankheiten und unheilbaren Wahnsinn; so prägt der Anblick die Bilder der gesehenen Dinge in den Gedanken ein. Und die beängstigenden Bilder, viele von ihnen, bleiben; und jene, welche bleiben, sind so wie Dinge, die gesagt wurden."[23]

Das Thema, über das Gorgias schrieb, war weder der Krieg noch die Psychologie des Kampfes. Sein Thema war die Liebe, deren Wirkung er mit jener des Krieges vergleicht, um zu beweisen, dass Helena unschuldig war, obwohl sie nicht gewaltsam entführt wurde. Lassen wir diese etwas fragwürdige Analogie einmal beiseite: Historiker haben die altgriechische Literatur durchforstet und fanden nur ein einziges eindeutiges Beispiel für eine *post*traumatische Belastungsstörung.[24] „Etwas Wunderbares", so schreibt Herodot[25], „ereignete sich in der Schlacht" (bei Marathon, 490 v. Chr.). Epizelos, der Sohn des Kuphagoras, ein Athener, befand sich mitten im Schlachtgetümmel und betrug sich, wie es einem tapferen Mann geziemt. Plötzlich erblindete er, ohne dass ihn ein Schwertstreich oder ein Geschoss getroffen hätte. Und die Blindheit hielt von da an bis an sein Lebensende an. Man sagt, er hätte darüber Folgendes berichtet: „Ein Riese in der Hoplitenrüstung, dessen Bart den ganzen Schild beschattet habe, sei ihm entgegengekommen; doch sei die Erscheinung an ihm vorübergegangen und habe seinen Nebenmann erschlagen." Das habe, so Herodot, Epizelos erzählt.

Der Haken liegt in den Worten „man sagt" und „sagte er". Diese Formulierung verwendet Herodot regelmäßig, wenn er die Glaubwürdigkeit seiner Quellen in Zweifel ziehen will. Im letzten Satz finden wir das Zeitwort „sagen" nicht nur ein-, sondern zweimal, was äußerst selten vorkommt. An einer anderen Stelle in seinen „Historien" sagt Herodot, als Historiker (also als Geschichts*forscher*) sei es seine Pflicht, „alles wiederzugeben, was erzählt wird. Freilich brauche ich nicht alles zu glauben."[26] Wäre die PTBS häufig aufgetreten, gäbe es wohl Aufzeichnungen darüber, wie man damit umging – etwa dadurch, dass man die Veteranen mit Kameraden umgab, mit denen sie darüber sprechen konnten, dass man sie Theatervorführungen beiwohnen oder daran teilnehmen ließ, um eine Katharsis herbeizuführen, oder sie in Reinigungs- und Triumphrituale einbezog. In der antiken Welt gab es zahlreiche derartige Rituale. Aber, soweit feststellbar, hatten sie eine andere Funktion. Das heißt nicht, dass die Soldaten nie mit Gefühlen der Angst und Verzagtheit in die Schlacht gegangen wären. Natürlich kannten sie solche Gefühle. Deshalb war es auch üblich, dass der Feldherr die Soldaten antreten ließ und eine Ansprache hielt, bevor der Kampf losging.[27] Auch Musik wurde zu diesem Zweck eingesetzt.

Als man versuchte, in den römischen Geschichtsquellen, die sich wie die griechischen hauptsächlich mit Kriegen beschäftigen, Hinweise auf PTBS zu finden, stieß man ebenfalls auf Schwierigkeiten. Auch bei den Römern wird das Seelenleben der Kriegsteilnehmer selten thematisiert. Wenn wir einen kurzen Einblick in die Gefühlswelt von Kriegsveteranen erhalten, so sehen wir sie als Prahler, nicht als Leidende.[28] Ein wichtiger Unterschied zwischen den griechischen und den römischen Heeren lag darin, dass die letzteren jahrhundertelang Bestand hatten. Durch diese Kontinuität, die ab etwa 100 v. Chr. von einer Professionalisierung begleitet war,[29] entstand eine umfangreiche und komplizierte Bürokratie, die weit über jene der Griechen hinausging. Im Zusammenhang mit dieser Bürokratie achteten Befehlshaber und Militärärzte nicht nur auf die körperlichen, sondern auch auf die geistigen Krankheiten der Soldaten.[30]

In einigen überlieferten Fällen ging es um Soldaten, die einen Selbstmordversuch überlebt hatten. Normalerweise wurde ein Selbstmordversuch als Verrat behandelt. Es gab jedoch Milderungsgründe wie unerträgliche Schmerzen, Krankheit, Kummer, Lebensüberdruss, Wahnsinn und das Schamgefühl eines feigen oder besiegten Soldaten. Das Schamgefühl *(pudor)* wurde als eine schlechte Eigenschaft gesehen, und nicht als gute, wie es heute so oft der Fall ist. Soldaten, die von *pudor* betroffen waren, wurden nicht mit dem Tode bestraft, sondern mit unehrenhafter Entlassung. Dies bedeutete einen schlechten Leumund und den Verlust der Rechte und Zuwendungen, die einem Veteranen zustanden: ein Stück Land oder ein Geldgeschenk, das Bürgerrecht und das Recht zu heiraten. Die Entscheidung lag offenbar bei einem Gremium, das aus einem Juristen und mehreren Ärzten bestand. Um den Sachverhalt festzustellen, wurden wohl die Angaben jener Kameraden herangezogen, die dem Soldaten am nächsten standen, also jener, die mit ihm in einem Zelt untergebracht gewesen waren.

Im 2. Jahrhundert n. Chr. begegnen uns immer öfter Fälle von Selbstverstümmelung. Auch diese wurde normalerweise mit dem Tode bestraft, aber auch hier gab es Milderungsgründe. Sie wurden von Kaiser Hadrian (Regierungszeit 117–137) eingeführt und waren identisch mit jenen, die bei einem Selbstmordversuch galten. Interessant ist, dass in beiden Fällen von den sechs Milderungsgründen nur einer, nämlich „unerträgliche Schmerzen", sich auf einen rein körperlichen Zustand bezieht. Mit „Krankheit" kann eine körperliche oder eine geistige Beeinträchtigung gemeint sein; die vier übrigen sind rein geistige/seelische Zustände: Kummer, Lebensüberdruss, Wahnsinn und Schamgefühl.

In beiden Fällen haben wir keine Informationen über die Ursachen, die diese Zustände hervorriefen oder nach damaliger Meinung hervorrufen konnten. Hunderte Textstellen zeigen, dass das römische Heer so wie alle anderen früheren Heere sich der Wichtigkeit der Kampfmoral wohl bewusst war, ebenso der Faktoren, die zu einem Absinken oder Zusammenbruch der Kampfmoral führen konnten, und der Methoden, mit denen man dagegen vorgehen konnte. Trotzdem erwähnt keine einzige Quelle so etwas wie eine PTBS.

Heutige Psychologen haben versucht, in vergangene Geschichtsperioden PTBS hineinzuinterpretieren, um ihren Patienten zu helfen und gleichzeitig ihre eigene Unentbehrlichkeit für die Gesellschaft herauszustreichen. Auch ihnen war nicht viel Erfolg beschieden. „Was war das für ein Gefühl?", lautet heutzutage die Eine-Million-Dollar-Frage an die Militärgeschichte, gestellt von „Weststaatlern", die selbst weder Krieg noch Kriegsdienst erlebt haben. Das wissen wir aus zahlreichen Filmen, Fernsehserien, Zeitungsartikeln und Büchern. Wer hingegen im Spätmittelalter oder in der Renaissance Kriegserinnerungen schrieb, dem kam nicht der Gedanke, dass niemand seine Gefühle verstehen könne, der nicht das Gleiche erlebt hätte wie er. Man ging davon aus, Empfindungen nicht beschreiben zu müssen, weil die Leser solche Empfindungen kannten oder sie sich leicht vorstellen konnten. Am Beginn des 16. Jahrhunderts beschrieb der spanische Seefahrer Álvar Núñez Cabeza de Vaca, wie die Überlebenden eines Schiffbruchs sechs Tage lang auf dem Meer trieben und nur Salzwasser zu trinken hatten: „Ich erzähle dies so kurz, weil ich es nicht für notwendig halte, die Qualen und Nöte, in denen wir uns befanden, im Einzelnen zu beschreiben. Denn ... jeder kann sich leicht vorstellen, wie es dabei zuging."[31]

Bei den Zeitgenossen Cabeza de Vacas ist es ähnlich. Auch in den seltenen Fällen, wo ein Autor sich der existenziellen Lücke bewusst ist, die sich zwischen ihm und seinen Lesern auftut, nützt er diese nicht, um seine Autorität zu untermauern, wie es seine heutigen Nachfolger regelmäßig tun. Stattdessen macht er sich Sorgen, dass die Leser ihn für einen Lügner halten könnten. So beschreibt der burgundische Adelige Olivier de la Marche (1426–1502) die jammervollen Zustände im belagerten Schloss von Luxemburg und fügt hinzu: „Niemand kann es glauben, wenn er es nicht gesehen hat." Es geht ihm darum, die Tatsachen zu schildern, nicht zu erklären, wie grässlich – oder in selteneren Fällen: wie wundervoll – es gewesen ist.[32]

Ich orientiere mich diesbezüglich an den Büchern *Renaissance Military Memoirs* und *The Ultimate Experience*, in denen der schon erwähnte Prof. Yuval Harari das Thema so gründlich erforscht hat wie kein anderer. Er sagte mir dazu, es gebe „einzelne Fälle, bei denen man eine Ähnlichkeit mit PTBS erkennen kann". Er fügte jedoch hinzu: „Auch wenn so etwas Ähnliches existierte, war es nicht im politischen, kulturellen oder medizinischen Bewusstsein verankert und auch nicht legitimiert." Ein weiter verbreitetes Phänomen scheint es im spanischen Heer gegeben zu haben: *mal de corazon*, ein schlechtes Gefühl im Herzen, an dem Soldaten litten, die keine körperlichen Verletzungen aufwiesen, aber durch geistig/seelische Faktoren geschwächt waren. Aber, so meint Harari, ob dies das Gleiche ist wie PTBS, ist fraglich.[33]

1688 prägte der Schweizer Arzt Johannes Hofer den Begriff „Nostalgie".[34] Das Wort war eine Neuschöpfung aus *nostos* („Heimkehr"; manchmal auch allgemein „Reise") und *algia* (Schmerz). Die französische Übersetzung lautete *mal du pays*, Heimweh. Die erste Menschengruppe, auf die er das Wort anwandte, waren schweizerische Söldner, die im Ausland dienten. Aber nicht nur Soldaten waren heimwehkrank, sondern auch Seeleute wie jene, die Thomas Cook auf seinen Entdeckungsreisen begleiteten,[35] und Zivilisten. Das Phänomen scheint also nur wenig mit dem zu tun zu haben, was wir als PTBS bezeichnen. Das Gleiche gilt für die Heilmethoden, die Hofer empfahl und zu denen Blutegel, warme Emulsionen, Opium (das damals noch nicht als „Suchtgift" verschrien war) und eine Reise in die Alpen gehörten. Aber noch besser als diese Mittel half es, wenn der Leidende einfach nach Hause zurückkehrte.

Nicht alle Ärzte waren so menschenfreundlich wie Hofer. Um 1800 wurden die Methoden zur Behandlung von Geisteskranken revolutioniert. Die meisten Reformer suchten nach humaneren Behandlungsmethoden, manche jedoch führten an den Patienten die bizarrsten Versuche durch, fügten ihnen absichtlich Schmerzen zu und versetzten sie in Angst und Schrecken.[36] Zumindest ein Arzt, der Franzose Jourdan Le Cointe, empfahl ähnliche Methoden, um Heimwehkranke zu heilen. Um seine Empfehlung zu untermauern, führte er den Fall eines namentlich nicht genannten russischen Generals an. Bevor seine Truppen 1733 in Polen einmarschierten, kündigte er an, er werde den ersten Soldaten, der heimwehkrank würde, lebendig verbrennen lassen.[37] Mir ist es allerdings nicht gelungen festzustellen, ob es diesen General je gegeben und ob eine solche Episode je stattgefunden hat.

Noch 1864 schrieb Benjamin Butler, ein General der amerikanischen Nordstaaten, seiner Frau: „Schreibe mir nicht mehr, dass ich nach Hause kommen soll. Ich bekomme davon solches Heimweh, ich werde nostalgiekrank werden wie ein Schweizer Soldat." Und am nächsten Tag schrieb er: „Du darfst mir nichts mehr vom Nachhausekommen schreiben. Du hast mich so heimwehkrank gemacht, dass ich fast dienstunfähig bin."[38] 2011 druckte der *Yale Herald* eine schon oft erzählte Geschichte ab, wonach es den Musikkapellen während des Amerikanischen Bürgerkrieges verboten worden sei, „Home Sweet Home" zu spielen. Der Grund: Bei 5.000 Soldaten war die Heimwehkrankheit festgestellt worden, 74 von ihnen waren gestorben.[39] Auch diese Geschichte konnte ich nicht überprüfen, ich konnte auch nicht feststellen, ob die Ziffern sich auf die Nordstaaten, die Südstaaten oder beide gemeinsam beziehen.

Der langen Rede kurzer Sinn: Die Beweise für die Existenz von PTBS vor dem Amerikanischen Bürgerkrieg (zu dem wir im nächsten Abschnitt kommen) sind äußerst dünn. Gewiss gibt es hier und da zeitgenössische Berichte über Leiden, die rückblickend eine äußerliche Ähnlichkeit mit PTBS aufzuweisen scheinen. Diese waren jedoch nicht auf Soldaten beschränkt und wurden auch nicht notwendigerweise als Folge der Teilnahme an Kämpfen angesehen. Man sah sie auch nicht als Geisteskrankheiten an, was nicht erstaunlich ist, da die Psychiatrie erst in der zweiten Hälfte des 19. Jahrhunderts als eigene Disziplin entstand. Nicht jeder war so ein harter Knochen wie der namenlose General. Andererseits hatte er wohl nicht als einziger den Verdacht, dass zumindest einige der Betroffenen nur simulierten und dass sich das Phänomen in Windeseile verbreiten und sein Heer zugrunde richten würde, wenn er diese Leute mit Samthandschuhen anfasste.

Um noch einmal auf Johannes Hofer zurückzukommen: In gewisser Weise sah er die Symptome der Heimwehkrankheit auch als positiv an. Sie zeigten doch, dass seine Landsleute, auch wenn sie noch so lange Zeit in der Fremde verbracht hatten, im Herzen Patrioten geblieben waren!

3. Vom Soldatenherz zur Kampfmüdigkeit

Nach der medizinischen Literatur trat PTBS das erste Mal im Amerikanischen Bürgerkrieg (1861–1865) auf. Es wurde als „Soldatenherz" oder – nach einem bekannten Arzt namens Jacob Mendez Da Costa – als „Da-Costa-Syndrom" bezeichnet. Die Symptome waren Müdigkeit, Kurzatmigkeit, Herzklopfen und Schweißausbrüche, ähnlich wie bei einem Herzanfall, nur war das Herz der Betroffenen, soweit Da Costa und andere Ärzte feststellen konnten, kerngesund.[40] Viel später wurden diese Symptome einer „Angststörung" zugeordnet.

Aber warum ausgerechnet im Sezessionskrieg? Als Antwort wollen wir stellvertretend für die diesbezügliche Literatur einen Artikel heranziehen.[41] Leider ist fast alles, was darin steht, falsch. Es stimmt zwar, dass in diesem Krieg mehr Soldaten an Krankheiten als an Kugeln starben. Das war jedoch immer so gewesen und sollte auch bis zur Mitte des 20. Jahrhunderts so bleiben. Es ist ohnehin nicht einzusehen, wieso ein jämmerlicher Tod infolge einer Krankheit schlimmer sein sollte als ein gewaltsamer Tod auf dem Schlachtfeld. Es stimmt auch, dass viele Verwundete arbeitsunfähig und damit brotlos wurden. Auch das war jedoch immer so gewesen und ist in Entwicklungsländern oft heute noch der Fall. Was die Ernährungslage betrifft, sind die Meinungen bezüglich der konföderierten Truppen geteilt. Bei den Truppen der Union herrschte jedoch kein Mangel an Nahrung. Sie waren bis zu diesem Zeitpunkt sogar die besternährte Truppe der Geschichte.[42]

Einige Kriegsgefangenenlager im Sezessionskrieg waren tatsächlich schlimm, aber doch wohl nicht schlimmer als viele andere Kriegsgefangenenlager im Laufe der Geschichte. Man denke nur an das Schicksal der siebentausend athenischen Soldaten, die 415 v. Chr. in Syrakus gefangengenommen wurden. Zehn Wochen lang wurden sie in Steinbrüchen festgehalten und hatten nicht einmal ein Dach über dem Kopf. Manche wurden als Sklaven verkauft, die anderen starben langsam an Hunger und Krankheiten.[43] Im Amerikanischen Unabhängigkeitskrieg starben mehr amerikanische Kolonisten in englischen Gefängnisschiffen – den morschen, finsteren, übelriechenden Rümpfen von außer Dienst gestellten Schiffen – als in irgendeiner Schlacht.[44]

Es stimmt auch, dass viele Einheiten im Sezessionskrieg auf lokaler Basis rekrutiert wurden und daher starke Verluste zur Demoralisierung der Soldaten führten. Diese Rekrutierungsmethode hatte aber auch Vorteile. Sowohl vor als nach dem Amerikanischen Bürgerkrieg wurde sie benutzt, um die Kampfkraft zu erhöhen. Ein Bürgerkrieg, bei dem „Bruder gegen Bruder" kämpft, ist tatsächlich etwas Schlimmes – laut Platon das Schlimmste auf der Welt.[45] Aber es gibt keinen Beweis dafür, dass es in Bürgerkriegen zu höheren psychisch bedingten Ausfällen kommt als in anderen Kriegen.

Wie der Autor des genannten Artikels selbst schreibt, war „psychologische Kriegführung seit Tausenden von Jahren ein wesentlicher Teil" bewaffneter Konflikte. Daran hat sich bis heute nichts geändert; auch in dieser Hinsicht stellt sich die Frage, ob dem Amerikanischen Bürgerkrieg tatsächlich ein so neuartiges Element eigen war, das das plötzliche Auftauchen diverser Krankheitserscheinungen erklärt. Zu allen Zeiten haben viele verwundete Soldaten vor Schmerzen laut geschrien (während andere Schwerverwundete – wahrscheinlich durch den Schock und/oder den Blutverlust – keinen Laut von sich gaben). Zum Kampf Mann gegen Mann kam es im Amerikanischen Bürgerkrieg nicht besonders häufig, im Gegenteil: Diese Kampfform war dabei, in Vergessenheit zu geraten.

All die genannten Faktoren wurden angeführt, um zu erklären, warum dieser Krieg schrecklicher gewesen sei als frühere bewaffnete Konflikte und daher zu dem später PTBS genannten Syndrom geführt hätte. Bei näherer Betrachtung lösen sich diese Erklärungen jedoch samt und sonders auf – nicht zuletzt deshalb, weil nach nicht nur einem, sondern zwei medizinischen Texten aus dem späten 20. Jahrhundert das Da-Costa-Syndrom „gewöhnlich, aber nicht ausschließlich, bei Frauen" auftrat![46]

Die Erkrankten wandten sich an Ärzte, die ihr Bestes taten, um zu helfen. Welchen Erfolg sie damit hatten, bleibt im Dunkeln. Seltsamerweise ähnelten die Symptome jenen, die mit der „Eisenbahnkrankheit" assoziiert wurden.[47] Heutzutage müssen wohl die meisten Menschen schon beim Wort „Eisenbahnkrankheit" schmunzeln. Zwischen 1870 und 1914 wurde diese jedoch von Ärzten auf beiden Seiten des Atlantiks sehr ernst genommen. Von der Eisenbahnkrankheit waren manche, aber keineswegs alle Passagiere betroffen, die ein schweres Eisenbahnunglück überlebt hatten – sie trat meist gleich nach dem Unglück, manchmal aber auch später auf. Manche der Symptome ähnelten den zuvor aufgezählten, dazu kamen noch Kopfschmerzen, Schlaflosigkeit, Alpträume, Teilnahmslosigkeit, Schweigsamkeit und jener Zustand, den wir heute als Depression bezeichnen.

Aus der Eisenbahnkrankheit wurde die Neurasthenie (griech. „Nervenschwäche"). Diese wurde 1888 von dem amerikanischen Arzt George Miller Beard entdeckt. Seiner Meinung nach wurde die Krankheit durch Überarbeitung und die Belastungen des modernen Lebens verursacht. Bald wurde sie bei Ärzten und Patienten gleichermaßen beliebt. Oft ging sie in einer weiteren Krankheit auf, die ebenfalls großen Anklang fand: der Hysterie. Martin Charcot, der als Experte für alle Arten von Geisteskrankheiten allgemeines Ansehen genoss und auch Sigmund Freuds Lehrer war, sprach von „histéroneurasthénie".[48] Sowohl Neurasthenie als auch Hysterie assoziierte man vor allem mit Frauen der Ober- und Mittelschicht. Ein weiterer Beweis, dass diese Krankheiten nichts mit dem Krieg zu tun hatten.

All diese und weitere ähnliche Krankheiten glichen dem Da-Costa-Syndrom insofern, als niemand eine körperliche Schädigung erkennen konnte, die sie verursacht hätte. Einige Ärzte, die wohl wussten, dass vor allem die Eisenbahnkrankheit zur Erlangung von Schadenersatzzahlungen von den Eisenbahngesellschaften benutzt wurde, hatten ihre Zweifel, ob die genannten Krankheiten überhaupt existierten. Andererseits suchten viele emsig nach Beweisen für ein möglichst weit zurückliegendes Auftreten der Symptome, um die „Echtheit" der Krankheiten zu beweisen und so ihre Ansprüche zu untermauern.

Anfangs wurden Neurasthenie und Hysterie, wie gesagt, fast ausschließlich als Krankheit von Frauen, vor allem aus der Mittel- und Oberschicht, angesehen.[49] Männer, deren Körper und Geist ja kräftiger war, galten als praktisch immun gegen diese Leiden. Man stelle sich das Erstaunen der Militärbehörden vor, als am Anfang des Ersten Weltkrieges die Allergesündesten – nämlich junge Männer, die ärztlich untersucht und als zum Kriegsdienst tauglich erklärt worden waren – plötzlich ähnliche Symptome aufwiesen. Die Anzahl der Betroffenen war beachtlich. Nach einer Schätzung wurden 613.047 deutsche Soldaten wegen Nervenleiden behandelt.[50] Das bedeutete, dass von 20 Soldaten einer an einem Nervenleiden litt. Obwohl keine genauen Zahlen vorliegen, dürfte der Prozentsatz in anderen Armeen ähnlich gewesen sein.

In Deutschland wurde der Ausdruck „Nervenkrankheiten" statt „Geisteskrankheiten" gewählt. Die Briten waren wie immer Pragmatiker und sprachen von „shell shock" (Granatenschock). An der unterschiedlichen Terminologie erkennt man, dass die Ärzte sich weder über den Ursprung der Krankheit noch über erfolgversprechende Behandlungsmethoden einig waren. Manche vermuteten dahinter eine erblich bedingte „Entartung" (dieser Begriff wurde von Max Nordau, einem österreichisch-ungarischen Arzt jüdischer Abstammung, geprägt; sein gleichnamiges Buch wurde zum Verkaufsschlager). Die französischen – und später die italienischen – Behörden sahen die erkrankten Soldaten oft als Simulanten an. Sie beschuldigten sie der Feigheit vor dem Feind und erschossen sogar einige von ihnen als abschreckendes Beispiel für die übrigen. Anfangs versuchten die Briten, es ebenso zu machen. Später lenkten sie jedoch ein und versuchten die Krankheit auf verschiedene Weise zu behandeln.

Angesichts ihrer Erfahrungen aus dem Bürgerkrieg hätten die Amerikaner in der Lage sein sollen, mit dem Problem umzugehen. Tatsächlich hatten sie keine Ahnung, was sie tun sollten. Sie schickten medizinisches Personal nach Europa, um die Maßnahmen der einzelnen verbündeten Armeen zu studieren, und entschieden sich schließlich für die britische Methode. Am Ende des Krieges waren sich die Ententemächte über die beste Lösung (d. h. diejenige, die es der größtmöglichen Zahl von Soldaten ermöglichte, nach relativ kurzer Zeit wieder zu ihrer Einheit zurückzukehren) einig: Die Soldaten sollten möglichst nahe der Front behandelt werden. Nur sehr schwere Fälle wurden in Spitäler hinter der Front verlegt. Die Behandlung, die sie dort erhielten, war manchmal so barbarisch, dass sie an Folter grenzte.[51]

Wie in so manch anderer Hinsicht brachte der Zweite Weltkrieg auch in Bezug auf psychische Kriegsverletzungen eine Wiederholung der Erfahrungen des Ersten Weltkrieges. Die Bezeichnung, die die Alliierten meist verwendeten, *combat fatigue* (Kampfmüdigkeit), hatte sich nicht geändert, die meisten Symptome jedoch sehr wohl. Wie der Name schon sagt, war das wichtigste Symptom eine extreme Müdigkeit. Außerdem konnten Lähmungen, Verlust des Sprechvermögens und des Gehörs, Blindheit, unkontrollierbares Zittern, Angstgefühle, Magenkrämpfe, Alpträume, Bettnässen, Impotenz (aber andererseits auch Priapismus), Verwirrtheit, Hysterie und Zwangsstörungen auftreten; kurz gesagt, fast alle Arten von Störungen, die Psychiatern und

Psychologen bekannt sind. 1943 waren so viele amerikanische Soldaten davon betroffen, dass die Zahl der aus diesem Grund Entlassenen jene der neuen Rekruten überstieg, woraufhin General Marshall eine Untersuchung verlangte.[52] Er wusste wohl nicht, dass bei seinen Truppen im Verhältnis zu ihrer Gesamtstärke *zehn Mal* so viele psychische Erkrankungen zu verzeichnen waren wie bei ihrem Hauptgegner, dem deutschen Heer.[53]

Am besten lässt sich der Unterschied anhand der Grundsätze erklären, nach denen die beiden Heere organisiert waren und geführt wurden. Die deutschen Soldaten wurden oft als seelenlose Roboter dargestellt, die als Teil einer gnadenlosen Kriegsmaschinerie blind alles taten, was ihnen befohlen wurde. Es stimmt zwar, dass sie disziplinierter waren als die amerikanischen Soldaten. So kam es in der zweiten Hälfte des Jahres 1944 in Frankreich zu so vielen Vergewaltigungen durch amerikanische Soldaten, dass Teile der Bevölkerung sich beinahe die Deutschen zurückwünschten.[54] Die Wehrmacht ging sogar auf die sozialen und psychischen Bedürfnisse von Einzelpersonen und Gruppen besser ein. Dies zeigt sich auf verschiedensten Gebieten, bei der Zusammensetzung der Einheiten wie bei der Verhängung von Strafen und der Verleihung von Orden.[55] Während des gesamten Krieges waren der Zusammenhalt und die Kampfkraft bei der Wehrmacht größer als bei den gegnerischen Streitkräften, die bürokratischer geführt wurden und weniger Kohäsion aufwiesen.

Die verfügbaren Zahlen weisen auch darauf hin, dass die US Army im Zweiten Weltkrieg stärker von psychisch bedingten Ausfällen betroffen war als im Ersten. Eine mögliche Erklärung ist die unterschiedliche Dauer beider Konflikte. Eine weitere könnte darin bestehen, dass die öffentliche Meinung 1917/18 den von psychischen Problemen betroffenen Soldaten feindlich gesinnt war, sie mit geringschätzigen Bezeichnungen belegte und es nicht tolerieren wollte, wenn sich jemand auf diese Weise vor dem Kriegsdienst drückte. So wurden diese Männer gezwungen, es sich zweimal zu überlegen, bevor sie das Handtuch warfen. 1941–1945 war es anders: „Jeder hat seine Belastungsgrenze", lautete ein inoffizieller, aber auch unter Ärzten anerkannter Leitsatz. Als General Patton 1943 in einem Spital zwei Soldaten ohrfeigte, hätte ihn das fast sein Kommando gekostet.[56]

Offenbar hatte inzwischen so etwas wie ein kultureller Wandel stattgefunden. Das eigentliche Problem stellte sich wohl nicht anders dar als ein Vierteljahrhundert zuvor. Die Einstellung der Gesellschaft und der Streitkräfte zu dem Problem hatte sich jedoch sehr wohl geändert. Einen gewissen Anteil an dem Wandel hatten einige Schriftsteller – und vor allem Schriftstellerinnen wie Rebecca West, Virginia Woolf und Dorothy Sayers. Alle drei besuchten Spitäler, in denen psychisch erkrankte Soldaten oft noch jahrelang nach dem Krieg stationär behandelt wurden. Was sie dort zu sehen bekamen, fand in Form drastischer Schilderungen Eingang in ihre Werke.[57]

Der Einfluss diverser außermedizinischer Faktoren auf die Häufigkeit psychischer Schädigungen bei Soldaten und die diesbezügliche Einstellung der Gesellschaft und der Ärzte lässt sich durch einen Vergleich der beiden deutschen Staaten illustrieren.[58] Die Psychiater, die in West- und Ostdeutschland tätig waren, hatten schließlich an denselben Universitäten studiert. Sie dienten bis 1945 bei denselben Streitkräften, wandten die gleichen Richtlinien des Generalarztes an und behandelten im Krieg die gleichen Soldaten.

Für die Amerikaner verstand sich die Existenz einer „Belastungsgrenze" von selbst, keineswegs jedoch für die Nationalsozialisten, die in den zwölf Jahren ihrer Herrschaft ständig die den Deutschen eigene Zähigkeit betonten, die sie befähige, auch dem stärksten Druck standzuhalten. „Unsere Mauern brechen, aber unsere Herzen nicht", war eine der typischen Durchhalteparolen, die Propagandaminister Goebbels ausgab, als eine deutsche Stadt nach der anderen vom Bombardement der Alliierten zerstört wurde. Die richtige „Haltung" wurde nicht nur von Soldaten und anderen Männern, sondern auch von Frauen und sogar von Kindern verlangt. Bei Bedarf wurde zu Polizeimethoden gegriffen, um sie durchzusetzen.

Auch das Kriegsende brachte diesbezüglich keine sofortige Änderung. In den frühen Nachkriegsjahren litten Millionen von Deutschen Hunger oder mussten zumindest jederzeit damit rechnen. Weitere Millionen waren auf der Flucht, zum Teil deshalb, weil sie – oft gewaltsam – vertrieben worden waren. Die Zahl der Kriegsinvaliden und anderer Soldaten, die ihre Verwundungen mit sich herumtrugen, war gigantisch.[59] Was die seelischen Nachwirkungen betraf, so hatten die meisten Menschen andere Sorgen. Auftretende Symptome wurden nicht behandelt.

In Deutschland, aber auch in den anderen europäischen Ländern war PTBS erst Mitte der 1950er Jahre ein Thema, als sich die Lebensbedingungen normalisiert hatten. Besonders interessant ist, dass in Westdeutschland viele psychische Probleme der Kriegsheimkehrer als

Folge der Zustände in den sowjetischen Kriegsgefangenenlagern gesehen wurden. In Ostdeutschland genügte eine solche Behauptung, um im Gefängnis zu landen. Hier wird augenscheinlich, wie die Einstellung zu PTBS von politischen Faktoren beeinflusst wurde und wohl noch wird.

In der Bundesrepublik konnten Personen, bei denen die Symptome von PTBS auftraten, eine Invalidenrente bekommen. Dazu mussten sie a) beweisen, dass die Symptome während des Krieges und nicht erst nachher begonnen hatten, und b) einen Psychiater finden, der ihr Begehren unterstützte. In der DDR, in der Gleichheit und die Wichtigkeit produktiver Arbeit besonders betont wurden, war dies schwieriger. Zumindest ein ostdeutscher Psychiater behauptete, dass in seinem Land „Pensionsneurosen, Ärgerneurosen (und) Geldgierneurosen praktisch verschwunden" seien. Der Grund: Der „verständliche Wunsch nach einer gesetzlichen Pension" sei „nunmehr zwecklos".[60] Mehr noch: „Eine überhastete Entscheidung zugunsten einer Invalidität und dem Recht auf eine Rente wegen eines geistigen Leidens ohne organische Verletzung sei vom therapeutischen Standpunkt sogar schädlich, da sie nur zu einer Chronifizierung der Symptome führen würde."[61] Statt Renten auszuzahlen, taten die ostdeutschen Behörden ihr Möglichstes, die Betroffenen wieder in den Arbeitsprozess einzugliedern.

Das westdeutsche System war zumindest teilweise von der Notwendigkeit bestimmt, das Land in die westliche Welt zu integrieren, zu der es jetzt gehören wollte. Der Wunsch, die Sowjetunion nach Möglichkeit anzuschwärzen, spielte ebenfalls eine Rolle. Das ostdeutsche System hingegen beruhte auf ideologischen Überlegungen und den angeblichen brüderlichen Beziehungen zu ebendieser Sowjetunion, die als leuchtendes Vorbild gepriesen wurde. Man könnte sogar behaupten, dass in dieser sowie in manch anderer Beziehung die Volksarmee der alten Wehrmacht näher war als die Bundeswehr.[62]

Insgesamt besteht kein Zweifel, dass soziale Faktoren – Politik, Kultur, Organisation, Führungsstärke und so weiter – einen starken Einfluss auf den Umgang mit PTBS haben. Das Gleiche scheint für die Häufigkeit des Auftretens und vielleicht sogar für seine Existenz zu gelten. Wenn wir dies einmal voraussetzen, stellt sich die Frage, wie es zu einem derartig massiven Problem werden konnte. Mehr dazu im nächsten Abschnitt.

4. Die Epidemie

In den 1950er und großteils auch in den 1960er Jahren scheint PTBS nicht auf allzu großes Interesse gestoßen zu sein – vielleicht deshalb, weil das Problem zumindest anfänglich nicht annähernd so verbreitet war wie im Zweiten Weltkrieg; jedenfalls nicht in absoluten Zahlen, denn die Mannstärke der Streitkräfte ging rasant zurück. In Europa musste das Interesse der Öffentlichkeit wohl abnehmen, nachdem nicht mehr im eigenen Land oder in Nachbarländern, sondern in weit entfernten Kolonien gekämpft wurde. 1941–1945 waren bei 23 % aller aus medizinischen Gründen heimtransportierten amerikanischen Soldaten psychische Erkrankungen maßgebend. Im Koreakrieg sank die Zahl auf 6 %. In der ersten Phase des Vietnamkrieges fiel sie sogar auf 5 % – vielleicht ein Hinweis darauf, dass Präsident Kennedys Ankündigung in der Rede bei seiner Amtseinführung, man werde „jede Last tragen und jede Mühsal auf sich nehmen", um die Freiheit zu verteidigen, auf vielfache Zustimmung stieß.[63]

Als die Dinge in Vietnam schiefzulaufen begannen, stiegen die Zahlen rasant an, und PTBS wurde zu einer wahren Epidemie. 1972 waren nicht weniger als 60 % der Heimtransporte auf PTBS-Symptome zurückzuführen.[64] Eigentlich war das merkwürdig, denn inzwischen war die „Vietnamisierung" des Krieges im Gange, die amerikanische Beteiligung und die amerikanischen Verluste nahmen rasant ab. Die 60-Prozent-Marke wurde nie mehr erreicht. Falls diese den tatsächlichen Verhältnissen entsprach – was keineswegs bewiesen ist –,[65] muss der Grund dafür in besonderen Umständen liegen, die hier nicht untersucht werden können – etwa in Problemen zu Hause oder der von der drohenden Niederlage bewirkten Demoralisierung. Wie dem auch sei, der Vietnamkrieg war jedenfalls ein Wendepunkt.

Eine Umfrage der „Washington Post" und der (eindeutig links angesiedelten) Kaiser Family Foundation ergab, dass „mehr als die Hälfte der 2,6 Millionen Amerikaner, die zum Kriegseinsatz in den Irak und nach Afghanistan geschickt wurden, mit Symptomen geistig-seelischer Krankheiten kämpfen, die von ihrem Dienst bei den Streitkräften herrühren, und sich vom zivilen Leben ausgeschlossen fühlen". Andere Studien setzen die Zahl niedriger an, sie ist mit 13 bis 20 % aber immer noch sehr hoch.[66]

Als die Zahlen stiegen, änderte sich die zur Beschreibung des Phänomens verwendete Terminologie. Noch 1968 untersuchte ein Artikel in der amerikanischen Fachzeitschrift „Military Medicine" sowohl „combat fatigue" als auch deren Gegenstück, „pseudo-combat fatigue".[67] Dreizehn Jahre später tauchte PTBS, wie eine Debütantin bei einem Ball, zum ersten Mal im „Statistical Manual of Mental Disorders" (DSM) auf. 1987 wurde in einer Neuausgabe desselben Handbuches das Erfordernis fallengelassen, dass der auslösende Faktor über das hinausgehen müsse, was man als „normale" Lebensereignisse ansieht. Das heißt wohl, dass nicht nur ein Kriegserlebnis, sondern so ziemlich alles zu PTBS führen kann.

Zu diesem Zeitpunkt gab es schon unzählige Publikationen zu dem Thema. Heute wird PTBS als normale Kriegsfolge angesehen und kommt sogar in manchen Computerspielen vor, sodass die User damit „spielen" können. Je zahlreicher die Publikationen, desto unterschiedlicher sind die Meinungen der Autoren über die Ursachen des Phänomens.[68] Manche wiesen darauf hin, dass PTBS im Irak und in Afghanistan oft durch Unkonventionelle Spreng- oder Brandvorrichtungen (USBV, auch Sprengfallen) ausgelöst wurde. Sie griffen auf einen Gedanken zurück, der schon im Zusammenhang mit der „Eisenbahnkrankheit" aufgetaucht war und von den Militärärzten im Ersten Weltkrieg übernommen wurde, wonach die Ursache in einer Gehirnerschütterung zu suchen sei.[69] Andere wiesen auf die Schrecken eines modernen Krieges hin, wieder andere auf das Schuldgefühl desjenigen, der überlebt hat, während viele seiner Kameraden gefallen sind, oder auf das Schuldgefühl, das die Tötung eines anderen auslösen kann; vor allem, wenn man das Leiden des Opfers aus nächster Nähe mit ansehen muss.

Diese Erklärungen erscheinen ebenso wenig stichhaltig wie die Versuche, das erste Auftreten von PTBS ausgerechnet im Amerikanischen Bürgerkrieg zu erklären. Gehirnerschütterung als Ursache scheidet aus, da, wie Psychiater im Ersten Weltkrieg festgestellt haben, keineswegs alle, die eine Gehirnerschütterung erlitten, PTBS bekamen – und umgekehrt.[70] In jüngster Zeit waren sogar Drohnenpiloten, die tausende Kilometer entfernt vom Kriegsschauplatz hinter Konsolen sitzen, tatsächlich oder angeblich von PTBS betroffen.[71]

Aus der Lektüre antiker Schriftsteller sehen wir, dass die Schrecken eines Krieges schon damals menschliches Begreifen überstiegen. Tacitus schreibt: „Das Schlachtfeld [von Bedriacum, nahe Cremona, wo 69 n. Chr. zwei römische Armeen aufeinandertrafen, d. A.] bot einen entsetzlichen und erschütternden Anblick … verstümmelte Leichen, abgehauene Gliedmaßen, verwesende Körper von Menschen und Pferden, die Erde mit Blut besudelt, Bäume und Feldfrüchte niedergetreten in gräßlicher Verwüstung."[72] Archäologische Ausgrabungen wie jene von Visby in Dänemark, wo im 14. Jahrhundert Tausende gefallene Soldaten in Massengräbern bestattet wurden, führen uns die Schrecken des Krieges nicht weniger plastisch vor Augen.

Oder sehen wir uns die Federzeichnung aus dem Jahre 1521 von Urs Graf von der Schlacht bei Novara an, bei der im Jahr 1513 eidgenössische, französische und deutsche Truppen gegeneinander kämpften.[73] Im Vordergrund liegen die Leichen dicht an dicht: Leichen ohne Köpfe, ohne Gliedmaßen, Leichen mit heraushängenden Gedärmen, Leichen, die die Reihen der Pikeniere auf beiden Seiten in den Erdboden hineingetreten haben, dazwischen die Körper toter Pferde in ebenso grotesken Verrenkungen. Zwei Gehenkte baumeln deutlich sichtbar im Geäst der Bäume. Nach dem Bericht von Florange, einem französischen Hauptmann, der an der Schlacht teilgenommen hatte, überlebten nur sechs von drei- bis vierhundert Männern, die in den ersten Reihen gekämpft hatten.[74] Auch bei den weiter hinten Kämpfenden gab es verheerende Verluste.

Von 230 männlichen Bewohnern eines schwedischen Dorfes, die zwischen 1621 und 1639 in den (Dreißigjährigen) Krieg zogen, kehrten 215 nicht zurück.[75] Der französische Zeichner Jacques Callot, der zur Zeit dieses Krieges eine Serie von Kupferstichen unter dem Titel „Les misères de la guerre" anfertigte, hat ebenfalls viel Interessantes zu unserem Thema zu sagen.[76] Ein noch größerer Künstler, Francisco Goya, dokumentierte den Aufstand der Spanier gegen die napoleonische Besatzung. In seinen Bildern wimmelt es von verstümmelten und geköpften Leichen, von Leichen, die gerade zersägt werden, von aufgespießten Leichen in verschiedensten grotesken Posen und von menschlichen Überresten, die von Hunden aufgefressen werden, sowie von Frauen, die neben ihren toten Säuglingen oder vor den Augen ihrer weinenden Kinder vergewaltigt werden.

Man könnte sogar mit Harari behaupten, dass die Schrecken des Krieges in mancher Hinsicht *geringer* geworden sind. Ein Grund dafür besteht darin, dass es die „offenen Feldschlachten" früherer Zeiten – wie die von Bedriacum und Novara – nicht mehr gibt. Die moderne Kriegführung – auch und insbesondere in Vietnam, im Irak und in Afghanistan – ist so verstreut, dass viele, wenn nicht die meisten Soldaten nur relativ wenige, auf einen längeren Zeitraum verteilte Todesfälle und Verwundungen von Kameraden erleben.[77] Außerdem hat die bessere medizinische Versorgung und der schnelle Abtransport der Verwundeten dazu geführt, dass das Verhältnis zwischen Toten und Verwundeten, das im Zweiten Weltkrieg noch eins zu drei bis vier betrug, nun eins zu acht oder neun beträgt.

Der Zwang zur Untätigkeit vor dem Feind ist sehr schwer zu ertragen. Aber ob er als Auslöser von PTBS eine Rolle spielt, muss angesichts der Geschichte der Marineeinsätze im Zweiten Weltkrieg bezweifelt werden. Die Marinesoldaten, deren Schiffe auf sämtlichen Meeren der Welt kreuzten, wussten nie, ob ihr Schiff im nächsten Moment von einem feindlichen Torpedo getroffen werden und untergehen würde. Trotzdem litten sie kaum unter dieser Unsicherheit. Schuldgefühle, die durch den Tod von Kameraden ausgelöst werden, sind ein ernstes Problem; wir kennen sie auch aus den Erzählungen der KZ-Überlebenden.[78] Es gibt aber keinen Grund anzunehmen, dass die Schuldgefühle von Soldaten heute schlimmer sind als jemals zuvor. Die Anonymität der heutigen Massengesellschaft könnte eher das Gegenteil bewirken.

Es ist im höchsten Maße unwahrscheinlich, dass der Mensch einen angeborenen Widerwillen dagegen hat, einen Gegner zu töten, dessen Gesicht er sehen kann, und dass hier der Grund für die Entstehung von PTBS zu suchen ist. Wenn dem so wäre, dann hätte fast die gesamte Militärgeschichte jener Zeit, als noch Mann gegen Mann mit Hieb- und Stichwaffen gekämpft wurde, nicht in dieser Form stattfinden können. Wir finden jedoch in dieser Zeit praktisch keinen Hinweis auf PTBS, weder in der Ilias noch in den Berichten über den Peloponnesischen Krieg, in dem meist mit zwei Meter langen Spießen gekämpft wurde, noch in den Wikingersagen, in denen wir nicht nur von den toten Kriegern, sondern auch von den Wölfen und den aasfressenden Vögeln erfahren, die die Leichen verschlingen, noch in den Kriegserinnerungen der Renaissance, die aus einer Zeit stammen, als die Pike die wichtigste Waffe war.

Die allermeisten Krieger mussten keine *asubha*-(Ekel-)Übungen machen, um sich an die Szenen des Grauens zu gewöhnen, die der Krieg so oft mit sich bringt. Im Gegenteil: Viele rühmten sich ihres Handelns in solchen Situationen – und tun es heute noch. In einem Stück von Rolf Hochhuth wird ein junger Wehrmachtsleutnant aufgezogen, weil er einen Knopf vom Strumpfband einer Frau zum Befestigen eines seiner Orden verwendet. Er antwortet, er habe sowohl den

Orden als auch den Knopf im Nahkampf errungen; beide Male habe er furchtbare Angst gehabt. Weder das Verstümmeln toter Feinde noch das Sammeln von Körperteilen gehören zur Gänze der Vergangenheit an. Wenn die Vorschriften nicht wären, die solche Praktiken mit schweren Strafen bedrohen und die oft von Menschen formuliert wurden, die noch nie auch nur in die Nähe eines Gefechtsfeldes gekommen sind, wären sie wohl noch weiter verbreitet.

Auch der IS, Boko Haram und zahllose andere Organisationen in muslimischen Ländern scheinen noch nicht auf die Idee gekommen zu sein, dass es schädlich sein könnte, andere eigenhändig zu töten, oder dass sie ihren Kämpfern psychologische Behandlung angedeihen lassen sollten. Die Frage ist inzwischen ohnehin beinahe rein akademisch. Die Reichweite moderner Waffen ist so groß, dass viele Soldaten – vielleicht die meisten Soldaten – die von ihnen Getöteten gar nicht sehen. In anderen Fällen sind die Getöteten nur als Leuchtmarkierung auf einem Schirm zu sehen. Derjenige, der sie tötet, hört sie nicht schreien, wenn sie von einem Projektil durchbohrt, erdrückt oder verbrannt werden. Sein Körper wird nicht von ihrem Blut, ihrem Hirn oder ihren Gedärmen bespritzt, wie es König Agamemnon erlebte, als er seine Männer in die Schlacht führte.[79] Ich will mit alledem nicht sagen, dass wir zum Töten geboren sind, sondern nur darauf hinweisen, dass wir es – anders, als die heutigen Psychologen glauben – bedenkenlos tun, wenn es sein muss, und manchmal auch, wenn es nicht sein muss.

Was hat also diese Zunahme ausgelöst? Auch hier hilft es, Vergleiche anzustellen. Wenn wir die Daten aus verschiedenen westlichen Ländern betrachten, sehen wir, dass nicht nur die Wehrmacht im Zweiten Weltkrieg einen geringeren Prozentsatz an psychisch Erkrankten aufwies als die US Army. Auch die Briten im Falklandkrieg hatten einen geringeren Anteil an derartigen Ausfällen als die Amerikaner in Vietnam.

Gewiss ist der Falklandkrieg von der Dauer her nicht mit den anderen in diesem Buch erwähnten kriegerischen Auseinandersetzungen zu vergleichen. Nur vierundvierzig Tage vergingen von der Ankunft der britischen Streitkräfte in der Nähe der Inseln bis zur Übergabe des argentinischen Kommandanten und seiner Truppen. Andererseits gab es bei den britischen Truppen kein Screening in Bezug auf PTBS, wie es bei den Amerikanern seit 1943 Standard war. Die beim Falklandfeldzug eingesetzten Einheiten wurden auch nicht von Psychiatern begleitet, die den Auftrag gehabt hätten, sich um das Problem PTBS zu kümmern. Angesichts dieser letzten beiden Umstände ist die Leistung der Briten noch bemerkenswerter.[80]

Zwei bis zweieinhalb Jahrzehnte später, in Afghanistan und im Irak, sah die Situation für die Briten schon anders aus. Die Zahl der an PTBS erkrankten britischen Soldaten war so hoch, dass das Verteidigungsministerium die Ernsthaftigkeit des Problems einräumte und zusagte, ihm die gebotene Aufmerksamkeit zu widmen. Trotzdem hatten die Briten nicht so viele Erkrankungen zu verzeichnen wie ihre amerikanischen Waffenbrüder.[81] Der wichtigste Grund dafür scheint die regimentsweise Organisation und Rekrutierung zu sein. Sie lässt sich über Jahrhunderte zurückverfolgen und zielt darauf ab, dass Offiziere und Mannschaften über relativ lange Zeit zusammenbleiben, einander kennen und vertrauen lernen und starke gegenseitige Bindungen entwickeln.

Das Ergebnis war ähnlich wie bei der Wehrmacht: Der Zusammenhalt innerhalb der einzelnen Einheiten war viel stärker als bei den amerikanischen. Nicht lange nach dem Ende des Vietnamkrieges überlegte die US Army die Einführung eines ähnlichen, unter dem Namen COHORT bekannten Systems.[82] Es wurde jedoch nicht viel daraus. Bald setzte sich, wie es in dieser Armee fast immer der Fall ist, die Bürokratie durch.

Wie steht es nun mit den Truppen der nichtwestlichen Länder, die gegen die westlichen Truppen kämpften und sie meist besiegten? Über Nordvietnam schrieb Dr. Edward Tick, ein amerikanischer Psychotherapeut mit einschlägiger Erfahrung, dass die Kriegsveteranen „viel seltener an PTBS leiden als amerikanische Veteranen" und auch „Alpträume, Depressionen, Entfremdungsgefühle und Dysfunktionen seltener auftreten".[83] Nach Angaben der Serbischen Medizinischen Militärakademie in Belgrad litt nur 1 % der 400.000 Soldaten, die in den Bürgerkriegen von 1992–1995 und 1999 in der serbischen Armee dienten, an dem Syndrom. Auch der serbische Militärattaché in Tel Aviv, Oberst Rasa Lazovic, teilte mir mit, dass „PTBS in seiner Heimat kein heißes Thema" sei.[84]

Viele dieser Armeen, Organisationen und Einzelpersonen lebten und kämpften unter Bedingungen, die unvergleichlich härter waren als alles, was sich die meisten Menschen im Westen überhaupt vorstellen können. Sie alle sind zur Zielscheibe der westlichen (hauptsächlich amerikanischen) Feuerkraft geworden und haben dadurch schwere Verluste erlitten. Haben deswegen die amerikanischen Streitkräfte den Balken aus ihrem eigenen Auge gezogen? Keineswegs. Vielmehr haben die US Air Force und die US Army versucht, den Serben PTBS aufzuzwingen![85] Im Westen und bei seinen Streitkräften ist eindeutig etwas faul.

5. Beschädigte Ware?

Wie bereits erwähnt ist der Sieg das stärkste Heilmittel für die Seele. Dass vor 1945 die meisten erwähnten Streitkräfte und die Gesellschaften, in denen sie verwurzelt waren, aus den verschiedenen Kriegen, die sie führten, siegreich hervorgingen, muss ihren Soldaten geholfen haben, mit dem Problem PTBS fertigzuwerden. Jedoch kämpfte das deutsche Heer in den Jahren 1914–1918 ebenso bis zum Ende wie die Wehrmacht in den Jahren 1939–1945 und die Serben in den Jahren 1992–1995 und 1999. Die Verbindung zwischen Niederlage und PTBS ist also keineswegs ein absolutes Muss. Wir haben schon gesehen, wie verschiedene Länder mit dem Problem umgingen. Kann es sein, dass die Gesellschaften der westlichen Länder nach 1960, allen voran die amerikanische, ihre Soldaten in die PTBS-Opferrolle hineingedrängt haben?

Das Leben der Menschen im Allgemeinen und der Soldaten im Besonderen wird weitgehend von den Erwartungen beherrscht, die die Gesellschaft in sie setzt. Wahrscheinlich wird eine Gesellschaft, die Krieg mit Vortrefflichkeit verbindet, auch Vortrefflichkeit bekommen, jedenfalls bis zu einem gewissen Grad. Denn wie wir anhand des Beispieles von Aristoteles und seines Schülers Alexander sehen, wird man den Menschen beibringen, Exzellenz zu bewundern und ihr nachzueifern. Das Gleiche gilt für den Ehrbegriff, der im Mittelalter durch die *chansons de geste* vermittelt wurde, und das Wissen, das man durch das Kriegserlebnis, die „ultimate experience", erlangen konnte (übrigens erreichte der Begriff „the ultimate experience" im Januar 2015 fast 600.000 Treffer auf Google). Warum sollte es also nicht für PTBS gelten?

Ist es wirklich der Krieg, der PTBS hervorruft? Oder ist es die fixe Idee der heutigen Gesellschaft, dass der Krieg an und für sich böse und auch schlecht für die Psyche der Kriegsteilnehmer ist, sodass jeder, der lange genug daran teilnimmt, daran zerbrechen *muss*? Und könnte dieser Gedanke nicht zum Verständnis der Gründe beitragen, warum PTBS zu einem so gewaltigen Problem geworden ist? Die Empfehlung, dass alle heimkehrenden Soldaten auf PTBS-Symptome untersucht werden sollten, und zwar nicht nur einmal, sondern jedes Jahr, scheint darauf hinzudeuten, dass die letzten beiden Fragen mit Ja zu beantworten sind.[86] Das Gleiche gilt für die Tatsache, dass seit 2010 kein amerikanischer Kriegsveteran entlassen werden kann, ohne zuerst auf PTBS untersucht worden zu sein.[87]

Es könnte also durchaus sein, dass die Heilungsmethode die Krankheit fördert. Wenn es stimmt, dass die Psychotherapie deshalb erfolgreich ist, weil sie dem Patienten hilft, eine Geschichte zu konstruieren, mit der er leben kann,[88] dann ist der Gedanke, dass der Krieg jeden in den Zusammenbruch treiben kann und auch treibt – und man sich daher nicht schämen muss, wenn man zusammenbricht –, sehr nützlich.

Wenden wir uns nun vom Individuum ab und der Gesellschaft zu. Die wichtigste treibende Kraft hier ist die Angst, haftbar gemacht zu werden. Es steht außer Zweifel, dass die Anzahl jener, die behaupten, PTBS zu haben, gewaltig ist. Viele sind der Meinung, dass der Staat mehr für sie tun sollte.[89] Es mangelt auch nicht an Anwälten, die nur darauf warten, im Namen der Betroffenen Klage einzubringen. Beide werden von ganzen Heerscharen von Psychiatern und Psychologen unterstützt, die ein Interesse daran haben, möglichst viele derartige Fälle zu diagnostizieren und zu behandeln und das Problem möglichst weit zurückzuverfolgen. Die drei Gruppen sind auf dem besten Weg, die bereits astronomischen Kosten der Kriegführung noch weiter hinaufzutreiben – und dafür zu sorgen, dass sie auf Jahre und Jahrzehnte hinaus in dieser Höhe bleiben.

Ein Teil der Kosten wird durch die Untersuchung und die Behandlung verursacht. Letztere erfordert die langfristige Beschäftigung von hochbezahlten Spezialisten und ist daher sehr teuer. Weitere Kosten entstehen durch Ausgleichs- und Rentenzahlungen. Die alten Römer würden nicht schlecht staunen! Ob sie nach dem heutigen westlichen System auch so lange die Welt regiert hätten, wage ich zu bezweifeln.

Der ostdeutsche Arzt, der auf die „Chronifizierung" des Syndroms aufmerksam machte, hatte nicht unrecht. Ist es vorstellbar, dass die Ausgleichs- und Rentenzahlungen zumindest für manche Soldaten einen Anreiz darstellen, Symptome zu erfinden oder zu übertreiben und sie so lange wie möglich zu hegen und zu pflegen? Und dass man daher bei vielen von ihnen fälschlicherweise PTBS diagnostizieren wird, obwohl ihnen nichts Ernstliches fehlt? Und – noch schlimmer – dass manche sogar an den Symptomen einer Krankheit leiden werden, die sie gar nicht haben? Es ist möglich, dass genau das bereits geschieht – beim Militär und in der zivilen Welt. Nach einer Schätzung ist ungefähr die Hälfte bis zwei Drittel aller Diagnosen falsch.[90] Kein Wunder, wenn man bedenkt, wie elastisch und unbestimmt die diesbezüglichen Kriterien geworden sind oder – um die Wahrheit zu sagen – immer waren.

Lange nach dem Amerikanischen Bürgerkrieg, aber auch Jahrzehnte, bevor der Begriff PTBS entstand, hegte Theodore Roosevelt bereits solche Gedanken. Roosevelt hatte das Buch „The Red Badge of Courage" (Das rote Siegel) von Stephen Crane gelesen, nachdem es 1895 erschienen war. Zuerst gefiel es ihm ebenso gut wie vielen Angehörigen seiner Generation und auch späterer Generationen. Nachdem er jedoch das Freiwilligenregiment Rough Riders gegründet und an Kämpfen in Kuba teilgenommen hatte, änderte er seine Meinung. Er schrieb in diesem Zusammenhang Folgendes: „Ich sah bei den Kämpfern, ob verwundet oder nicht, kein Anzeichen für die hochkomplizierten Gefühle, die ihnen einige moderne realistische Schriftsteller nachsagen, die sich mit dem Krieg beschäftigen. An der Front hat sich jeder ganz einfach benommen und die Dinge an sich herankommen lassen."[91]

Wiederholt sich die Geschichte? Die PTBS-Lobby ist so mächtig, dass in einigen Fällen Soldaten und Einheiten, die von dem Problem nicht betroffen waren, praktisch gezwungen waren, das Gegenteil zu behaupten.[92] Aber besonders schlimm sind jene dran, die dem Ruf zu den Waffen gefolgt sind, die tapfer durch die Hölle des Krieges gegangen sind und nach ihrer Rückkehr nicht gelobt, gefeiert und belohnt, sondern als gefühllose Unmenschen verleumdet werden, noch dazu von Leuten, die nie einen ernst gemeinten Schuss gehört haben. Wird die Ehre dieser Soldaten nicht in den Schmutz gezogen? Sollten wir uns nicht langsam überlegen, jene zu belohnen, die *nicht* an PTBS erkranken?

Wenn man die Dinge so weitergehen lässt wie bisher, welche Auswirkungen auf die Kampfkraft sind zu erwarten? Dazu ein Zitat des schon erwähnten Generals und heutigen US-Verteidigungsministers James Mattis, eines Mannes mit einer Kampferfahrung, wie sie nur wenige inner- und außerhalb der USA vorweisen können. Er ist nicht nur einmal im Gefecht gestanden wie Roosevelt, sondern hundert

Mal in mehreren Kriegen. In einer Rede vor dem Marine Memorial Club sagte er Folgendes[93]:

> „Ich möchte nur sagen, es gibt eine falsche Wahrnehmung von unseren Veteranen, und zwar, dass sie sozusagen beschädigte Ware sind. Ich glaube das nicht.
> Wenn wir unseren Veteranen oft genug sagen, dass mit ihnen etwas nicht stimmt, dann könnten sie anfangen, es zu glauben.
> Opfer werden in Amerika zwar verherrlicht, aber ich finde nicht, dass sich unsere Veteranen unter die Opfer einreihen sollten.
> Es gibt auch so etwas wie posttraumatisches Wachstum, wenn man aus so einer Situation kommt und seinen Mitmenschen sogar mit mehr Liebe und Güte begegnet.
> Wir werden in unserem Land junge Menschen brauchen, die dagegen auftreten, weil es zwei unvereinbare Zielvorstellungen gibt.
> Es ist kein Raum dafür, dass Militärangehörige, einschließlich unserer Veteranen, sich als Opfer sehen, auch wenn so viele unserer Mitbürger diese Rolle genießen."

Wie wir gesehen haben, ist es gelinde gesagt zu bezweifeln, dass Achill an PTBS gelitten hat. Sollte er jedoch daran erkrankt gewesen sein, hätte er wohl die Ansicht geteilt, wonach es so etwas wie posttraumatisches Wachstum gibt, durch das man „seinen Mitmenschen sogar mit mehr Liebe und Güte begegnet". Schließlich hatte er das Gleiche empfunden, deshalb hatte er dem alten Priamos auf seine Bitte hin erlaubt, Hectors Leichnam auszulösen. Aber wen interessiert das? Die Redaktion der Tageszeitung *USA Today*, die Mattis' Rede abdruckte, betrachtete seine Gedanken als so ketzerisch, dass sie sorgsam an jeden einzelnen Satz ein „sagte er" anhängte. Und auch andere sahen ähnliche Äußerungen, die Mattis bei anderer Gelegenheit machte, als so ketzerisch an, dass der kultivierte, belesene General bald „Mad Dog Mattis" genannt wurde!

Noch eine Frage: Stimmt es wirklich, dass der Krieg nach den Worten von Jonathan Shay „den Gesellschaftsvertrag" zerstören kann, „der die Soldaten aneinander, an ihre Befehlshaber und an die Gesellschaft bindet"?[94] Nicht unbedingt. Jean de Bueil (1406–1477) war ein äußerst erfahrener Krieger. Am Anfang seiner Laufbahn kämpfte er bei der Belagerung von Orléans an der Seite von Jeanne d'Arc. Hören wir uns an, was er zu dem Thema zu sagen hat:

„Wie sehr liebt man seinen Waffenbruder! Wenn man spürt, dass man in einer gerechten Sache kämpft und dass man in bester Verfassung zum Kämpfen ist, kommen einem die Tränen in die Augen. Ein großes, süßes Gefühl der Liebe und des Mitgefühls erfüllt einem das Herz, wenn man sieht, dass der Freund sich so tapfer in Gefahr bringt, um den Willen unseres Schöpfers auszuführen und zu erfüllen. Und dann ist man bereit, mit ihm zu gehen, um zu leben oder zu sterben, und ihn vor Liebe nie zu verlassen. Und daraus entsteht ein solches Hochgefühl, dass jene, die es nie gekostet haben, sich keine Vorstellung davon machen können. Ihr glaubt gewiss, dass man dabei Angst vor dem Tod hat. Das stimmt nicht. Man fühlt sich so stark, so freudig erregt, dass man nicht weiß, wo man ist. Man hat wahrhaftig vor nichts Angst."[95]

Die Bindungen zwischen Kriegskameraden können so stark sein, dass sie bis zum Tod und sogar über den Tod hinaus Bestand haben. Dass in den Träumen eines Soldaten (oder eines Kommandanten!) ein toter Kamerad auftaucht und mit ihm spricht, ist nichts Neues. Sowohl Odysseus als auch Aeneas sind in die Unterwelt hinabgestiegen, haben dort ihre Kampfgefährten getroffen und mit ihnen gesprochen – offenbar ohne psychischen Schaden davonzutragen. Neu ist nur der Gedanke, dass solche Begegnungen Symptome von PTBS sind und dementsprechend behandelt gehören.

Wie stark solche Bindungen sein können, zeigt das berühmte militärische Trauerlied „Der gute Kamerad". Das Gedicht entstand im Jahr 1809, zwölf Jahre nach Schillers „Reiterlied", als große Teile Deutschlands von französischen Truppen besetzt waren und man von PTBS oder „political correctness" noch nichts wusste. Sechzehn Jahre später wurde es vertont:

> Ich hatt' einen Kameraden,
> Einen bessern findst du nit.
> Die Trommel schlug zum Streite,
> Er ging an meiner Seite
> In gleichem Schritt und Tritt.
>
> Eine Kugel kam geflogen,
> Gilt's mir oder gilt es dir?
> Ihn hat es weggerissen,
> Er liegt mir vor den Füßen,
> Als wär's ein Stück von mir.
>
> Will mir die Hand noch reichen,
> Derweil ich eben lad.
> Kann dir die Hand nicht geben,
> Bleib du im ew'gen Leben
> Mein guter Kamerad!

KAPITEL V
Die Delegitimierung des Krieges

1. Recht und Macht

Zum Kriegführen sind zwei Dinge unbedingt notwendig: eine Streitmacht und Legitimität. Warum die Streitmacht gebraucht wird, muss nicht erklärt werden. Legitimität braucht man, weil ohne sie kein Unterschied zwischen einem Krieg und jeder anderen Gewaltausübung bestünde. Anders gesagt: In jeder Zivilisation, an jedem Ort und zu jeder Zeit haben manche Menschen, Gruppen, Gemeinden und Organisationen das Recht, Gewalt anzuwenden, um ihre (offensiven oder defensiven) Ziele durchzusetzen. Wenn sie dies mit Erfolg tun, werden sie belohnt. Andere haben dieses Recht nicht – das bedeutet, dass sie bestraft werden (oder zumindest bestraft werden sollten), ob sie Erfolg hatten oder nicht.

Im Allgemeinen wird dieses Recht umso stärker eingeschränkt, je höher entwickelt das Staatswesen ist. Im Verhältnis zu der Gesamtzahl an Menschen, Gruppen, Gemeinden und Organisationen ist es bis heute auf wenige eingeschränkt. In den USA zum Beispiel soll es 22 Millionen aktive Körperschaften und Vereine geben.[1] Doch nur eine Körperschaft, die man in den USA „the Government" und anderswo den „Staat" nennt, darf von Gesetzes wegen Krieg führen. Das ist auch der Grund, warum viele, denen dieses Recht anerkanntermaßen zusteht, darauf stolz sind. Antike Baudenkmäler von Ägypten bis Mesopotamien sind mit Darstellungen der Waffentaten von Königen und ihrer Heere bedeckt. Für eine griechische Stadt gehörte das Recht, Krieg zu führen, zu ihrer Freiheit (eleutheria), die ihnen das Kostbarste überhaupt war. Deshalb schmückten die griechischen Stadtstaaten ihre öffentlichen Bauten, Münzen usw. gern mit militärischen Symbolen und feierten zahlreiche Feste zur Erinnerung an vergangene Kriege und Siege.[2]

Seit Augustus war „oberster Militärbefehlshaber" der erste und wichtigste Titel aller römischen Kaiser. Im Mittelalter war ein Adeliger für seine Standesgenossen, aber auch für Nichtadelige an seinem Wappen zu erkennen (das Wort „Wappen" war ursprünglich bedeutungsgleich mit ‚Waffe', ‚Rüstung'). Seit der ersten Hälfte des 18. Jahrhunderts trugen Staatsoberhäupter in Krieg und Frieden regelmäßig Uniform – mit gutem Grund, denn ihre Macht beruhte hauptsächlich auf ihrer Armee. Von den Staatsoberhäuptern, die sich im Jahr 1901 in London zum Begräbnis der Königin Victoria versammelten, trugen nur der amerikanische und der französische Präsident *keine* Uniform und sahen neben den Monarchen mit ihren Helmen, Orden, Federn und hohen Reitstiefeln etwas armselig aus. In der Zwischenkriegszeit trugen Mussolini, Hitler, der polnische Staatspräsident Pilsudski, der finnische Präsident Mannerheim, Hirohito, Chiang Kai-shek und Stalin bei vielen öffentlichen Auftritten Uniform. Nach 1945 setzten die Staatsoberhäupter vieler „Entwicklungsländer" diese Tradition fort, manche bis zum heutigen Tag.

Die Staatslehre spiegelte diese Entwicklung wider und verstärkte sie. In Platons imaginärer *polis* war das Volk in drei Klassen geteilt, von denen eine sich der Vorbereitung und, wenn notwendig, der Führung von Kriegen widmete.[3] Aristoteles sagt in seiner *Politik*, dass es zwei Arten von Bürgerpflichten gebe, nämlich jene des Friedens und jene des Krieges.[4] Das ist so, als ob ein moderner Staat statt etwa elf bis zwanzig Ministerien – die hauptsächlich für verschiedene Bereiche des zivilen Lebens verantwortlich sind – nur zwei hätte. Als Jean Bodin in seinen *Sechs Büchern über den Staat* (1576) den Begriff „Souveränität" prägte, machte er sofort unmissverständlich klar, dass die Entscheidung über Krieg und Frieden zu den sieben grundlegenden Rechten und Pflichten gehöre, die nur dem souveränen Herrscher allein zustehen.[5] 75 Jahre später erhöhte Hobbes in seinem *Leviathan* die Zahl der Pflichten auf neun.[6]

Wie der Ausspruch Friedrichs des Großen – „Ich bin der erste Diener des Staates"[7] – zeigt, begann in der Mitte des 18. Jahrhunderts das Recht, Krieg zu führen, vom Herrscher oder der Herrscherin auf den Staat überzugehen, der „vom Souverän getragen" wurde, wie es Thomas Hobbes ausdrückte. Dies führte dazu, dass der Staat bald nicht mehr als Maschinerie für die Verteidigung und die Aufrechterhaltung der Ordnung, sondern als Idealvorstellung, sogar als das höchste Ideal überhaupt angesehen wurde; ein Ideal, das Blutopfer

1. Recht und Macht

verlangte und solche Opfer auch wert war. Keiner tat mehr für die Durchsetzung dieser Ansicht als der große Politologe, Philosoph und Historiker Georg Friedrich Wilhelm Hegel (1770–1831). „Was ist der Staat?", fragt Hegel rhetorisch, und beantwortet die Frage selbst: „Es ist der Gang Gottes in der Welt, dass der Staat ist."[8]

Keiner dieser Autoren nahm den Krieg auf die leichte Schulter, vielleicht deshalb, weil sie alle auf Kriegserfahrungen zurückblicken konnten. Zum Beispiel hatte Bodin sein Werk hauptsächlich deshalb geschrieben, weil er Vorschläge für die Beendigung des blutigen Bürgerkrieges machen wollte, der von 1562–1598 in Frankreich tobte. Das Gleiche gilt für Hobbes, der die Zeit des Bürgerkrieges (1642–1651) in Paris verbringen musste, um sein Leben zu retten. Friedrich der Große klagte einmal, er könne nicht anders als Krieg führen, so wie ein Delphin nicht anders könne als schwimmen. Ein Blick auf die Landkarte Preußens zur Zeit der Thronbesteigung Friedrichs zeigt, warum das so war. 1798 konnte Hegel die Auswirkungen des Krieges gegen Frankreich aus nächster Nähe beobachten: „kein Dorf …, dessen Hälfte nicht in Trümmern läge", schrieb er.[9] Acht Jahre später brannte Hegels Haus in Jena während Napoleons Preußenfeldzug nieder. Ebenso wie die anderen genannten Autoren blieb jedoch auch Hegel bei der Ansicht, dass die Kriegführung ein Vorrecht und eine Pflicht des Staates war.

Die Ansicht, wonach der Krieg eine notwendige Aufgabe des Staates sei (notwendig deshalb, weil es per definitionem keine andere Möglichkeit der Streitentscheidung zwischen souveränen Herrschern und Staaten gab), setzte sich durch und verdrängte die ältere jüdisch-christliche Auffassung vom „gerechten Krieg".[10] Nach Meinung der großen Juristen Hugo Grotius (1583–1645), Samuel Pufendorf (1632–1694) und vor allem Emmerich Vattel (1714–1767) handelte es sich beiderseits um einen gerechten Krieg, wenn er von der rechtmäßigen Autorität geführt wurde. In seinem Roman *Candide* karikierte Voltaire diese Ansicht, indem er beschrieb, wie nach einer Schlacht zwischen den Bulgaren und den Abaren „die beiden Könige … das Te Deum in ihren Lagern anstimmen" ließen.[11] Statt dem *ius belli* rückte ab 1700 das *ius in bello* in den Mittelpunkt des Interesses.[12] Wahrscheinlich trug Letzteres dazu bei, den Krieg ein bisschen weniger blutrünstig und schrecklich zu machen.

Im heute sogenannten Westen wurden all diese Überzeugungen wohl zu keiner Zeit so hochgehalten wie im 19. Jahrhundert; jener

Zeit, wo die Macht des „Westens" im Verhältnis zum Rest der Welt im Zenit stand. Möglicherweise waren diese Überzeugungen eine Reaktion auf die „Schrecken und Unsicherheiten" der Industrialisierung.[13] Dass zur gleichen Zeit ein Staat nach dem anderen die allgemeine Wehrpflicht einführte und das Militär dadurch zur „Schule der Nation" wurde, spielte dabei wohl ebenfalls eine Rolle. Schließlich konnte man nicht Millionen von Männern zum Militärdienst einziehen, der meist einen beträchtlichen Teil ihres Lebens (zwei bis drei Jahre) in Anspruch nahm, ohne ihnen begreiflich zu machen, warum dies richtig oder zumindest notwendig war. Dies galt auch für die zahlreichen Versuche, den Krieg mit den neuen darwinistischen Theorien über den Lebenskampf, die natürliche Auslese, das Überleben des Stärkeren usw. zu verbinden.

Nicht nur Konservative, sondern auch viele Liberale bekannten sich zu diesen Ansichten,[14] ebenso die meisten Sozialisten und ab den 1890er Jahren die Kommunisten. Der Unterschied war nur, dass vor allem die Kommunisten hofften, es werde in der Zukunft keine zwischenstaatlichen Kriege mehr geben – sie dachten dabei allerdings nicht an eine Zukunft ohne Kriege, sondern an eine Zeit der bewaffneten Auseinandersetzungen zwischen Proletariat und Bourgeoisie. Paradoxerweise war das 19. Jahrhundert inmitten dieser Aggressivität das friedlichste Jahrhundert der gesamten europäischen Geschichte. Die Aggressivität – in England Jingoismus genannt – könnte durchaus als *Reaktion* auf den Frieden angesehen werden. Hatte nicht der französische Philosoph Blaise Pascal gesagt, das ganze Unglück der Menschen komme daher, dass sie nicht ruhig in einem Zimmer bleiben könnten? Und wenn wir es könnten – wären wir dann noch Menschen oder doch eher Mollusken?

Diese Fragen gehen über unser Thema hinaus. Die Liste jener, die den Krieg als notwendiges Werkzeug in der Hand des Staates ansehen, ließe sich beliebig fortsetzen. Eine besonders markante Persönlichkeit war General Erich Ludendorff (1865–1937). Ludendorff war Militarist wie kein Zweiter; er war auch Antisemit. Zu Recht wird er dafür verurteilt, dass er sich Hitler und der NSDAP in deren Anfangszeit anschloss. Uns interessiert jedoch seine Rolle als Erster Generalquartiermeister von 1916–1918, die der eines Quasi-Diktators entsprach. In dieser Funktion gebot er nicht nur über die Streitkräfte, sondern auch über weite Teile der Wirtschaft. Vom Krieg, besonders vom modernen totalen Krieg, verstand er so viel wie wenige vor und nach ihm. Er verlor zwei Stiefsöhne im Ersten Weltkrieg. „Der Krieg hat mir nichts erspart", schrieb er.[15]

All dies veranlasste ihn dazu, seine Ansichten mit einer seltenen Offenheit und Brutalität zu formulieren. In seinem 1936 erschienenen Buch „Der totale Krieg" zog er seine Schlüsse aus seinen Erfahrungen. „Alle Theorien von Clausewitz [über den Primat der Politik gegenüber der Kriegführung, d. A.] sind über den Haufen zu werfen. Krieg und Politik dienen der Lebenserhaltung des Volkes, der Krieg aber ist die höchste Äußerung völkischen Lebenswillens. Darum hat die Politik der Kriegführung zu dienen."[16] Allerdings nicht nur während des Krieges: Die Vorbereitung auf einen modernen Krieg war nach Ludendorff ein äußerst kompliziertes, äußerst kostspieliges Unterfangen. Es erstreckte sich auf eine gigantische Anzahl verschiedener Gebiete, nicht zuletzt auch auf das der Propaganda, die den Kampfgeist des Volkes zu mobilisieren und auf den Konflikt vorzubereiten habe. All das musste sorgfältig koordiniert werden und nahm viel Zeit in Anspruch. Ein Staat konnte daher nur durch eine permanente Militärdiktatur geleitet werden, so wie Ludendorff es versucht hatte. Aus seiner Sicht war ihm der Erfolg versagt geblieben, weil die Ressourcen Deutschlands nicht ausgereicht hatten und ihm zu viele andere im Weg gestanden waren.

2. Der Siegeszug des Rechts

1937 ist in der englischsprachigen Welt eine hochwichtige, wenn auch praktisch unbemerkte Entwicklung festzustellen. Zum ersten Mal kreuzen einander zwei Kurven, von denen eine aufwärts-, die andere abwärtsgeht. Aufgrund von Millionen eingescannter Bücher stellt die eine Kurve die Häufigkeit des Wortes „rights" (= Rechte; nicht „right" = rechts, richtig) in gedruckten Büchern dar, die andere Kurve die Häufigkeit des Wortes „duty" (= Pflicht). Der Abstand zwischen den beiden Kurven steigt von diesem Punkt an ständig. Im Jahr 2000 war der erstere Begriff dreimal so häufig wie der letztere.[17]

Zu Anfang des Jahres 2015 erzielte „rights" auf Google.com zehnmal so viele Treffer wie „duty". Die Entwicklung der Kurven in anderen Ländern ist unterschiedlich. Wenn man sich auf die Jahrhundertwende konzentriert, kommt man jedoch zum gleichen Ergebnis. Auf Google Ngram war das Verhältnis von *derechos* zu *obligatorio* in spanischen Büchern etwa zwei zu eins, das Verhältnis von *Rechte* zu *Pflicht* in deutschen Büchern mehr als zwei zu eins, das Verhältnis von *droits* zu *devoir* in französischen Büchern fast dreieinhalb zu eins. Das Extrembeispiel ist Italien: In gedruckten italienischen Büchern war *diritto* fast achtmal so häufig wie *dovere*. Mussolinis Umerziehungsversuch ist offenbar gescheitert: die Italiener glauben, niemandem etwas schuldig zu sein.

Wie die Formulierungen „gewisse unveräußerliche Rechte" (aus der amerikanischen Unabhängigkeitserklärung) und „Erklärung der Menschenrechte" (Frankreich 1789) zeigen, ist der Bürger eines liberal-demokratischen Staates zuallererst auf seine Rechte bedacht. Wie der Wahlspruch der 1802 gegründeten Akademie von Westpoint („Duty, Honor, Country") und der berühmte Ausspruch Admiral Nelsons vor der Schlacht von Trafalgar („England erwartet, dass jedermann seine Pflicht tut") zeigen, ist Pflichterfüllung das allererste, was jede Gesellschaft und jede Armee von den Soldaten verlangen muss und auch verlangt. Denken wir auch an die Worte der Kaiserin Eugénie, der Gemahlin des Kaisers Napoleon III., an ihren vierzehnjährigen Sohn, als dieser sich 1870 in der Suite seines Vaters verabschiedete, um in den Deutsch-Französischen Krieg zu ziehen: „Louis, fais ton devoir."[18] Das Verhältnis zwischen den beiden Begriffen mitsamt seinen Wandlungen ist für unser Thema von eminenter Bedeutung.

Beginnen wir mit dem Begriff „Rechte". Der Gedanke, dass alle Menschen – Männer wie Frauen – von „Natur" aus mit gewissen angeborenen Rechten ausgestattet sind, geht auf die erste Hälfte des 18. Jahrhunderts zurück. Seine Bedeutung bei der amerikanischen und danach bei der französischen Revolution kann nicht hoch genug eingeschätzt werden. Aber dieser Gedanke stieß keineswegs bei allen auf Zustimmung. Noch im gesamten Verlauf des 19. Jahrhunderts wurde er von vielen abgelehnt. Im 20. Jahrhundert leugneten sowohl der Faschismus als auch der Nationalsozialismus die Existenz von Menschenrechten.

Die Notwendigkeit, gegen Deutschland und Italien zu kämpfen, und der Sieg der Alliierten gaben dem „Rechte"-Gedanken einen gewaltigen Auftrieb. Bald nach dem Ende des Zweiten Weltkrieges bemühte man sich, ihn aus der Unbestimmtheit des „Natur"-Rechts herauszuführen und im positiven Völkerrecht zu verankern. Das Ergebnis war die Charta der Vereinten Nationen aus dem Jahr 1946, die zum meistunterzeichneten Dokument der Geschichte werden sollte. Schon in Artikel 1 wurde das Ziel kundgetan, „die Achtung vor den

Menschenrechten und Grundfreiheiten für alle ... zu fördern und zu festigen".[19]

Zwei Jahre später wurde die Allgemeine Erklärung der Menschenrechte unterzeichnet.[20] Diese beiden Dokumente zusammen wirkten als Signal. In den nächsten Jahrzehnten wurde langsam, aber stetig ein gewaltiges Regelwerk aus dem Boden gestampft. Besonders wichtig sind das „Übereinkommen über die Verhütung und Bestrafung des Völkermordes" und die Antifolterkonvention. Anfang des 21. Jahrhunderts gab es etwa zwei Dutzend solcher Konventionen.

Dass Stalin unter den ersten Unterzeichnern war, macht nur allzu deutlich, dass nicht alle Signatarstaaten in Bezug auf die Menschenrechte einen so einwandfreien Leumund hatten, wie ein Purist es sich wünschen würde. Nicht wenige spickten ihre Beitrittserklärungen mit so vielen Vorbehalten, dass ihre Unterschrift jeden Wert verlor. Für andere bedeutete ihre Unterschrift nur ein Lippenbekenntnis.[21] Noch größer war wohl die Zahl jener Staaten, die unterzeichneten, obwohl sie nie vorhatten, ihre Handlungsweise zu ändern. 1994 gehörte sogar der Irak, der damals von dem unsäglichen Saddam Hussein diktatorisch regiert wurde, zu den Signatarstaaten von fünf Abkommen zum Schutz der Menschenrechte. 2003 wurde Libyen, wo der ebenso unsägliche Muammar al-Gaddafi an der Macht war, sogar zum Vorsitzland der Menschenrechtskommission der Vereinten Nationen gewählt! Man weiß wirklich nicht, ob man lachen oder weinen soll.

Im Westen, wo die Menschenrechte „erfunden" worden waren und von wo sie sich – wenn auch nur unvollkommen – in der Welt verbreitet hatten, wurden sie auch viel ernster genommen. Aber zwischen der Entwicklung in Europa und jener in den Vereinigten Staaten gab es Unterschiede. Für Europa war, ähnlich wie für die Vereinten Nationen, vor allem die Notwendigkeit maßgebend, eine Wiederkehr von Faschismus und Nationalsozialismus mit all dem Unrecht und den Gräueltaten, für die sie verantwortlich waren, zu verhindern. Deshalb wurde vom Europarat – einer 1949 gegründeten Organisation zur Erleichterung der Zusammenarbeit zwischen den Mitgliedstaaten – die Europäische Menschenrechtskonvention angenommen. Ursprünglich waren es zehn Mitgliedstaaten – Belgien, Dänemark, Frankreich, Irland, Italien, Luxemburg, die Niederlande, Norwegen, Schweden und Großbritannien.

Die Europäische Menschenrechtskonvention wurde 1950 unterzeichnet und trat 1953 in Kraft.[22] Nach der Reihe listete sie die Menschenrechte auf: Recht auf Leben, Freiheit, Sicherheit (gegen willkürliche Verhaftung), Recht auf ein faires Verfahren, Recht auf Achtung des Privat- und Familienlebens, Gedanken-, Gewissens- und Religionsfreiheit, Freiheit der Meinungsäußerung, Versammlungs- und Vereinigungsfreiheit, Recht auf Eheschließung, Recht auf wirksame Beschwerde. Dazu kam das Verbot der Folter, der Sklaverei und der Diskriminierung. Um die Achtung der Rechte und die Einhaltung der Verbote sicherzustellen, wurde der Europäische Gerichtshof für Menschenrechte eingerichtet. Die Anzahl der Richter entsprach jener der vertragschließenden Staaten. Sie waren befugt, über Beschwerden zu entscheiden, die von Staaten oder von Individuen erhoben wurden.

Der Europäische Gerichtshof für Menschenrechte hat immer alle Hände voll zu tun. Derzeit geht die Anzahl der Beschwerden in die Zehntausende, der Aktenrückstand ist dementsprechend. Gewiss ist der Einfluss von Gerichten und Rechtsvorschriften auf die Realität geringer, als viele glauben. Das gesprochene oder geschriebene Wort einerseits und die Praxis andererseits klaffen immer auseinander. Insofern der Einfluss jedoch besteht, haben Gerichte und Rechtsvorschriften dazu beigetragen, die Europäische Union (deren Mitgliedstaaten auch Mitglieder des Europarats sind) zu einem der freiesten, liberalsten Gebiete in der Geschichte zu machen. Angesichts des Siegeszuges der *political correctness* einerseits und des radikalen Islam andererseits ist jedoch nicht abzusehen, wie lange es dabei bleiben wird.

Der wichtigste Unterschied zwischen Europa und den USA bestand darin, dass in Europa die „Revolution der Rechte", die 1950–1953 stattfand, ihren Weg von der Spitze der politischen Hierarchie abwärts nahm. Jedes Land, das dem Europarat beitreten wollte, musste zuerst die Menschenrechtskonvention unterzeichnen. Am Ende des ersten Jahrzehnts des 21. Jahrhunderts hatten 47 Länder dies getan, sogar Russland, wo Rechte und Freiheiten nie von langer Dauer waren. Der Gerichtshof, der die Menschenrechte durchsetzen sollte, galt als den einzelnen Staaten und – solange die Konvention in Kraft bleibt – allen Staaten gemeinsam übergeordnet.

Jenseits des Atlantiks sahen die Dinge ganz anders aus. In den USA hatte der Gedanke, dass die Bürger „gewisse unveräußerliche Rechte" *gegenüber dem Staat* hätten, von Anfang an existiert und war in den Grundfesten des Staates verankert. Es gab also keine Notwendigkeit, diese Rechte einzuführen oder jemandem aufzuerlegen. Ein weiterer Unterschied bestand darin, dass das Oberste Bundesgericht nicht „über" dem Staat stand, sondern Teil des Staates war. So kam es zu einem ständigen Ringen zwischen dem Gerichtshof – oder vielmehr der Gerichtsorganisation, deren Spitze er bildete –, der vollziehenden Gewalt und den verschiedenen Klägern. Die Kläger versuchten dabei immer, die Gerichte gegen die vollziehende Gewalt auszuspielen, um ihre „Rechte" zu verteidigen oder zu erweitern. So ist es auch heute noch.

Wie erfolgreich oder zumindest bedeutend war dieses Ringen? Auf der Suche nach einer Antwort ist ein Blick auf die Entwicklung der ACLU (American Civil Liberties Union – Amerikanische Bürgerrechtsunion) aufschlussreich. In ihrer fast hundertjährigen Geschichte hat sie ihre Aufgabe darin gesehen, die „Rechte" und „Freiheiten" der Menschen gegen die große, böse Regierung in Washington zu verteidigen, die diese Rechte und Freiheiten aus ihrer Sicht immer wieder zu beschneiden oder abzuschaffen versucht. Eine Suche mithilfe von Google Ngram, das uns schon mehrmals einen Eindruck von der Häufigkeit bestimmter Begriffe in gedruckten Büchern verschafft hat, ergibt ein faszinierendes Bild: In nur zwei Jahren, von 1958 bis 1960, stieg die Häufigkeit der Erwähnung der ACLU um 2500 %!

Seither ist die Kurve einmal nach oben, einmal nach unten gegangen. Die Häufigkeit ist jedoch nach wie vor viel höher als vor 1958. Die ACLU selbst ist dick und fett geworden. Allein in den zwei Jahrzehnten zwischen 1978 und 1999 ist ihr Jahreseinkommen um das Zehnfache gestiegen, ihr Stiftungsvermögen um das 52-fache.[23] 2011 gab sie mehr als 100 Millionen Dollar aus.[24] Sie wurde auch zum Vorbild für ähnliche Organisationen in westlichen und pseudowestlichen Staaten.

Der Zeitpunkt und die Stärke des Anstiegs sind leicht erklärt. Die 1960er Jahre waren die Jahre der Bürgerrechtsbewegung, die die USA in ihren Grundfesten erschütterte. Nach dem gleichen Muster entwickelten sich viele ähnliche Bewegungen, und zwar für Frauenrechte, für Homosexuellenrechte, für Minderheitenrechte, für Behindertenrechte ... Jede Gruppe behauptete, durch den Staat oder durch alle möglichen Organisationen oder durch die Allgemeinheit benachteiligt zu werden, und nahm die Hilfe der Gerichte in Anspruch, um Recht zu bekommen. Oft wurde ihrem Begehren stattgegeben. Auch die Legislative beschäftigte sich mit dem Thema, erließ zahlreiche Gesetze gegen „Diskriminierung" und zur Durchsetzung von „Diversität". Nicht zuletzt betraf dies die Streitkräfte, die – oft gegen ihren Willen – gezwungen wurden, den Frauen ihre „Rechte" zu gewähren.

Kein Wunder, dass Ronald Dworkin (1931–2013), „als der originellste und einflussreichste Rechtsphilosoph der englischsprachigen Welt weithin anerkannt",[25] der Meinung war, dass „die Sprache des Rechts heute die politische Diskussion in den Vereinigten Staaten dominiert".[26] Dies geht so weit, dass nicht nur Menschen, sondern sogar Tiere und Pflanzen „Rechte" haben sollen und vielleicht bald haben werden – und dementsprechend behandelt werden müssen.[27]

Sowohl in den USA als auch in Europa hat der „Siegeszug der Rechte" zur Entstehung einer Gesellschaft geführt, die in mancher Hinsicht die freieste und liberalste aller Zeiten ist. Die Zeit der Willkürherrschaft, wie es sie in manchen anderen Teilen der Welt noch immer gibt, ist – hoffentlich für immer – vorbei. Auch viele Spielarten der Diskriminierung gehören der Vergangenheit an – zumindest de jure, wenn auch nicht immer de facto. Dazu gehören Arten der staatlichen Diskriminierung, die das Leben der Betroffenen erschwerten, manchmal sogar fast unmöglich machten, wie zum Beispiel die Regelungen in Bezug auf männliche und weibliche Homosexuelle.

Nach Meinung mancher Psychologen hat sich nicht nur die Gesellschaft verändert, sondern auch die Persönlichkeit der einzelnen Menschen. Da die Gesellschaft aus Individuen besteht und die Individuen die Gesellschaft ebenso beeinflussen wie umgekehrt, ist das nicht erstaunlich. Wenn wir wieder Google Ngram zu Rate ziehen, stellen wir fest, dass in den vierzig Jahren seit 1960 die Häufigkeit des Begriffes „narcissism" („Narzissmus"; darunter versteht man laut dem DSM „Egozentrik; feste Überzeugung, besser zu sein als andere; Herablassung gegenüber anderen") um das Zweieinhalbfache gestiegen ist. Nach einer anderen Studie soll allein zwischen 1999 und 2009 die Häufigkeit narzisstischer Störungen in der Bevölkerung um das Zehnfache angestiegen sein![28]

Die beiden Zahlen erscheinen widersprüchlich und lassen sich genaugenommen auch gar nicht vergleichen. Trotzdem scheinen für den durchschnittlichen Erwachsenen die Worte *„mon droit"* (mit der Betonung auf *mon*) wieder sehr aktuell zu sein.

3. Der Niedergang der Pflicht

Grob gesagt, gibt es zwei Kategorien von Pflichten: Die erste (negative) Kategorie verpflichtet uns, gewisse Dinge *nicht* zu tun (andere zu töten, zu berauben, zu vergewaltigen usw.). Die zweite (positive) Kategorie verpflichtet uns, gewisse Dinge zu tun. Die erste Kategorie interessiert uns hier nicht. Wir beschäftigen uns im Folgenden mit der zweiten Kategorie.

Während die Rechte sich nach wie vor auf dem Vormarsch befinden, geht es mit ihrem Spiegelbild, den Pflichten (damit sind hauptsächlich Pflichten von Individuen gegenüber dem Staat, nicht gegenüber anderen Individuen gemeint), bergab.[29] Dworkins Buch *Taking Rights Seriously*, das über vierhundert Seiten stark ist, widmet den Pflichten nur ein paar Zeilen.[30] Dieser Befund trifft auf keinen Teil der Welt stärker zu als auf den „fortschrittlichen" Westen, wo seit etwa 1970 der öffentliche Sektor mit seinen Bedürfnissen vor dem privaten Sektor mit seinen Angeboten den Rückzug angetreten hat. Es ist so weit gekommen, dass in fast allen Bereichen von der Wasserversorgung bis zum Schulwesen „öffentlich" mit „billig und schlecht", „privat" mit „gut, aber teuer" gleichbedeutend ist.[31] Gewiss hat die Wirtschaftskrise des Jahres 2008 die Überwachung des privaten durch den öffentlichen Sektor und die Einmischung des letzteren in den ersteren verstärkt. Das Ansehen des öffentlichen Sektors ist dadurch jedoch keineswegs gestiegen; in den Augen vieler Menschen ist er noch mehr zum Ärgernis geworden, als er es vorher schon war.

Witzbolde behaupten, der Satz „Ich bin von der Regierung und will Ihnen helfen" sei eine der drei größten Lügen in englischer Sprache. (Die anderen beiden lauten: „Der Scheck ist schon unterwegs" und „Ich lasse mich von meiner Frau scheiden und heirate dich, Schätzchen".) Das war jedoch nicht immer so. Immanuel Kant (1724–1804) spricht von der Pflicht mit geradezu hymnischer Begeisterung:

„*Pflicht!* du erhabener großer Name, der du nichts Beliebtes, was Einschmeichelung bei sich führt, in dir fassest, sondern Unterwerfung verlangst, doch auch nichts drohest, was natürliche Abneigung im Gemüte erregte und schreckte, um den Willen zu bewegen, sondern bloß ein Gesetz aufstellst, welches von selbst im Gemüte Eingang findet, und doch sich selbst wider Willen Verehrung (wenn gleich nicht immer Befolgung) erwirbt, vor dem alle Neigungen verstummen, wenn sie gleich insgeheim ihm entgegen wirken, welches ist der deiner würdige Ursprung, und wo findet man die Wurzel deiner edlen Abkunft, welche alle Verwandtschaft mit Neigungen stolz ausschlägt, und von welcher Wurzel abzustammen, die unnachlaßliche Bedingung desjenigen Werts ist, den sich Menschen allein selbst geben können?"[32]

Sowohl für Kant als auch für seinen jüngeren Landsmann Hegel war die Pflicht viel mehr als nur das Verbindende, ohne das eine Gesellschaft nicht existieren kann. Sie bildete auch die einzig mögliche Grundlage, in der echte Freiheit verankert werden konnte. Freiheit bedeutet nach Kant und Hegel nicht das Recht des Einzelnen, zu tun, was er will. Eine solche Freiheit stünde nur einem Menschen zu, der allein in der Wüste lebt, und würde höchstwahrscheinlich zum Wahnsinn führen. Freiheit bedeutet oder sollte bedeuten, dass das Individuum völlig und freiwillig in der Gesellschaft aufgeht.[33] Wollte man die Pflicht abschaffen, würden die wohl berühmtesten Worte Margaret Thatchers zur schrecklichen Wahrheit: „So etwas wie die Gesellschaft gibt es nicht."[34] Schon gar nicht gäbe es einen organisierten Staat mit einer Regierung, die diesen Namen verdient und deren Grundlage über die primitivsten Formen von Belohnung und Bestrafung hinausgeht.

Zahlreiche Herrscher im alten Ägypten, dem Land der Pyramiden, ließen große Teile der männlichen Bevölkerung Fronarbeit verrichten, und zwar entweder saisonal oder aufgrund behördlicher Anordnung. Es ist leicht einzusehen, dass es in einer Agrargesellschaft, in der die meisten Menschen kein Geld für den täglichen Gebrauch zur Verfügung haben, keinen anderen Weg gibt, um öffentliche Bauten wie Straßen, Kanäle und Befestigungen anlegen zu lassen. Adam Smith bezeichnete in seinem 1776 erschienenen Werk „Der Wohlstand der Nationen" (The Wealth of Nations) solche Zwangsarbeit als „Grausamkeit und Unterdrückung" „mit denen die Beamten eine Gemeinde oder *communauté* [Gemeinschaft, d. Übers.] züchtigen, denen das Unglück passiert ist, in ihre Mißgunst geraten zu sein".[35] Damals gab es jedoch auch in England, dem fortschrittlichsten und liberalsten Land überhaupt, noch die berüchtigten Zwangsrekrutierer *(press gangs)*, die durch die Küstenstädte zogen und nach kräftigen Männern Ausschau hielten, die sie dann einfach entführten und zum Dienst in der Marine zwangen.[36] In Frankreich machte erst die Revolution der Fronarbeit (*corvée* genannt) ein Ende. In Osteuropa gab es die Fronarbeit, die entweder für den Staat oder für den grundbesitzenden Adel zu leisten war, bis in die Mitte des 19. Jahrhunderts.

3. Der Niedergang der Pflicht

Nach der Abschaffung des Frondienstes gab es nur mehr zwei wichtige Bürgerpflichten: die Steuerleistung und den Militärdienst, mit dem wir uns hier beschäftigen. Im Ancien Régime verließen sich die meisten Länder – zumindest grundsätzlich – auf freiwillig dienende Soldaten. Dies änderte sich im Jahr 1793, als die französische Nationalversammlung alle unverheirateten, tauglichen Männer zwischen 18 und 25 Jahren mit sofortiger Wirkung einberief.[37] Obwohl die Entwicklung nicht geradlinig verlief, hatten ein Jahrhundert später Deutschland, Frankreich, Russland, Österreich-Ungarn, Italien und Japan dieses System in irgendeiner Form eingeführt. Das Gleiche galt für kleinere Staaten, von denen viele hofften, durch die Gewährung möglichst weniger Ausnahmen ihre demographische und wirtschaftliche Schwäche zum Teil auszugleichen. Im Ersten und Zweiten Weltkrieg gingen auch England und die USA diesen Weg. Ihre jungen Männer wurden sogar noch nach dem Ende des Zweiten Weltkrieges einberufen.

Das erste wichtige Land, das die Wehrpflicht abschaffte, war Großbritannien im Jahre 1960. Ein westliches Land nach dem anderen tat desgleichen. 1996 beschloss sogar Frankreich, das Ursprungsland der *levée en masse*, deren Abschaffung; fünf Jahre später wurde die Entscheidung umgesetzt. Obwohl die Begleitumstände von einem Land zum anderen verschieden waren, standen doch im Großen und Ganzen folgende Gründe hinter der Entscheidung zur Abschaffung: Erstens wurden durch die Einführung und allgemeine Verbreitung von Nuklearwaffen (einschließlich sogenannter taktischer Nuklearwaffen, auch nukleare Gefechtsfeldwaffen genannt) Massenheere unmöglich und nutzlos. Zweitens waren viele konventionelle Waffen so teuer, dass die Staaten sich nur wenige davon zur Bewaffnung ihrer Soldaten leisten konnten.

Im Folgenden möchte ich ein Extrembeispiel für die Folgen dieser Entwicklung schildern. Die amerikanische P-51 Mustang gehörte nach verbreiteter Ansicht zu den besten Jagdflugzeugen im Zweiten Weltkrieg; sie wurde „Cadillac des Himmels" genannt. Trotzdem war sie für etwa 50.000 Dollar zu haben. Sieben Jahrzehnte später kam das Jagdflugzeug F-22 Raptor auf etwa 150 Millionen Dollar. Inflationsbereinigt bedeutet das einen Preisanstieg um etwa 1500 %. Während von der Mustang 15.000 Stück gebaut worden waren, entschloss sich Verteidigungsminister Robert Gates – verständlicherweise –, die Stückzahl der Raptor-Modelle auf 187 zu beschränken. Wenn man die Kosten für Forschung und Entwicklung einrechnet, bedeutet das, dass jedes Flugzeug mehr als 350 Millionen Dollar gekostet hat.[38]

Auch andere Faktoren spielten eine Rolle. In gewisser Weise war der Vietnamkrieg der entscheidende Wendepunkt. Er polarisierte dermaßen, dass er die amerikanische Gesellschaft zu spalten drohte, und lähmte die amerikanische Regierung in ihrer Fähigkeit, die Streitkräfte für jeden politischen Zweck einzusetzen, der ihr vorschwebte. Die Entscheidung Präsident Nixons, die allgemeine Wehrpflicht abzuschaffen, löste das Problem; zwar nicht vollständig – gemäß der sogenannten Colin-Powell-Doktrin war die Unterstützung des amerikanischen Volkes eine Voraussetzung für einen Krieg –, doch zu einem großen Teil.[39] Bei einem Freiwilligenheer erwartete man weit weniger Ablehnung von Seiten der Öffentlichkeit – und diese Erwartung wurde auch erfüllt. Außerdem konnte man von freiwillig dienenden Soldaten voraussetzen, dass sie ihre Pflicht erfüllten – oder man glaubte es zumindest.

Während des gesamten Kalten Krieges bereiteten sich die westeuropäischen Streitkräfte, unterstützt von jenen der USA, auf die Verteidigung ihrer Grenzen gegen einen möglichen – wenn auch eher unwahrscheinlichen – sowjetischen Einmarsch in den sogenannten „zentralen Kriegsschauplatz" vor. Als die Sowjetunion jedoch implodierte, verschob sich der Schwerpunkt zu anders gearteten Operationen wie Expeditionskriegen und Friedensoperationen. Junge Männer zum Militärdienst einzuziehen, sie auszubilden und sie zur Verteidigung ihrer Heimat zu verpflichten, war eine Sache; etwas ganz anderes war es, sie hunderte oder tausende Kilometer entfernt für fragwürdige Zwecke in den Kampf und vielleicht in den Tod zu schicken, ohne dass sie genau wussten, wofür.

Von der Rolle des Feminismus war bereits die Rede. Im Zeitalter der Gleichberechtigung von Mann und Frau wäre es logisch gewesen, die Wehrpflicht auch auf Frauen auszudehnen. Mit Ausnahme von Israel war dies jedoch undenkbar. Und sogar in Israel dienten Frauen kürzer und erreichten leichter ihre Entlassung aus der Armee als Männer.[40] So gesehen war der Übergang von der Wehrpflicht zum Freiwilligenheer eine direkte Reaktion auf die Women's-Lib-Bewegung. Wie der Name schon sagt, hat diese Bewegung, die behauptet, die Hälfte der Bevölkerung zu vertreten, immer eine stärkere Betonung auf „Rechte" als auf Pflichten gelegt. Es ist wohl kein Zufall, dass auf Google.com die Kombination aus „women's liberation" und

„rights" fünf Mal so viele Treffer erzielte wie jene aus „women's liberation" und „duties". Google Ngram zeigt, dass zwischen 1960 und 2000 die Verwendung des Begriffs „women's rights" fast doppelt so schnell stieg wie „women's duties".

Zwei berühmte Suffragetten aus der Zeit des Ersten Weltkrieges, Emmeline und Christabel Pankhurst, traten vehement für die allgemeine Wehrpflicht ein, um ihren Patriotismus und ihre Unterstützung für die britischen Truppen unter Beweis zu stellen – natürlich ging es ihnen um die Wehrpflicht für Männer, nicht für sie selbst und ihre Geschlechtsgenossinnen.[41] Bis heute meinen Feministinnen, wenn sie von der Wehrpflicht sprechen, praktisch immer jene für Männer und denken nicht an die Möglichkeit einer Wehrpflicht für Frauen.[42]

In unserer Zeit, wo fast so viele Frauen wie Männer einer außerhäuslichen Arbeit nachgehen, gibt es genügend hochqualifizierte Frauen, die sich in einer Vielzahl von Bereichen als Nicht-Kampf-Personal nützlich machen könnten. Trotzdem hat es, abgesehen von Norwegen, dessen System der „allgemeinen Wehrpflicht" kaum mehr als ein Scherz ist, nach 1945 keine Regierung eines westlichen Landes gewagt, Frauen auch nur für den Fall zu registrieren, dass sie einmal gebraucht und zum Dienst einberufen werden sollten. Und nicht ohne Grund: Zweifellos würde auch nur die Andeutung einer solchen Maßnahme von Männern wie Frauen auf das Schärfste abgelehnt werden, wenn auch nicht aus den gleichen Gründen.

All das war teilweise das Ergebnis, teilweise die Ursache der schon erwähnten starken Ablehnung des Militärs, die in den westlichen Ländern, vor allem in Europa, vorherrscht. Rückblickend betrachten die Regierungen ebenso wie die Bevölkerung es als einen Segen, dass das Heer aus Wehrpflichtigen durch ein Freiwilligenheer ersetzt wurde. Die Befehlshaber der Streitkräfte denken ebenso. Und in vielfacher Hinsicht haben sie nicht unrecht. Der Wandel hat jedoch auch seinen Preis gehabt. Wie viele andere staatliche Einrichtungen können auch die Streitkräfte nicht mit der Privatwirtschaft mithalten, was die Bezahlung von konkurrenzfähigen Löhnen und Gehältern betrifft. Vor allem in modernen westlichen Ländern haben tüchtige Leute, anders als in traditionsgebundeneren Ländern, viele andere Möglichkeiten, um an die Spitze vorzustoßen. Je qualifizierter die Männer und Frauen, die das Militär braucht, desto größer die Schwierigkeit, sie zu gewinnen und zu halten.

Die Rekrutierung geeigneter Leute ist nicht das einzige Problem. Der Krieg ist bei weitem die schrecklichste menschliche Tätigkeit. Er bringt nicht nur die Stärken, sondern auch die Schwächen der Menschen ans Tageslicht. Auch wenn ein Heer ausschließlich aus begeisterten Freiwilligen besteht wie das britische Heer zwischen 1914 und 1916, braucht es ein System von Kriegsgerichten, die dafür sorgen, dass Befehle auch befolgt werden, wenn die Soldaten dem Tod ins Angesicht sehen.

In einer solchen Situation stoßen die Gerichte und die Strafen, die sie verhängen, irgendwann an eine Grenze – auch im bestorganisierten, diszipliniertesten Heer. Wenn die „Rechte" regieren und die Pflichterfüllung vernachlässigt, scheel angesehen und sogar verspottet wird wie in den westlichen Gesellschaften, kann niemand wissen, ob die Soldaten im Falle des Falles den Anforderungen genügen werden.

4. Nein sagen lernen

Auch in früheren Zeiten war nicht jeder bereit, Militärdienst zu leisten oder sich gar freiwillig dazu zu melden. Die grundsätzliche Ablehnung des Kriegsdienstes lässt sich bis in die frühchristliche Zeit im Römischen Reich zurückverfolgen. Ob sie in einer Ablehnung des Krieges als solchem oder in der Tatsache begründet war, dass das römische Heer heidnisch war und der Kaiser als Gott verehrt wurde, ist schon lange strittig.[43] Kaum war das Römische Reich im 4. Jahrhundert christlich geworden, strömten die Christen in großer Zahl in den Heeresdienst – es ist daher anzunehmen, dass die zweite Erklärung zutrifft. Nachdem Gott dem Kaiser Konstantin das Versprechen „*In hoc signo vinces*" (In diesem Zeichen wirst du siegen) gegeben hatte, verschwanden die meisten „moralischen" Einwände. Von den Feldzügen Karls des Großen in Spanien und Sachsen bis zu denen Cromwells im englischen Bürgerkrieg zogen zahllose Christen unter dem Zeichen des Kreuzes in den Krieg. Dass dies bis heute vorkommt, sieht man am Beispiel der serbischen Streitkräfte, die 1999 gegen kosovarische und albanische Terroristen kämpften.

Nach der Reformation gingen manche protestantischen Sekten den anderen Weg. Die Quintessenz der Lehre Luthers bestand darin, dass jeder das Recht hätte, die Bibel nach seinem Gewissen auszulegen. Die Mitglieder einiger protestantischer Richtungen beriefen sich auf das Gebot Jesu „Liebet eure Feinde"[44] und verlangten, aus religiösen Gründen vom Kriegsdienst freigestellt zu werden. Zu diesen Richtungen gehörten die Anabaptisten, die Hutterer, die Mennoniten und – in Polen – die Antitrinitarier. Manche Angehörige dieser Sekten mussten aus ihrer Heimat fliehen und sich anderswo niederlassen. In den Niederlanden, der Schweiz und in Teilen Deutschlands konnten sie sich jedoch oft mit ihrem Begehren durchsetzen. Meist mussten sie sich dafür zur Zahlung einer Sondersteuer oder „Kontribution" verpflichten.[45]

Auch in England gab es einige Sekten, deren Angehörige sich weigerten, im Bürgerkrieg von 1642–1651 zu kämpfen. Jedoch waren die Auswirkungen auf das Heer weder in England noch in anderen protestantischen Ländern von Bedeutung. Erstens war die Anzahl der Kriegsdienstverweigerer nie sehr hoch. Zweitens begann ab 1660 ein Land nach dem anderen mit der Aufstellung eines Berufsheeres, das zumindest dem Grundsatz nach ausschließlich aus Freiwilligen bestand. Die diversen noch existierenden mittelalterlichen Milizen wurden aufgelöst. In Preußen war sogar die Bezeichnung „Miliz" verboten. Dieser Wandel erleichterte den Umgang mit Kriegsdienstverweigerern.

In Amerika war es anders. Hier gab es zu Ende des 17. und im 18. Jahrhundert kein „stehendes Heer", sondern jede Kolonie hatte ihre eigene Miliz. Wie in England waren auch in Amerika die Quäker die wichtigste und am besten organisierte Sekte. Auch sie waren manchmal bereit, zum Bau von Befestigungen und zur Erhaltung der verschiedenen Milizen mit Geldleistungen beizutragen. Sie gewährten auch (weißen) Kriegsflüchtlingen Unterschlupf. Sie weigerten sich jedoch standhaft, sich zu bewaffnen und zu kämpfen.[46] Am Vorabend des amerikanischen Revolutionskrieges waren die Sekten so stark, dass alle dreizehn Kolonien die Kriegsdienstverweigerung aus Gewissensgründen anerkannten. Trotzdem waren einige Kriegsdienstverweigerer bis zu zwei Jahre lang in Haft.[47] Sowohl in Europa als auch in Amerika war jedoch die Kriegsdienstverweigerung kein Recht, sondern ein Privileg, ein Vorrecht. Die Gewalt, die das Privileg verliehen hatte, konnte es auch wieder entziehen.[48]

Trotzdem bestand zwischen den zwei Kontinenten ein wichtiger Unterschied. Die Vereinigten Staaten von Amerika waren damals ein entlegenes Land mit nicht einmal zweieinhalb Millionen (weißen) Einwohnern. Es gab kein gemeinsames Heer, sondern nur eine Unzahl einzelstaatlicher Milizen. Frankreich hingegen, der mächtigste Staat jener Zeit, hatte 27 Millionen Einwohner und unterhielt das größte, kampfkräftigste Heer der westlichen Welt. Der Übergang zur allgemeinen Wehrpflicht im Jahr 1793 war ein wichtiger Wendepunkt. Da es in Frankreich praktisch keine radikal-protestantischen Sekten gab, spielte die Kriegsdienstverweigerung aus Gewissensgründen (nicht zu verwechseln mit Drückebergertum und dergleichen) kaum eine Rolle. Die wenigen Kriegsdienstverweigerer wurden oft als Lagerarbeiter, als Meldegänger, als Hilfskräfte in Spitälern usw. eingesetzt; eine Lösung, die später auch bei manchen anderen Armeen übernommen wurde. Als Napoleon jedoch versuchte, die allgemeine Wehrpflicht auf die Niederlande und die von ihm beherrschten Teile Deutschlands auszudehnen, stieß er auf den Widerstand der Glaubensbrüder jener Sekten, die wir im amerikanischen Kontext kennengelernt haben. Daraufhin erlaubte Napoleon den Betroffenen, bezahlte Ersatzmänner zu stellen – eine für die damalige Zeit charakteristische Reaktion, die nicht zum Ziel führte, da nur wenige Sektenangehörige über die notwendigen finanziellen Mittel verfügten. Mehrere Versuche der Sektenführer, den Kaiser umzustimmen, fruchteten nichts.

Als sich die allgemeine Wehrpflicht von Frankreich auf andere Länder ausbreitete, musste natürlich auch die Anzahl der Kriegsdienstverweigerer steigen. Wie zuvor gab es dafür zum Teil religiöse Gründe. Im Amerikanischen Bürgerkrieg behielten beide Seiten die Praxis bei, die Stellung von bezahlten Ersatzmännern zuzulassen. Wer keinen Ersatzmann stellen wollte oder konnte, kam ins Gefängnis. Einmal begnadigte Lincoln persönlich einige Quäker und Mennoniten, die aus diesem Grund Gefängnisstrafen absaßen. Es war schließlich nicht leicht, für die Freiheit zu kämpfen und gleichzeitig jene einzusperren, die auf ihre Weise für die Freiheit eintraten.

Theoretisch wurde die Kriegsdienstverweigerung aus Gewissensgründen auch von den Behörden der Konföderierten anerkannt; in der Praxis war man dort jedoch nicht so tolerant. Viele Wehrdienstverweigerer aus den Südstaaten wurden drangsaliert, verhaftet, beschimpft; manche wurden auf Hungerrationen gesetzt oder ausgepeitscht. Angeblich wurden auch einige Wehrdienstverweigerer gewaltsam aufs Schlachtfeld transportiert, wobei man ihnen die Muskete am Körper anschnallte – ohne Erfolg.[49]

Das soll nicht heißen, dass alle Kriegsdienstverweigerer in den USA und anderswo den Krieg als solchen ablehnten. Es ist anzunehmen, dass bei vielen die Ablehnung andere, weniger lobenswerte Ursachen hatte. Es gab auch Fälle wie den des amerikanischen Schriftstellers Henry Thoreau, der den Krieg seiner Heimat gegen Mexiko nicht unterstützen wollte. Sozialisten verschiedener Richtungen rechtfertigten ihre Haltung mit ihrer Ablehnung des Staates, den sie wie Karl Marx als Machtinstrument zur Unterdrückung einer Klasse durch die andere sahen.[50]

Was diese Periode von allen vorherigen unterschied, war die Entstehung eines säkularen Pazifismus. Seine Anhänger verurteilten Krieg und Gewalt nicht aus religiösen, sondern allein aus moralischen Gründen. Die Pazifisten waren nicht mehr so isoliert wie zuvor; es gab sie von der höchsten bis zur niedrigsten Gesellschaftsschicht. Sie gründeten zahllose Organisationen, verwendeten für ihre Propaganda die modernsten Kommunikationsmittel und hielten nationale und internationale Kongresse ab.[51] Der bekannteste Pazifist war der russische Schriftsteller Leo Tolstoi (1828–1910). Nach seiner Teilnahme am Krimkrieg wurde er zum Gegner jeglicher Gewalt. Er schrieb zahlreiche Abhandlungen, in denen er den Krieg als das „absolute Böse" anprangerte. Seine Unterstützer gründeten Organisationen in England, den USA, den Niederlanden und in Österreich-Ungarn, aber er hatte auch in vielen anderen Ländern Sympathisanten.

Tolstoi beschreibt selbst, wie Kriegsdienstverweigerer zuerst zu den Priestern, dann zu den Ärzten, dann in verschiedene Strafbataillone und schließlich in die Irrenhäuser geschickt wurden.[52] Zu den bekanntesten Pazifisten gehörte auch eine österreichische Adelige, die Schriftstellerin, Propagandistin und Agitatorin Bertha von Suttner. Ihr 1889 erschienener Roman „Die Waffen nieder!" wurde im deutschen Original 37 Mal aufgelegt und in 16 Sprachen übersetzt. Für ihre pazifistische Arbeit erhielt sie den Friedensnobelpreis. Heute schmückt ihr Bild die österreichische Zwei-Euro-Münze.

Ihre Arbeit trug im Ersten Weltkrieg, wenn man so sagen will, Früchte. Zum ersten Mal gab es außerhalb der etablierten Sekten wie Quäker und Mennoniten nennenswerte Zahlen von „Wehrdienstverweigerern aus Gewissensgründen". Ein Historiker merkte später an: „So wie fortschrittlich Denkende begannen, die Psyche der einzelnen Opfer von Kriegsneurosen für wichtiger zu halten als ihre … Pflichten, begann man das Gewissen der einzelnen Wehrdienstverweigerer und Kriegsgegner für schutzwürdig zu halten."[53] Insofern erlebten Wehrdienstverweigerer und PTBS zur gleichen Zeit einen Aufschwung und bildeten zwei Seiten derselben Medaille.

Weder die Anhänger Tolstois noch jene Bertha von Suttners (von denen viele Frauen und Mitglieder verschiedener Suffragettenbewegungen waren)[54] hatten einen spürbaren Einfluss auf den Ausbruch und den Verlauf des Ersten Weltkrieges. So wurden in den USA 1917–1918 etwa drei Millionen Männer zum Militär eingezogen, aber insgesamt nur etwa zweitausend Wehrdienstverweigerer verhaftet und verurteilt.[55] Sie spielten allerdings als Vorboten der zukünftigen Entwicklung eine Rolle. Noch während des Ersten Weltkrieges beschloss die britische Regierung, die Auswirkungen der allgemeinen Wehrpflicht abzumildern und das eigene Image zu verbessern, indem sie die Gewissensgründe der Wehrdienstverweigerer anerkannte und ihnen die Leistung eines Wehrersatzdienstes gestattete. Teilweise wollte man damit die Pioniere der Kriegsgegnerschaft, die Quäker, besänftigen. Später erließen nach britischem Vorbild weitere Staaten ähnliche Gesetze. Hauptsächlich waren es protestantische Länder in West- und Nordeuropa: Dänemark 1917, Schweden 1920, die Niederlande 1922 und Finnland 1931.

1921 wurde die War Resisters' International (WRI – Internationale der Kriegsdienstgegner) gegründet. Der Sitz der Vereinigung, sehr passend Broederschapshuis (Bruderschaftshaus) genannt, befand sich im niederländischen Dorf Bilthoven. Ihr Motto lautete: „Krieg ist ein Verbrechen gegen die Menschheit. Ich bin daher entschlossen, keine Art von Krieg zu unterstützen und für die Beseitigung aller seiner Ursachen zu kämpfen." Das Emblem der Vereinigung war ein zerbrochenes Gewehr. Zusammen mit ihren Zweigorganisationen in diversen Ländern sorgte sie dafür, dass das Thema nicht in Vergessenheit geriet.

1933 wurden zwei belgische Staatsbürger, Léo Campion und Hem Day (Pseudonym für Marcel Dieu), wegen Wehrdienstverweigerung vor Gericht gestellt. Der Fall erregte ungeheures Aufsehen. Ein britischer Autor schrieb drei Jahre später: „Ein Pazifist bringt den anderen hervor."[56] Während des Zweiten Weltkrieges wurden Wehrdienstverweigerer in den totalitären Staaten unerbittlich verfolgt. In Deutschland wurden einige Zeugen Jehovas hingerichtet, die meisten kamen jedoch ins Konzentrationslager, wo sie mit der gleichen viehischen Grausamkeit behandelt wurden wie alle anderen KZ-Häftlinge.[57] In der Sowjetunion wurden Wehrdienstverweigerer meist kurzerhand erschossen.

4. Nein sagen lernen

Die demokratischen Staaten verhielten sich ähnlich, wie es England eine Generation früher getan hatte. Sonderkommissionen aus Offizieren, Psychologen und Priestern wurden gebildet und hatten zu entscheiden, wer ein echter Wehrdienstverweigerer aus Gewissensgründen war und wer nicht. Wenn ein Amerikaner vor einer solchen Kommission erschien, wurde er zum Beispiel gefragt, ob er sich auch weigern würde zu kämpfen, um seine Schwester (wenn er eine hätte) vor einer Vergewaltigung zu bewahren. Wer solche Fragen mit „Ja" beantwortete, wurde zur Arbeit in einem Spital oder zu einem ähnlichen Dienst verpflichtet. Wie es eine Figur in Joanne Greenbergs 1964 erschienenem Roman *I never promised you a Rose Garden* ausdrückt, hatte die Regierung in ihrer Weisheit beschlossen, „es" den Wehrdienstverweigerern unter die Nase zu reiben. Und die Patienten in einer Irrenanstalt waren dieses „es".[58]

Im Vergleich mit den Rekruten blieb die Anzahl der Wehrdienstverweigerer aus Gewissensgründen, die tatsächlich vom Wehrdienst befreit wurden, eher klein. Trotzdem konnten sie in vielen Fällen ihr Begehren durchsetzen oder zumindest öffentliches Wohlwollen für ihre Ansichten gewinnen. Dies war wiederum gleichbedeutend mit einem stillschweigenden Eingeständnis des betreffenden Staates, dass er das moralische Recht nicht notwendigerweise auf seiner Seite hatte – was vorher beinahe unvorstellbar gewesen wäre. Wie heißt es doch so schön: Wenn du deinen Feind nicht besiegen kannst, verbünde dich mit ihm – oder versuche ihn zumindest nach Möglichkeit zu ignorieren … Nach und nach gaben die Staaten ihr Recht auf, über das Gewissen des Einzelnen zu entscheiden – wenn auch nicht in jeder Hinsicht, so zumindest in Bezug auf die wichtigste Frage überhaupt: das Recht und die Pflicht des Bürgers, für sein Land zu töten und zu sterben.

Ein Meilenstein war die im Januar 1967 beschlossene Resolution Nr. 337 des Europarates. Gemäß dieser Resolution „soll jede militärdienstpflichtige Person, welche es aus Gewissensgründen oder gestützt auf eine tief verwurzelte religiöse, ethische, moralische, humanitäre, philosophische oder ähnliche Überzeugung ablehnt, Militärdienst zu leisten, das Recht haben, davon befreit zu werden. Dieses Recht soll als logische Folge der in Art. 9 der Europäischen Menschenrechtskonvention garantierten Grundrechte des Einzelnen in demokratischen Rechtsstaaten angesehen werden."[59] Artikel 9 der Menschenrechtskonvention verpflichtet die Mitgliedstaaten, die Gedanken-, Gewissens- und Religionsfreiheit jedes Einzelnen zu achten. Mit dieser Resolution wurde den Wehrdienstverweigerern der Wind aus den Segeln genommen. Vorher hatte die Verweigerung des Kriegsdienstes etwas Heldenhaftes an sich gehabt. Jetzt wurde sie zu einem der zahlreichen, wenn auch nicht besonders interessanten Rechte, die den Bürgern einer liberalen Demokratie (tatsächlich oder angeblich) zustehen.

Zugleich stieg jenseits des Atlantiks angesichts des Vietnamkrieges die Anzahl der Wehrdienstverweigerer dramatisch an.[60] Fast zehntausend wurden vor Gericht gestellt und verurteilt. Noch größer war die Zahl jener, denen es auf verschiedene Weise gelang, um den Wehrdienst herumzukommen. Zum ersten Mal bildeten die Kriegsdienstverweigerer zusammen mit einer breiten Protestbewegung gegen die Politik der USA in Südostasien eine ernste Gefahr für die Kriegsanstrengungen ihres Landes. Dabei wurden sie von mehreren Entscheidungen des Obersten Bundesgerichts unterstützt, die das Recht auf Freistellung so großzügig auslegten, dass es nicht nur Wehrdienstverweigerern aus religiösen, sondern auch aus „tief verwurzelten moralischen und ethischen" Gründen zustand.

Nach den Gesetzen der Logik hätten nach dem Ende der allgemeinen Wehrpflicht die Kriegsdienstverweigerer aus Gewissensgründen zu den „ausgestorbenen Arten" gehören müssen. Aber es kam anders. Je mehr Rechte ihnen gewährt wurden, desto größer – manche würden sagen: desto unverschämter – wurden ihre Forderungen. Bei jenen, die auf ihre „Rechte" pochen, ist dies keineswegs ungewöhnlich. Drei Umstände, die so ziemlich allen westlichen Gesellschaften gemeinsam sind, führten zur Gewährung dieser Forderungen. Den ersten haben wir schon erwähnt: Der Begriff „Militarist" war zu einem der schlimmsten Schimpfwörter geworden. Meere von Tinte sind verspritzt worden, um den Militarismus und seine Verbrechen zu entlarven.

Der zweite, ebenfalls schon besprochene Umstand war der Rückgang der Massenheere. Der dritte Faktor war die „Revolution der Rechte", gepaart mit dem Niedergang der Pflicht. Heute haben in den USA auch uniformtragende Militärpersonen, also freiwillig dienende und dafür bezahlte Männer und Frauen, das Recht, aus Gewissensgründen die Freistellung von einem Einsatz zu verlangen.[61] Das Gleiche gilt in Deutschland, wo nicht wenige Soldaten zu „Wehrdienstverweigerern" wurden, als sie merkten, dass sie ihre Dienstzeit nicht wie erwartet in einem gemütlichen Zimmer hinter dem Computer verbringen, sondern tatsächlich zum Einsatz kommen würden.[62] Die Bundeswehr hat große Schwierigkeiten, Personal zu gewinnen. Sie fürchtet daher schlechte Publicity bei einer Ablehnung von Forderungen seitens der Soldaten, mögen sie auch noch so abwegig sein. Von insgesamt mehr als tausend Bundeswehrsoldaten, die 2014 dieses Ansinnen stellten, kamen nicht weniger als drei Viertel damit durch.[63]

Mit dieser *reductio ad absurdum* war die Kapitulation der westlichen Staaten vor dem „Recht" perfekt.

5. Das absolute Böse

Zwischen 1750 und 1914 hätten wohl die meisten gebildeten Europäer aller Denkrichtungen der Aussage zugestimmt, dass der Krieg an sich zulässig, manchmal auch notwendig und unvermeidbar sei. Besonders im 19. Jahrhundert gingen manche noch weiter. Sie meinten, der Krieg sei trotz – oder sogar wegen – seiner Schrecken und seiner Zerstörungskraft sowohl für den Staat als auch für den Einzelnen heilsam und notwendig. Ohne Krieg würden beide in einem Sumpf der Feigheit, der Selbstsucht, des Materialismus und nicht zuletzt des Feminismus verkommen.[64] Der deutsche Generalstabchef Helmuth von Moltke, ein äußerst kultivierter, gebildeter Mann, dessen weiter Horizont es ihm erlaubte, auch über seinen eigenen Berufsstand zu lachen, sagte einmal: „Der ewige Friede ist ein Traum, und zwar nicht einmal ein schöner Traum."[65]

Aber „die meisten gebildeten Europäer" sind eben nicht alle. Schon während der Aufklärung hatte sich eine Minderheitsmeinung herausgebildet, die den Krieg nicht als wichtiges Werkzeug in der Hand des Staates, sondern als mörderisches Spiel ansah, gespielt von verwöhnten Aristokraten mit dem König an der Spitze, auf Kosten der unglückseligen Soldaten und der Gesamtgesellschaft. Die wichtigsten Vertreter dieser Meinung waren die sogenannten Physiokraten.[66] Ihr Grundgedanke, der auf John Locke zurückgeht, lässt sich folgendermaßen zusammenfassen: Aller Reichtum entsteht durch produktive Arbeit – hauptsächlich, aber nicht ausschließlich in der Landwirtschaft. Der Krieg unterbricht die produktive Arbeit, tötet jene, die sie verrichten, und zerstört die Früchte dieser Arbeit. Schuld daran sind die, die keine derartige Arbeit tun und die wichtigsten Posten an der Spitze des Staates innehaben.

Die logische Lösung bestand darin, die bestehenden Einrichtungen abzuschaffen und ein repräsentatives Regierungssystem einzuführen. Immanuel Kant verwies auf das Beispiel der Niederlande und der Schweiz und schlug als Vorbedingung für einen „ewigen Frieden" vor, alle Staaten sollten sich in Republiken umwandeln oder umwandeln lassen. Er blieb allerdings Realist genug, um am Anfang seines Buches zu bemerken, dass es jenen Frieden, nach dem er suche, wohl nur auf einem Kirchhof gebe.[67]

Seit dem 17. Jahrhundert, dem blutigsten Jahrhundert der Menschheitsgeschichte vor 1900, wurden von Zeit zu Zeit Vorschläge gemacht, die darauf abzielten, „dass Kriege absurd und infolge ihrer eigenen Ungeheuerlichkeit unmöglich werden", wie es der amerikanische Philosoph William James 1896 ausdrückte.[68] Meist sahen sie die Einrichtung einer Art von internationaler Organisation vor, die aus Herrschern und Staaten bestehen und über Streitigkeiten zwischen ebendiesen Herrschern und Staaten entscheiden sollte. Einige Visionäre empfahlen sogar mit sichtlichem Wohlgefallen, die zu schaffende Organisation sollte ein Heer aufstellen und gegen jeden, der der Störung des Friedens für schuldig erkannt wurde, mit Waffengewalt vorgehen. Mehr oder weniger ernst gemeinte Vorschläge dieser Art sind von Denkern wie William Penn, Jean-Jacques Rousseau, Immanuel Kant, John Stuart Mill und von Johann Bluntschli, einem Schweizer Juristen aus der zweiten Hälfte des 19. Jahrhunderts, überliefert.[69]

Der Gedanke, dass es bessere Möglichkeiten zur Streitbeilegung geben müsse, als sich gegenseitig abzuschlachten, führte 1899 zur Einrichtung des Ständigen Schiedsgerichtshofs in Den Haag. Erklärtes Ziel war es, zur Lösung von Konflikten zwischen Staaten, staatlichen Untereinheiten, Nichtregierungsorganisationen (NGOs) und Privaten beizutragen. Mit Stand 2014 hatten 116 der etwa 190 weltweit existierenden Staaten die diesbezüglichen Übereinkommen unterzeichnet. In über eineinviertel Jahrhunderten wurden dem Gerichtshof insgesamt mehrere Dutzend Fälle zur Entscheidung unterbreitet. Leider finden sich hierbei nur wenige Fälle, bei denen auf beiden Seiten souveräne, zur Kriegführung berechtigte Organisationen, also Staaten, beteiligt sind.[70] Wie die Schiedsrichter ihre übrige Zeit verbringen, ist nicht recht klar. Es dürfte ihnen aber nicht an Freizeit mangeln.

Am Ende des Ersten Weltkrieges wurde der Begriff der „Kriegsschuld" eingeführt. Nicht nur Vattel, sondern auch der „Blut-und-Eisen"-Kanzler Bismarck wären entsetzt gewesen. Es war zwar nichts

5. Das absolute Böse

Neues, dass Herrscher und Staaten einander bewaffnete Aggression vorwarfen. Der große Zyniker und Zeitgenosse Vattels, Friedrich der Große, soll gesagt haben: „Die Welt ist in Ordnung; meine Armeen marschieren, meine Professoren erforschen die Gründe des Krieges." Nie zuvor war jedoch ein Land gezwungen worden, ein offizielles Dokument zu unterschreiben, mit dem es seine Schuld zugab. Der Vertrag von Versailles bildete die Rechtsgrundlage für die Entwaffnung Deutschlands sowie für die Reparationszahlungen. Von noch größerer Bedeutung war, dass dieser Vertrag wie kein anderer davor oder danach Bitterkeit und Hass förderte und damit zum Ausbruch des Zweiten Weltkrieges zwanzig Jahre später beitrug.

Die Erfahrungen des Ersten Weltkrieges gaben auch den Anstoß zur Gründung des Völkerbundes.[71] Dass dieser jedoch für die rasche Verhinderung eines Krieges ungeeignet war, wurde bald nur allzu offensichtlich. Vor dem Ausbruch des Zweiten Weltkrieges gab es noch einen weiteren Versuch, bewaffnete Konflikte abzuschaffen – nämlich den Briand-Kellogg-Pakt von 1928, der nach dem französischen und dem US-Außenminister benannt war und letztlich von 62 weiteren Staaten unterzeichnet wurde. Die Signatarmächte verpflichteten sich, auf den Krieg als Werkzeug nationaler Politik zu verzichten.[72] Der Pakt konnte zwar den Ausbruch des Zweiten Weltkrieges nicht verhindern, bildete jedoch die Rechtsgrundlage für die Kriegsverbrechertribunale in Nürnberg und Tokio im Jahr 1946. Formell ist er bis heute in Kraft.

Als nicht einmal dreizehn Monate nach dem Ende des Zweiten Weltkrieges die Vereinten Nationen ins Leben gerufen wurden, stand die Welt noch unter dem Eindruck des millionenfachen Todes und der maßlosen Zerstörung, die dieser Krieg gebracht hatte. Nach und nach traten alle Staaten der Erde der neuen Organisation bei. „Alle Mitglieder", hieß es in Artikel 2.4 der UN-Charta, „unterlassen in ihren internationalen Beziehungen jede gegen die territoriale Unversehrtheit oder die politische Unabhängigkeit eines Staates gerichtete oder sonst mit den Zielen der Vereinten Nationen unvereinbare Androhung oder Anwendung von Gewalt." 1970 wurde in der Resolution Nr. 2734 das Gewaltverbot wiederholt.[73] Da das Recht zur Anwendung von Waffengewalt – außer zur bloßen Selbstverteidigung – nicht mehr bestand, gerieten auch althergebrachte Begriffe und Vorstellungen wie das Eroberungsrecht und die Unterwerfung, die noch inmitten des

20. Jahrhunderts im rechtlichen Diskurs eine wichtige Rolle gespielt hatten, in Vergessenheit.

Gewiss war es leichter, das Verbot zu verkünden, als es durchzusetzen. Wie die allgemeine Verwendung der Bezeichnung „Verteidigungsministerium" statt „Kriegsministerium" zeigt, änderte sich oft nur die Terminologie. Das gilt sogar für das Stockholm International Peace Research Institute (SIPRI). In Wirklichkeit ist das Institut eine Denkfabrik für strategische Studien wie andere auch. Diese Änderungen mögen noch so oberflächlich sein und sogar heuchlerisch anmuten, sie deuteten jedoch darauf hin, dass eine „schöne neue Welt" geboren wurde. Vor allem im Westen und bei jenen, die die Amerikaner „Liberale" und die Europäer „Linke" oder „Sozialisten" nennen, hatte sich ein neuer Gedanke nicht nur festgesetzt, sondern wurde geradezu institutionalisiert, nämlich dass Kriegführen das absolute Böse ist und nur Verbrechern und, im steigenden Maße, Verbrecherinnen und Wahnsinnigen einfallen kann, die eine Psychotherapie brauchen.

Die mündlichen wie schriftlichen Äußerungen mancher „Friedensforscher" und „Konfliktlöser" (manchmal abschätzig „Gutmenschen" oder „Peaceniks" genannt) können nur als halluzinatorisch bezeichnet werden. Das Vorhaben der schwedischen Außenministerin, Präsident Putins „Macho-Aggression" mit einer „feministischen Außenpolitik" auf der Grundlage von „Repräsentation, Ressourcen und Respekt" zu begegnen, haben wir schon besprochen. Sie ist jedoch nur die Vorbotin einer Lawine, die den Westen unter ihrem Gewicht zu begraben droht und ihn teilweise schon begraben hat.

Noam Chomsky, amerikanischer „Linguist, Philosoph, Kognitivwissenschaftler, Logiker, politischer Kommentator und anarchosyndikalistischer Aktivist" (nach Angaben der englischen Wikipedia-Netzseiten), wird schon seit Ende der 1960er Jahre nicht müde, die USA als Hort des Kapitalismus, des Imperialismus, der Kriegstreiberei und anderer übler Praktiken anzuprangern. Es gibt kaum eine Terrororganisation auf der ganzen Welt, deren Tätigkeit er nicht zumindest teilweise gutgeheißen hat. Es gibt kaum einen Versuch Amerikas oder eines anderen westlichen Landes, gegen den Terrorismus – wenn nötig auch mit Waffengewalt – vorzugehen, den er nicht verurteilt hat. Für ihn ist der Einsatz von Geheimdiensten, Spezialeinheiten und Drohnen durch die USA nicht der (manchmal unbeholfene) Versuch, eine Wiederholung von 9/11 in New York oder anderswo zu verhindern. Nein, es handelt sich um „die weltweit größte terroristische Kampagne", geführt vom „Weltmeister im Erzeugen von Terror", der seine Hegemonie mit allen, aber auch allen Mitteln zementieren will.[74]

Anfang 2015 wiederholte Chomsky die Aussage – die seit Hiroshima so oft unrichtigerweise gemacht worden ist, dass sie schon fast wie Hohn klingt –, dass die Welt sich „gefährlich nahe an einem Atomkrieg" befindet.[75] Er lässt dabei natürlich außer Acht, dass es die Atomwaffen oder, mit anderen Worten, das Gleichgewicht des Schreckens war, das den sogenannten „langen Frieden" zwischen den mächtigsten Ländern der Welt bewahrt hat und noch bewahrt.[76] Für diese und ähnliche Weisheiten wurde Chomsky vom angesehenen Verlag Britannica Educational Publishing auf eine Liste der „hundert einflussreichsten Philosophen aller Zeiten" gesetzt.[77] Tatsächlich erzielte Chomskys Name auf Google.com fast 9 Millionen Treffer.

Chomskys europäisches Pendant ist der als Doyen der Friedensforschung, der Konfliktforschung und anderer ehrenwerter Wissenszweige weithin bekannte Norweger Johan Galtung. Einmal bezeichnete er Mao Zedong als „Befreier", wobei er die geschätzten 45 Millionen Todesopfer des „Großen Sprungs nach vorn" und der Kulturrevolution von 1958 bis 1976 außer Acht ließ. Für ihn und seine Schüler sind alle Konflikte auf Missverständnisse zurückzuführen, die mit ein bisschen Phantasie und gutem Willen zu lösen sind. Wie man mit den Kriegführenden umgeht, die Zivilisten in einem vom Krieg zerrissenen Land schützt und bewaffnete Konflikte beendet, erklärt er wie folgt: „Schicken Sie Teams mit Militär- und Polizeiausbildung, Gewaltlosigkeits- und Mediationstraining, zum Schutz mit Handfeuerwaffen und als Augenzeugen und Geleitschutz, aber vor allem als Mediatoren, die Dialoge organisieren, mit dem Schwerpunkt, herauszufinden, worum es geht, und brauchbare Lösungen zu finden, abseits von den abgehobenen Diplomaten – fünfzig Prozent Frauen – so zahlreich, dass sie einen Teppich aus Blauhelmen bilden, und Sie werden Ergebnisse bekommen. Geben Sie ihnen schwerere Waffen, die andere Seite wird es auch tun; Waffen sind heutzutage billig. Bilden Sie sie gut aus, auch in Bezug auf Empathie."[78]

Sowohl Intellektuelle als auch Politiker versprechen Sicherheit ohne Opfer, Vorrechte ohne Verantwortung. Wie aber, wenn die Terroristen/Guerillakämpfer/Aufständischen/Freiheitskämpfer sich weigern, Empathie mit Empathie zu vergelten? Wenn sie im Zuge des „Dialogs" ihre Forderungen nicht mäßigen, sondern erhöhen? Wenn sie – da Waffen heutzutage tatsächlich billig sind – die Initiative ergreifen und schwerere Waffen einsetzen, mit denen sie den „Teams" überlegen sind, um sie zu besiegen und davonzujagen? Wenn sie den UN-Soldaten mit ihren Helmen im Military-Look und ihren fünfzig Prozent Frauen harte, entschlossene Kämpfer entgegenstellen, die bereit sind, zu töten und wenn nötig auch getötet zu werden? Und wenn sie dann die Mitglieder des „Teams" als Geiseln nehmen und, wenn deren Heimatstaaten nicht zur Zahlung eines astronomisch hohen Lösegelds bereit sind, die Frauen verkaufen, vergewaltigen und töten (nicht unbedingt in dieser Reihenfolge) und die Männer köpfen, kreuzigen oder verbrennen? Und wenn ihr Endziel (wie besonders die IS-Anhänger ständig wiederholen) darin besteht, die Weltherrschaft zu erobern und alle zu töten oder zu unterwerfen, die sich ihnen in den Weg stellen?[79] In diesem Fall heißt es wohl zurück auf Feld eins.

Der Friede ist die größte Wohltat, die es gibt. Und wo kein Friede ist, da mangelt es fast immer auch an allen anderen guten Dingen. Aber stimmt es nicht auch, dass unter so vielen Menschen, die alles andere als gut sind, ein einzelner Berufs-Gutmensch unweigerlich zu Schaden kommen muss?[80] Hatte Clausewitz nicht recht, als er sagte, dass der Angreifer eigentlich immer friedliebend sei? Er will ja nur unser Land besetzen und uns dann unsere Freiheit und unser Eigentum wegnehmen. Normalerweise tötet er uns nur, wenn wir versuchen, uns zu wehren. Manchmal tut er es aber auch „pour encourager les autres". Auch wenn Galtung und seinesgleichen es nicht glauben wollen, tut er es manchmal sogar einfach zum Spaß. Auch Hitler wollte den Frieden, nur wollte er vorher noch Danzig und Polen und Skandinavien und die Niederlande und Frankreich und den Balkan und vielleicht noch ein paar Länder haben. Viele andere vor ihm und nach ihm kamen ebenso „im Frieden". Es ist immer der Verteidiger, der als Erster zu den Waffen greifen muss.

„When they poured across the border / I was cautioned to surrender / This I could not do", sang der im November 2016 verstorbene Leonard Cohen. Haus und Herd zu verteidigen – ist das nicht der Mühe wert? Müssen wir immer die andere Wange hinhalten? Einige christliche, hinduistische und buddhistische Sekten meinten, es sei eine geringere Sünde, sich töten zu lassen, als zu töten. Das Gleiche lehrten auch Jesus, der hl. Franz von Assisi und Mahatma Gandhi. Diese und andere Sekten konnten so handeln, weil sie sich von den größeren Gemeinschaften, die sie umgaben, beschützt fühlten. Die drei genannten Führerpersönlichkeiten hatten das Glück, Prediger

5. Das absolute Böse

mit einer kleineren oder größeren Schar von Jüngern zu sein. Wären sie an der Spitze einer belagerten Stadt gestanden und für deren Überleben verantwortlich gewesen, hätte man ihre Handlungsweise kaum als heldenhaft, sondern eher als Verbrechen oder Verrat betrachtet.

Der Tag, an dem Wolf und Lamm gemeinsam weiden werden, ist noch weit. Auch wenn er einmal kommt, wird der Wolf im Vorteil sein. Niemand bezweifelt, dass der Krieg ein großes Übel ist und vermieden oder verhindert werden sollte, wenn das möglich ist. Zu bezweifeln ist jedoch, dass der Krieg notwendigerweise das größte Übel überhaupt darstellt. Gibt es nicht Dinge, die noch schlimmer sind? Zum Beispiel, seine Identität aufgeben zu müssen? Hätte Abraham Lincoln, um den Krieg zu vermeiden, die Sklaverei weiterbestehen lassen sollen? Hätte England im Jahr 1940 Hitlers Angebot annehmen, Frieden schließen und Norwegen und etliche andere Länder der Gnade und Barmherzigkeit Hitlerdeutschlands überlassen sollen? Sind Freiheit und Menschenwürde nicht wichtiger? Ist es zum einzigen Ziel unserer Existenz geworden, halbwegs bequem zu überleben? Befeuert der Krieg nicht unseren Unternehmungsgeist, unseren Mut, unseren Wunsch, das Letzte aus uns selbst herauszuholen? Und was ist mit unserer Fähigkeit zu lieben, aus der die Bereitschaft entspringt, zu leiden, Opfer zu bringen und, wenn es denn sein muss, für eine gute Sache oder einen anderen Menschen zu sterben?

Was tun wir mit diesen Eigenschaften, den besten, die wir haben? Sollen wir sie für bessere Zeiten aufheben? Werden sie dann auch noch da sein, wenn wir sie brauchen? Wenn wir sie nicht hegen und pflegen, besteht dann nicht die Gefahr, dass wir zu Weicheiern werden, die leicht unterzukriegen sind?

CONCLUSIO
Hannibal *intra* portas

Seit siebzig Jahren hat kein westliches Land nahe seiner Grenzen einen größeren Krieg geführt – geschweige denn einen beträchtlichen Teil seiner Bevölkerung in einen solchen Krieg und möglicherweise in den Tod geschickt. In diesen siebzig Jahren hat sich viel verändert – teilweise eben deshalb, weil es keinen größeren Krieg gegeben hat.

In den westlichen Ländern hat die sinkende Geburtenrate zu einem drastischen Absinken der Anzahl an Kindern geführt. Ein tiefgehender demografischer Wandel hat dazu geführt, dass die Väter und Mütter älter, vorsichtiger und kontrollsüchtiger geworden sind. Die Schulen, denen sie ihren Nachwuchs anvertrauen, und die Gesellschaft im Allgemeinen haben sich in die gleiche Richtung entwickelt. Alle scheinen miteinander verschworen, um junge Menschen möglichst lange daran zu hindern, erwachsen zu werden und am Arbeitsmarkt teilzuhaben. Das Ergebnis: Viele von ihnen sind nicht in der Lage, allein zurechtzukommen. Manchmal möchte man meinen, die jungen Leute hätten kein Mark in den Knochen.

Keine Organisation der Welt, auch nicht das Militär, kann sich vom Rest der Welt völlig abschotten. Es ist nicht weiter überraschend, dass die gleichen Probleme auch den Streitkräften zu schaffen machen. Die Details sind zwar von Staat zu Staat verschieden, doch wurden dem Militär fast überall „die Zähne gezogen", man hat den Soldaten ihren Stolz geraubt, sie wie Kleinkinder behandelt, sie gedemütigt. Man hat sie gezähmt, so wie man manche Tiere gezähmt und zu Haustieren gemacht hat. Dadurch sind sie in vielfältiger Weise geschwächt worden, so wie unsere Haustiere schwächer sind als ihre wilden Artgenossen. Aus Wildkatzen sind zahme Schoßkätzchen geworden.

Bald wird es so weit kommen (vielleicht ist es schon so weit?), dass man Männer mit Mumm nur noch in Motorradgangs finden wird. Schuld ist die „*political correctness*" einerseits und der allgegenwärtige Bevormundungsstaat andererseits. Aber nicht allein die

Gesellschaft ist schuld. General Dempseys Äußerung, der Einsatz von Frauen in Kampfeinheiten würde zur Verringerung der Anzahl der sexuellen Übergriffe beitragen, zeigt beispielhaft, dass die unbegreifliche Nachgiebigkeit und Fügsamkeit der Streitkräfte ein Teil des Problems ist. Auch ihr Egoismus und ihre Verschwendungssucht muss erwähnt werden. Gewiss wurde ihnen bitter Unrecht getan, aber auch sie sind nicht schuldlos.

Als die Frauen ab 1970 zum Heer strömten, verschärfte sich das Problem. Die Befürworter der Gender-Theorie mögen noch so kluge Reden führen, körperlich sind Männer und Frauen trotzdem nicht gleich. Wenn man jenen glauben darf, die sich unentwegt für die Rechte der Soldatinnen einsetzen, müssen diese ständig vor ihren männlichen Kameraden beschützt werden. Dies galt übrigens auch für das „Frauen-Todesbataillon", das im Ersten Weltkrieg in Russland aufgestellt wurde.[1] Bei allen koedukativen Ausbildungskursen und bei allen Arbeitsstellen, wo es auf Körperkraft und Ausdauer ankommt, wurde „gender norming" eingeführt. Die negativen Auswirkungen – einerseits eine hohe Zahl verletzter Soldatinnen und andererseits ein allgemeines Absinken des Leistungsniveaus – ließen nicht auf sich warten.

Noch dazu wird beim Kampf um „Geschlechtergerechtigkeit" innerhalb der Streitkräfte die Tatsache ignoriert, dass Frauen nicht benachteiligt, sondern privilegiert sind. Erstens dürften sie sowohl in Großbritannien als auch in den USA leichter Zugang zu Offiziersstellen haben.[2] Dies mag überraschen, man muss jedoch bedenken, dass – entgegen aller Behauptungen von feministischer Seite – Frauen nicht nur von Kampfeinsätzen ausgeschlossen sind, sondern meist auch nicht zu den Kampftruppen wollen. Hingegen ist der Frauenanteil bei diversen Nichtkampfverbänden größer, besonders bei solchen, die eine akademische Ausbildung, eine andere Spezialausbildung oder besondere Fertigkeiten erfordern.

Die Details sind auch hier von einem westlichen Land zum anderen verschieden. Zu den Vorrechten der Frauen gehören jedoch meist (oder gehörten bis vor kurzem) die Befreiung von der Registrierung für den Militärdienst, die Befreiung vom Wehrersatzdienst, die Tatsache, dass Frauen beim Heer nicht den gleichen körperlichen Anforderungen genügen müssen wie Männer, und allerlei Sonderregelungen im Zusammenhang mit Schwangerschaft und Geburt. Aus der Situation in der zivilen Welt kann man mit gutem Grund annehmen, dass Militärgerichte und -disziplinarbehörden Frauen mit größerer Nachsicht behandeln als Männer. Daten zu diesem Thema sind nicht zu bekommen, möglicherweise werden sie mit Absicht zurückgehalten.

Das alles führt dazu, dass die Mitglieder der Kampftruppen nicht die bevorrechtete Stellung einnehmen, die ihnen zukommen würde und in jeder Armee, die ihr Geld wert ist oder war, auch immer zugekommen ist. Im Gegenteil: Sie werden zugunsten von höher Gebildeten, besonders Frauen, diskriminiert. Ich habe genug Militärstützpunkte besucht und mit genügend Soldaten in verschiedenen Ländern gesprochen, um zu wissen, dass das Problem allgemein bekannt ist und bei einer großen Mehrheit der Soldaten Verbitterung hervorruft. Aber wie im Märchen von des Kaisers neuen Kleidern traut sich niemand darüber zu sprechen. Das gilt sogar für manche ehemalige Militärangehörige. Einer meiner ehemaligen Schüler, ein ehemaliger Hauptmann der US Army mit Afghanistan-Erfahrung, sagte mir in einem vertraulichen Gespräch, er habe zwar nichts gegen Frauen beim Militär, sei aber froh, dass er keine Frauen in seiner Einheit gehabt habe. Als ich ihn jedoch bat, seine Gründe vor meinen Studenten zu erklären, lehnte er ab – mit gutem Grund. Die Zensur ist mächtig, die Wände haben Ohren. Das ganze heutige „verweiblichte" Militär beruht diesbezüglich auf einer schäbigen, ungeheuerlichen Lüge. Die (oft berechtigte) Furcht der Männer, dass ihre Kolleginnen oder Kameradinnen ihnen sexuelle Belästigung oder noch Schlimmeres vorwerfen könnten, verbessert die Lage nicht.

Ein weiteres ernstes Problem ist PTBS und – mehr noch – die Art, wie die Gesellschaft und die Streitkräfte selbst damit umgehen. Erstens führt es die Behauptung, dass die heutigen amerikanischen Soldaten besser zum Töten ausgebildet sind als je zuvor, ad absurdum.[3] Das Problem ist echt und lässt sich nicht unter den Teppich kehren. Trotzdem scheinen die Erfahrungen der Vergangenheit bis in die Mitte des 19. Jahrhunderts darauf hinzudeuten, dass seine Verbreitung und seine negativen Auswirkungen auf die Streitkräfte nicht notwendigerweise so weitgehend sein müssen, wie es heute der Fall ist. Wenn wir verschiedene Armeen zu verschiedenen Zeiten und in verschiedenen Ländern vergleichen, kommen wir zu dem Schluss, dass die Qualität der Organisation und der Führung bei der Vermeidung von PTBS eine große Rolle spielen. Die Furcht vor Haftungsfolgen, die Hoffnung auf Rentenzahlungen und die Ansicht, dass der Krieg die Psyche der Kriegsteilnehmer notwendigerweise schädigen muss, wirken in die gegenteilige Richtung.

Conclusio: Hannibal intra portas

Um 1960 begann die „Revolution der Rechte". Gleichzeitig wurde das Pflichtbewusstsein, ohne das kein Heer der Welt existieren und schon gar nicht erfolgreich kämpfen kann, über Bord geworfen. Die ersten Wehrdienstverweigerer (so der heute übliche Begriff) gab es kurz nach der Reformation. In der zweiten Hälfte des 19. Jahrhunderts verlagerten sich die Verweigerungsgründe aus dem religiösen in den nichtreligiösen Bereich. Zuerst bildeten die Kriegsdienstverweigerer eine kleine Minderheit, die keinen feststellbaren Einfluss auf die Gesellschaft hatte. Das änderte sich später; in der Folge wurden die Rechte der Wehrdienstverweigerer anerkannt und ausgeweitet – bis sie schließlich nicht nur Zivilisten, sondern auch Berufssoldaten zuerkannt wurden, die freiwillig beim Heer waren und gelobt hatten, ihr Land unter Einsatz ihres Lebens zu verteidigen.

Nach Nietzsche ist der Sieg das stärkste Heilmittel für die Seele. Die heutige Gesellschaft scheint jedoch der Meinung zu sein, dass der Krieg immer schlecht für die Seele ist, auch wenn er siegreich ausgeht. Allerdings haben westliche Staaten seit dem Ende des Zweiten Weltkrieges nicht allzu viel Gelegenheit gehabt, Siege zu feiern. Darin liegt einer der Gründe für die Delegitimierung des Krieges mit all ihren Auswirkungen auf die Kampfkraft.

Ich werde die gegenteiligen Argumente nicht noch einmal aufzählen. Jesus war der friedfertigste aller Menschen. Trotzdem stammt von ihm der berühmte Satz, der seither auf verschiedenste Weise ausgelegt worden ist: „Denkt nicht, ich sei gekommen, um Frieden auf die Erde zu bringen. Ich bin nicht gekommen, um Frieden zu bringen, sondern das Schwert."[4] Der große Pazifist Mahatma Gandhi hat gesagt: „Es ist besser gewalttätig zu sein ... als unter den Deckmantel der Gewaltlosigkeit Unfähigkeit zu verbergen."[5] Auf taktvolle Art ließ Gandhi auch nie einen Zweifel daran, dass ihm für den Fall, dass *satyagraha* nicht zum Erfolg führen und seine Forderungen nicht erfüllt werden sollten, noch andere Handlungsalternativen zur Verfügung standen.

Die Streitkräfte westlicher Länder sind von so vielen Beschränkungen umgeben und werden von der Öffentlichkeit – meist der gebildeten Öffentlichkeit – ihrer eigenen Länder so heftig kritisiert, dass man sich fragt, wie sie überhaupt weiter funktionieren können. Hut ab vor allen, die es trotzdem geschafft haben, ihren Kampfgeist zu bewahren! Leider sind sie hoffnungslos in der Minderzahl. Auch „wenige tapfere Männer" – A Few Good Man" – sind heutzutage nicht leicht zu finden.

Conclusio: Hannibal intra portas

Ob es uns gefällt oder nicht: Eine zukünftige Welt ohne Gewalt und Krieg ist ungefähr so wahrscheinlich wie eine keusche Welt ohne Sex. Wie steht es mit der Kampfbereitschaft des Westens? 1976 hatte der inzwischen verstorbene John Keegan – ein großer Militärhistoriker, der in seinen letzten Lebensjahren mein Freund wurde – zu diesem Thema Folgendes zu sagen:

„Heute … [hält uns] die Funktechnik … auf dem laufenden, ob wir nun in der Badewanne sitzen oder in Schützengraben kauern; … die Art – freilich nicht die Stärke – des Schlachtgetöses bringen Kriegsfilme nahe – und damit sind erst ein paar Gebrauchsgegenstände (und ihre Nebenwirkungen) genannt, mit denen die breite Bevölkerung Tag für Tag Bekanntschaft macht. Männer und Frauen am Fließband lernen unmittelbar viele neuzeitliche ‚Schlachtfeldphänomene' kennen: Schon sind sie weitgehend immun gegen ständig sehr hohe Lärmpegel und intensive Lichteinstrahlung, arbeiten in unmittelbarer Nachbarschaft von gefährlichen Maschinen und Chemikalien einschließlich Giftgasen …

Die moderne Industrie bringt überdies ihrer arbeitenden Bevölkerung … jene Gewohnheit an Befehlen, Gehorsam und einförmiges Verhalten bei, die keines der Heere des 16. Jahrhunderts auch nur bei einem seiner tölpelhaften Rekruten zu dürfen hoffen konnte … Fügen wir zu dieser Vorkonditionierung … noch die unzweifelbare Macht hinzu, die nationalistischen Gefühlen und weltanschaulichen Emotionen gegen den Selbsterhaltungstrieb des Menschen ins Feld führen, dann müssen wir recht eigentlich zu dem Schluß gelangen, potentiell gebe der Mensch des 20. Jahrhunderts einen besseren Soldaten ab als der Mensch irgendeines Jahrhunderts davor."[6]

Leider ist Keegan auf dem Holzweg. Erstens waren viele Soldaten des 16. Jahrhunderts alles andere als tölpelhaft.[7] Was noch wichtiger ist: Sie bekamen nicht jedesmal PTBS, wenn sie einen Hieb abbekamen, einen Feind töteten oder den Tod eines Kameraden mit ansehen mussten – jedenfalls nicht in einer genügenden Anzahl, die den späteren Historikern erlaubt hätte, das Phänomen als solches zu identifizieren. Die Staatsbürokratie und die Schulen – vor allem die koedukativen – haben nicht so sehr disziplinierte wie zaghafte, weinerliche und hilflose junge Menschen erzogen. Durch die Entindustrialisierung, die schon 1976 in Gang gekommen ist, arbeiten immer weniger Menschen in Fabriken. Zum Glück haben sich die noch existierenden Fabriken bis zur Unkenntlichkeit zum Besseren verändert. Im Westen gibt es zwar immer noch genügend Menschen, die schwere, schmutzige, manchmal gefährliche körperliche Arbeit verrichten. Inzwischen haben jedoch viele von ihnen einen Migrationshintergrund.

Tatsächlich haben die Medien viele Menschen näher ans Gefechtsfeld herangebracht. Die Auswirkungen entsprachen jedoch nicht Keegans Erwartungen, sondern gingen in die entgegengesetzte Richtung. Und das, obwohl aus Zensur- oder aus kommerziellen Gründen das ganze Grauen des Krieges nur selten gezeigt wird. Filme, die westliche Staaten als Sieger zeigen, sind sehr selten geworden (wenn auch nur deshalb, weil der Westen kaum Siege errungen hat). Im Wesentlichen gibt es zwei Kategorien von Filmhelden: Die eine besteht aus muskelbepackten, aber sozial inkompetenten Superman-Typen, die sich von ihrem persönlichen Hader mit der Welt in einen großangelegten Amoklauf treiben lassen. Dabei werden sie von der Gesellschaft nicht unterstützt und handeln manchmal sogar gegen den Willen ebendieser Gesellschaft.

Zur zweiten Kategorie gehören die Superwoman-Typen. Warum diese Wesen es zu einer solchen Beliebtheit gebracht haben, könnte vielleicht ein Psychologe in der Tradition Freuds erklären. Sie sind viel eher Sexsymbole als Kämpferinnen[8] und haben keinerlei Bezug zur Realität. In anderen Filmen kämpft der „Held" gegen seine eigenen Vorgesetzten („The Enemy Within", dt. „Der Feind in den eigenen Reihen") oder wird zum Opfer sowohl des Krieges als auch der Gesellschaft. Im besten Fall spiegeln all diese Filme einen Teil der Kriegsrealität wider. Keiner kann ein getreues Abbild des Krieges geben oder gar das Kriegserlebnis ersetzen.

Ob unsere Soldaten nun zu Weicheiern geworden sind oder nicht – eins ist klar: Derzeit ist kein Dritte-Welt-Land auch nur annähernd in der Lage, ein westliches Land anzugreifen und dort die Macht zu übernehmen. Sollte ein derartiger Versuch unternommen werden, könnte die westliche Feuerkraft leicht mit ihm fertigwerden – so wie es beim Sieg über Saddam Hussein 1991 geschah. Bei nichtstaatlichen Akteuren sieht die Sache ganz anders aus. Derzeit gibt es zahlreiche terroristische Bewegungen auf der ganzen Welt. Sie machen den Menschen in ausgedehnten Regionen das Leben zur Hölle und drohen, es in anderen Teilen der Welt ebenso zu machen. In manchen der betroffenen Regionen, besonders im Nahen Osten und in Nordafrika, hat der Westen gewichtige, wenn nicht lebenswichtige Interessen. Andere Regionen haben in der Vergangenheit als Stützpunkte für Terrorangriffe gegen den Westen gedient und könnten wieder dazu dienen. So hatte Osama Bin Laden – der Führer der Terrororganisation Al Qaida, die den zweifelhaften Ruhm errang, mehr Menschen bei einem einzigen Terroranschlag getötet zu haben als jemals zuvor in der Geschichte – sein Hauptquartier in Afghanistan. Als die Taliban, die das Land damals kontrollierten, aufgefordert wurden, ihn auszuliefern oder auszuweisen, lehnten sie dies ab.

Nicht einmal die USA, die derzeit für ihre Streitkräfte fast so viel ausgeben wie alle anderen Staaten zusammengenommen, schaffen es, mit diesen Organisationen fertigzuwerden. Im besten Fall können sie sie halbwegs in Schach halten. Die anderen westlichen Länder sind praktisch hilflos. Hätten die USA nicht die Führung übernommen, so hätten die europäischen Staaten es nicht einmal geschafft, den Krieg im ehemaligen Jugoslawien zu beenden, der vor ihrer Haustür stattfand.

Schlimmer noch: In fast allen westlichen Staaten hat sich der Feind bereits in den eigenen Reihen breitgemacht, in manchen Ländern mehr, in anderen weniger. In den meisten europäischen Ländern, die eine größere Zahl von Migranten beherbergen, haben persönliche Kontakte zwischen diesen und der eigenen Bevölkerung das Verhältnis zwischen beiden Gruppen nicht verbessert. Nur allzu oft war das Gegenteil der Fall. Die Vorwürfe, die die autochthone Bevölkerung gegen die – hauptsächlich, aber nicht ausschließlich – muslimischen Migranten erhebt, würden ganze Bände füllen.[9] So wird ihnen angekreidet, sie hätten ihre Ursprungsländer nicht aufgrund einer Gefahr für Leib und Leben verlassen, sondern „nur" aus wirtschaftlicher Not. Nachdem sie sich bis nach Europa durchgeschlagen und – oft illegal – die Grenze überquert hatten, wurden sie als Gewalttäter und Kriminelle bezeichnet; außerdem wurde ihnen vorgeworfen, sich in die Gesellschaft des jeweiligen Landes nicht integrieren zu wollen und die Rechte von Frauen und Homosexuellen nicht zu achten. Manche hatten sogar die Dreistigkeit, auf der Straße kostenlose Koran-Verteilaktionen durchzuführen!

Vor allem die Männer werden als ungebildete, unnütze Faulenzer betrachtet. Man kann ihnen keine richtige Arbeit anvertrauen; sie leben lieber auf Steuerzahlers Kosten von der Wohlfahrt. Sie missbrauchen regelmäßig Frauen und Kinder, sowohl ihre eigenen als auch andere. Es gibt jede Menge – echte und getürkte – Statistiken, die diese Behauptungen belegen sollen. Zum Beispiel machen Ausländer durchschnittlich ein Viertel der Gefängnisinsassen in den 47 Mitgliedstaaten des Europarats aus, in manchen Ländern wie Zypern, Griechenland, Luxemburg und Österreich sogar mehr als die Hälfte.[10]

Die besagten Minderheiten konzentrieren sich meist in den Hauptstädten, besonders, wenn diese einen Hafen haben oder wichtige Verkehrsknotenpunkte darstellen. Die Geburtenrate ist bei den Migranten höher als bei der Mehrheitsbevölkerung: So ist in den vier größten holländischen Städten „Mohammed" der häufigste Bubenname.[11] Daher gibt es bei den Migranten eine relativ größere Zahl an jungen Männern – also an Angehörigen jener Gruppe, die in allen Gesellschaften seit Anbeginn der Welt am ehesten bereit zu Gewalttätigkeiten ist, ob mit oder ohne Zustimmung der Älteren oder sogar gegen deren Willen.

Zum Teil freiwillig, zum Teil, weil sie sich nichts Besseres leisten können, leben die meisten Angehörigen der Minderheit in Ghettos, die mangels Erhaltungsmaßnahmen oft zu Slums werden. Viele beherrschen die Sprache ihres Gastlandes nicht. Die Führungspersönlichkeiten, die sie achten und auf die sie hören, sind nicht demokratisch gewählte Politiker, sondern Imame. Ein Imam residiert in einer jener Moscheen, die wie Akne im Gesicht eines Pubertierenden austreiben; viele von ihnen haben Karriere gemacht, indem sie Hasspredigten gegen alle Nichtmuslime hielten. Sie glauben nicht an die staatlichen Gesetze, sondern an den Koran oder die Scharia, die sie in den Wohnvierteln der Minderheit durchsetzen wollen – nicht selten mit Erfolg, weil die zuständigen Behörden beide Augen zudrücken.

Es sind zwar keineswegs alle muslimischen Migranten Extremisten. Noch weniger sind sie bereit, Gewalt anzuwenden, um ihre vom verstorbenen Professor Samuel Huntington sogenannte „Identität" zu verteidigen. Das Wort „Identität" bedeutet nach Huntington, dass Menschen der verschiedenen Zivilisationen unterschiedliche Ansichten von den Beziehungen zwischen Gott und den Menschen, zwischen dem Individuum und der Gesellschaft, den Bürgern und dem Staat, Eltern und Kindern, Ehemann und Ehefrau haben und der Bedeutung von Rechten und Pflichten, Freiheit und Autorität, Gleichheit und Hierarchie einen unterschiedlichen Stellenwert beimessen;[12] ganz zu schweigen vom Verhältnis zwischen den Geschlechtern und den

Rechten Homosexueller (oder dem Mangel an solchen Rechten). Dass das Begräbnis eines Terroristen, der im Februar 2015 einen Anschlag auf eine Synagoge in Kopenhagen verübte, Hunderte Besucher anzog, zeigt jedoch, dass viele – vielleicht die meisten – Angehörigen dieser Minderheiten die Ansichten der Extremisten darüber teilen, wie die Gesellschaft aussehen sollte.[13] Gewalt tendiert per se zur Eskalation. Wenn die Gewalt eskaliert, werden zweifellos auch diese Menschen zu Extremisten werden. Vor mehr als hundert Jahren schrieb Winston Churchill, der „Mohammedanismus" sei „ein militanter und proselytenmachender Glaube [und habe] bei jedem Schritt furchtlose Glaubenskrieger gewonnen".[14] Churchill hatte 1897 an der indischen Nordwestgrenze und 1898 bei Ondurman gegen muslimische Gegner gekämpft und wusste wahrscheinlich, wovon er sprach.

Andererseits gibt es keinen Mangel an Rowdys – normalen Rowdys und Rowdy-Typen in Polizeiuniform –, die Gewalttaten gegen Migranten verüben.[15] Angriffe auf Gebäude, in denen Migranten wohnen, sind gang und gäbe. Eine Untersuchung der Agentur der Europäischen Union für Grundrechte (FRA) im Dezember 2013 ergab, dass 18 % der Roma nach eigenen Angaben in den letzten zwölf Monaten Hassverbrechen miterlebt hatten. Das Gleiche galt für 18 % der in der EU lebenden Subsahara-Afrikaner, 9 % der Nordafrikaner und 8 % der Türken.[16] Seit damals hat sich die Lage keineswegs gebessert. Auch die USA sind nicht frei von gegen Muslime gerichteten Hassverbrechen.

Der große Friedensforscher Galtung mag durchaus recht gehabt haben, als er den Frieden als eine Situation bezeichnete, in der „Anteilnahme und Miteinander" gegenüber der Gewalt überwiegen.[17] Wenn dem so ist, gibt es in westlichen Ländern viele Gegenden in zahlreichen Städten, auch in Skandinavien, die sich entweder schon im Krieg befinden oder sehr nahe daran sind. Langsam, aber sicher und manchmal auf spektakuläre Weise scheint sich die „normale" Kriminalität zu jener politisch und/oder ideologisch motivierten Kriminalität zu entwickeln, die man gemeinhin Terrorismus nennt. Vom Terrorismus ist es nur ein Schritt zu noch gewalttätigeren Konfliktformen.

Sollte die Zuwanderung wie bisher weitergehen und die „Integration" scheitern, was durchaus möglich ist – wie würde dann ein solcher Konflikt aussehen? Der Rest der Welt bietet genügend Anschauungsmaterial, von Feindseligkeiten geringer Intensität wie jenen in Nordirland zwischen 1969 und 1994 bis zu mörderischen Konflikten, wie sie derzeit in nicht wenigen Staaten in Asien und Afrika, aber auch in der Ukraine wüten. Krieg gibt es wie Smörgåsbord in allen Größen, Farben und Geschmacksrichtungen. Alle Leserinnen und Leser sind herzlich eingeladen, sich etwas Geeignetes auszusuchen.

Wenn dieses Szenario Wirklichkeit wird, wie werden die westlichen – vor allem die europäischen – Staaten reagieren? Hier scheint Keegan den Nagel auf den Kopf getroffen zu haben. „Die Jugend hat ihre Entscheidung schon getroffen. Sie ist immer weniger willens, als Wehrpflichtiger in einem Heer zu dienen, in dem sie nur schmückendes Beiwerk ist. Die militante Jugend hat diese Entscheidung um eine Phase weiterverlegt: Sie kämpft für ihre Sache nicht mit den Mechanismen des Staates und seiner bewaffneten Macht, sondern – notfalls auch gegen diesen – mit Untergrund- und Guerillamethoden."[18] Obwohl Keegan nicht von den Zuwanderern spricht, deren Zahl zu seiner Zeit noch gering war, scheint ansonsten seine Prophezeiung nur allzu wahr zu werden.

Kann der Westen angesichts dieser Probleme seine dominierende Stellung und damit seine Kultur, seine Traditionen und Werte bewahren? Oder wird es mit ihm bergab gehen? Die Antwort ist in den Geschichtsbüchern zu finden. Heutzutage sehen die meisten Menschen, die an die manchmal sogenannte „Newton'sche Zeit" gewöhnt sind, die Geschichte als linear an. Sie verläuft von der Vergangenheit über die Gegenwart in die Zukunft und wiederholt sich nicht. Unsere Vorfahren hatten eine andere Vorstellung von der Geschichte. Seit Lykurg, Solon, Heraklit, Herodot und Platon betrachteten viele Staatsmänner, Philosophen und Historiker der Antike den Verlauf der Geschichte als zyklisch: Aufstieg und Abstieg, Aufstieg und Abstieg in unaufhörlicher Wiederholung.[19] Mittelalterliche Gelehrte wie Honoré Bonet in Frankreich und Ibn Khaldun in der islamischen Welt teilten diese Meinung, ebenso einige angesehene Wissenschaftler des 20. Jahrhunderts: Oswald Spengler, der schon erwähnte Arnold Toynbee und viel später Paul Kennedy in seinem bekannten Buch „Aufstieg und Fall der großen Mächte" (1987).

Wie nicht anders zu erwarten, unterscheidet sich die Argumentation der einzelnen Autoren in den Details. Die Quintessenz ist jedoch immer ähnlich: Zuerst führten arme Nomadenstämme, zu denen wir einmal alle gehörten, untereinander Krieg. Es ging dabei um den Zugang zu Wasserstellen, um Jagd- und Weidegründe, Haustiere und nicht zuletzt um Frauen. Letztere wurden nicht nur aus sexuellen Gründen, sondern auch wegen ihrer Fruchtbarkeit und ihrer Arbeitskraft geschätzt.[20]

Irgendwann besiegte dann ein Stamm, der meist über einen besonders fähigen Anführer verfügte, alle anderen und fasste sie zu einem Bündnis zusammen. So geschah es bei den alten Assyrern, Babyloniern und Persern ebenso wie bei den Hunnen, Magyaren und Mongolen (zuerst unter Dschingis Khan, dann unter Timur Khan). Die Sieger griffen die reicheren, sesshaften Nachbarn an. Sie kämpften, siegten, eroberten und unterjochten. Dann gaben die ehemaligen Nomaden ihre bisherige Lebensweise auf und lebten in den eroberten Städten. Sie beuteten die Arbeitskraft der Besiegten aus, wurden reich und verweichlicht. Sie gaben sich dem Luxusleben hin, ließen sich von Frauen regieren, und ihre Fruchtbarkeit nahm beträchtlich ab.

Nachdem sie ihre Kriegertugenden abgelegt hatten, sahen sie bald verächtlich auf diese herab. Sie ließen fremde Söldner an ihrer Stelle kämpfen und verloren schließlich jene Eigenschaften, denen sie ihre Größe verdankten. Versuche, Kampfkraft durch Kriegsmaschinen zu ersetzen, schlugen in Rom im 4. Jahrhundert n. Chr. und mehrmals in China fehl.[21] Das ist nicht weiter erstaunlich, da die Barbaren die Kriegsmaschinen erbeuten und Überläufer finden konnten, die sie betätigten (so machte es z. B. das Reitervolk der Mongolen).[22] Jedes Reich wurde schließlich von seinen ärmeren, aber kraftvolleren und aggressiveren Nachbarn überrannt. Oft erhoben sich unterdrückte Völker und schlossen sich den Eroberern an. Das Ende war immer das gleiche: ein schmachvoller Zusammenbruch.

Der ewige Kreislauf lieferte den Stoff, aus dem Geschichte entstand. So berichtet Polybios, der nüchterne, sachliche hellenistische Historiker des 2. Jahrhunderts v. Chr., über seine Zeit: „Die Menschen sind in Trägheit, Geldgier und Vergnügungssucht verfallen, sie wollen nicht mehr heiraten, oder, wenn sie es tun, nicht die ihnen geborenen Kinder aufziehen, sondern nur eines oder zwei." Und er fährt fort: „Wenn ein Staat vielen ernsten Gefahren entronnen ist und unangefochtene Vorherrschaft und Hegemonie erreicht hat, ist es klar, dass bei wachsendem Wohlstand im Lande das Leben üppiger wird und die Menschen mit größerer Anspannung um Ämter und Unternehmungen wetteifern."[23] Der Historiker Livius, ein Zeitgenosse des Augustus, der den Aufstieg Roms zum Höhepunkt seiner Macht erlebte, stellte fest, dass Rom „mit seiner eigenen Größe zu kämpfen" habe.[24] Der römische Dichter Juvenal, der um 100 n. Chr. lebte, schrieb: „Jetzt leiden wir unter den Übeln des langen Friedens, grausamer als die Waffen hat uns der Luxus überkommen und rächt die besiegte Welt."[25]

Manche dieser Denker und Staatsmänner haben zumindest versucht, die aufgezeigten Probleme zu lösen. Lykurg verbot den Spartanern den Gebrauch von Gold und Silber und zwang sie zu einer asketischen, wahrhaft „spartanischen" Lebensführung. Platon wollte in seinem idealen Staat den Außenhandel nach Möglichkeit unterbinden, um keine zu große Üppigkeit aufkommen zu lassen. Interessanterweise hatten Frauen nach den Gesetzen Lykurgs wesentlich größere Freiheiten als in irgendeinem anderen griechischen Stadtstaat; Aristoteles meinte, sie wären dadurch sittenlos geworden und zu nichts nütze gewesen.[26] Platon wollte die Frauen von der Pflicht befreien, sich um die Kinder zu kümmern; dadurch wären sie den Männern in allem außer der Körperkraft gleich gewesen.

Isokrates, ein athenischer Staatsmann des 4. Jahrhunderts v. Chr., empfahl den Athenern Mäßigung und Güte, wenn sich der Kreislauf nicht wiederholen sollte, der zum Untergang der Herrschaft Athens geführt hatte. Drei Jahrhunderte später vertrat der römische Staatsmann und Redner Cicero eine ähnliche Meinung.[27] Polybios wieder behauptete, Rom hätte 150 v. Chr. deshalb gegen die Dalmaten Krieg geführt, weil „sie nicht wollten, dass alle italischen Völker wegen des langen Friedens verweichlicht würden … [und] um gleichsam den Kampfgeist und die Begeisterung ihrer eigenen Soldaten wiederherzustellen".[28]

101 v. Chr. machte Metellus Numidicus, der als Zensor in Rom die Sittenaufsicht führte, in einer berühmten Rede darauf aufmerksam, dass die Republik zu wenig Soldaten habe. Die Lösung sah er aber nicht darin, die Legionen für Besitzlose zu öffnen, wie sein Gegner Marius das vorgeschlagen hatte. Stattdessen verlangte Metellus, die Männer der Ober- und Mittelschicht sollten ihre Verantwortung wahrnehmen, heiraten und Kinder bekommen. Der Titel der Rede war *De ducendis uxoribus* – etwa: Über die Pflicht, eine Frau heimzuführen (= zu heiraten). Hundert Jahre später bestand das Problem

immer noch. Kaiser Augustus versuchte durch neue Gesetze die Geburtenzahl bei den römischen Bürgern zu erhöhen.[29]

Im Mittelalter und in der Renaissance wurde immer wieder versucht, Enthaltsamkeit anzuordnen und die Geburtenzahl zu erhöhen. Machiavelli schrieb: „Geld reicht nicht hin, gute Soldaten zu schaffen, wohl aber reichen gute Soldaten hin, Geld zu schaffen."[30] Gewiss sind wir der damaligen Zeit, was Naturwissenschaften und Technologie betrifft, um Lichtjahre voraus. Die Ähnlichkeiten – zu denen im Falle Roms auch ein zunehmender Widerwille gegen Verluste gehört[31] – sind jedoch umso verblüffender. Was das für die Zukunft bedeutet, möge der Leser beurteilen.

Manche „Weststaatler", besonders Europäer, haben schon so gut wie aufgegeben. Wenn sie in die Zukunft blicken, malen sie sie in den düstersten Farben. Der Titel von Henryk Broders Werk „Hurra, wir kapitulieren!" (2004) spricht für sich. Das Buch beschreibt mit schwarzem Humor den Prozess des Niedergangs, dem die „Gutmenschen" auch noch applaudieren. „Deutschland schafft sich ab" von Thilo Sarrazin (2010) und „Soumission" („Unterwerfung", 2014) von Michel Houellebecq schlagen in die gleiche Kerbe. Alle drei Bücher waren Bestseller; das Gleiche gilt für zahlreiche weitere Bücher zum selben Thema.

Ist der Westen noch zu retten? Vielleicht. Aber dazu wird mehr nötig sein, als die Militärausgaben von einem auf zwei Prozent zu erhöhen, wie es einige europäische Länder bei einem Treffen im September 2014 in einer „nichtbindenden Resolution" beschlossen haben.[32] Der Terrorismus ist brutal und widerlich; für den Kampf gegen den Terrorismus wird nichts anderes gelten. Er wird auch lange dauern.

Erstens sind Eltern, Schulen, der Gesetzgeber und die Gesellschaft im Allgemeinen in ihrem Bemühen, junge Menschen vor allen möglichen echten und eingebildeten Gefahren zu „schützen", viel zu weit gegangen. Dies ging Hand in Hand mit dem Bestreben, ihnen eine Art von „Selbstachtung" zu vermitteln, die von einer wie immer gearteten Leistung völlig entkoppelt ist, und hat dazu geführt, dass in viel zu vielen Fällen „excellent sheep" herangezüchtet wurden. Ihre Fähigkeit, sich selbst zu helfen, im Leben zurechtzukommen und mit den schon beschriebenen Herausforderungen fertigzuwerden, hat man zerstört. Wie die „Eloi" in H. G. Wells' Buch *The Time Machine* (1896) sind sie, ebenso wie die Gesellschaft, der sie angehören, zur leichten Beute für härtere Typen geworden, wie es sie vor allem in den großen, finsteren, ungewaschenen, überfluteten, „nicht integrierten" Migranten-Communities gibt. Das muss sich ändern.

Zweitens hat George Orwell einmal gesagt: „Wir schlafen sicher in unseren Betten, weil raue Männer bereitstehen in der Nacht, um jene zu töten, die uns schaden wollen."[33] Sie stehen aber nur bereit, wenn man sie nicht als Kleinkinder behandelt, erniedrigt und einen großen Teil des Gedankengutes, das ihnen lieb und teuer ist, als „Militarismus" verteufelt. Dadurch schreckt man die meisten jungen Leute, besonders die am besten qualifizierten, vom Militärdienst ab und vertreibt die härtesten und besten Kämpfer, jenes „pack of bastards" (wie es in einem australischen Soldatenlied heißt), ohne das man nicht Krieg führen kann. Wenn diese Leute die Nase voll davon haben, nicht wertgeschätzt und auf Schritt und Tritt gedemütigt zu werden, dann werden sie lieber Söldner. Als Söldner werden sie besser bezahlt, und das Risiko ist oft geringer. Auch das muss sich ändern.

Drittens gibt es eine Menge tüchtiger Frauen, die die Streitkräfte für verschiedenste wichtige Tätigkeiten gut gebrauchen könnten. Wenn sich jedoch die Auslieferung eines deutschen Schützenpanzers verzögert, weil eine Fruchtwasserschädigung bei der weiblichen Besatzung nicht ausgeschlossen werden kann, so zeigt dies nur zu deutlich, dass die Art, wie Frauen seit 1970 in das Heer eingegliedert wurden, eine Katastrophe war.[34] Eine Katastrophe für die Streitkräfte, für die Soldatinnen und – nach dem sprunghaften Anstieg der Scheidungen zu urteilen – auch für deren Familien. Auch das muss sich ändern.

Viertens liegt einer der Gründe für die Ausmaße des PTBS-Problems gerade in der Überzeugung, dass PTBS eine unvermeidbare Folge jedes Krieges ist. So ergibt sich ein verhängnisvolles Zusammenwirken von schwerem Leiden, astronomischen Kosten und einer Abnahme der militärischen Effektivität, die die Streitkräfte verweichlichen. Auch das muss sich ändern.

Fünftens ist die Gesellschaft sowohl in Amerika als auch in Europa – auf verschiedene Weise – zur Überzeugung gekommen, dass Rechte fast absolute Priorität gegenüber Pflichten haben. Das geht so weit, dass man freiwillig dienenden Soldaten das Recht zubilligt, aus Gewissensgründen die Teilnahme an einem Krieg zu verweigern. Für weite Teile dieser Gesellschaften ist außerdem ein Krieg nicht einfach ein Übel, das durch bestimmte Umstände zu einer absoluten Notwendigkeit werden kann, sondern das absolute Böse, das durch fast nichts zu rechtfertigen ist. Auch das wird sich ändern müssen.

Andernfalls ... werden wir uns wundern.

Anhang

Anmerkungen

Vorwort

1 Zitiert nach J. Wallach, *Kriegstheorien*, Frankfurt/Main, Bernard & Graefe, 1972, S. 94.
2 Dazu ein kurzer geschichtlicher Abriss in M. van Creveld, *The Training of Officers*, New York, NY, Free Press, 1990.

Einleitung
Chronologie eines Scheiterns

1 Eine deutsche Übersetzung des Ultimatums ist abrufbar unter: http://www.tuerkenbeute.de/res/pdf/forschung/nachweise/quellen/TuerkenkriegHabsburg.pdf
2 Zu den Ursachen für Europas Aufstieg siehe E. Jones, *The European Miracle*, Cambridge, Cambridge University Press, 2003 [1985].
3 S. M. Stanley, *How I Found Livingstone*, Knoxville, TN, Wordsworth, 2010 [1871], S. 95.
4 Zu diesem Krieg siehe W. B. Harris, *France, Spain and the Riff War*, Uckfield, Naval and Military Press, 2010.
5 Zu der damaligen Einschätzung der Kosten eines Sieges über Saddam Hussein siehe S. Biddle, *Military Power: Explaining Victory and Defeat in Modern Battle*, Princeton, NJ, Princeton University Press, 2004, S. 1–2, sowie M. O'Hanlon, „Estimating Casualties in a War to Overthrow Saddam Hussein", S. 1–2, http://slantchev.ucsd.edu/courses/pdf/ohanlon-estimating-casualties-iraq.pdf
6 Diese Ansicht wird in jüngerer Zeit vertreten von R. Kagan, *Of Paradise and Power: The US and Europe in the New World Order*, New York, NY, Vintage, 2007.
7 Zu dieser Denkweise siehe M. Dayan, *Vietnam-Tagebuch* [hebräisch], Tel Aviv, Dvir, 1977, S. 27, 40; D. Halberstam, *The Best and the Brightest*, New York, NY, Random, 1969, S. 123–124.
8 Zahlenangabe nach *The Pentagon Papers*, Gravel edition, Boston, MA, Beacon, 1971, Bd. 4, S. 11, mit Bezugnahme auf ein CIA-Memorandum vom 25. 6. 1967.
9 S. Shah, „US War in Afghanistan, Iraq, to Cost $6 Trillion", Global Research, 20. 9. 2013, http://www.globalresearch.ca/us-wars-in-afghanistan-iraq-to-cost-6-trillion/5350789
10 N. Ferguson, *Colossus: The Rise and Fall of the American Empire*, New York, NY, Penguin, 2005.
11 A. J. Bacevich, *The New American Militarism*, New York, NY, Oxford University Press, 2005.
12 2013 lag das Wehrbudget dieser Staaten zwischen 0,9 % (Spanien) und 2,6 % (Griechenland) ihres jeweiligen BIP. Frankreich gab 2,5 %, Großbritannien 2,3 % und

Deutschland 1,3 % seines BIP aus. SIPRI-Zahlenangaben unter http://data.worldbank.org/indicator/MS.MIL.XPND.GD.ZS

13 Siehe etwa M. Gebauer, „Neuer Mängelbericht der Bundeswehr", Spiegel-online, 24. 9. 2014, http://www.spiegel.de/forum/politik/neuer-maengelbericht-der-bundeswehr-von-der-leyens-truppe-leistet-offenbarungseid-thread-156941-1.html

14 Russisches Bundessicherheitsbüro, Stand Mitte 2015, Heavy News, 11. 11. 2015, http://heavy.com/news/2015/11/how-many-fighters-militants-jihadist-soldiers-are-in-isis-islamic-statenationalities-where-do-they-come-from-numbers [Nicht mehr im Netz]

15 Zu dieser neuen Welt siehe W. S. Lind, *The Four Generations of Warfare*, Kouvola, Finnland, Castalia, Kindle ed., 2014.

16 Siehe etwa W. C. Westmoreland, *A Soldier Reports*, New York, NY, Dell, 1976, S. 81–83, 89, 553–558.

17 Mao Zedong, *Probleme des Krieges und der Strategie*, Ausgewählte Werke, Bd. II., Verlag für fremdsprachige Literatur, Peking 1968, S. 255–274: Maos Rede vor der Sechsten Plenarsitzung des Zentralkomitees der Kommunistischen Partei Chinas, 6. 11. 1938.

18 M. Bowden, „Black Hawk Down", *Atlantic Monthly*, 1999, S. 37.

19 S. Finlay, *Breakfast with the Dirt Club*, CreateSpace, 2012, Kindle 3rd ed., loc. 1495.

20 F. Nietzsche, *Morgenröthe. Gedanken über die moralischen Vorurtheile*, Chemnitz 1881, Fünftes Buch, Aphorismus Nr. 571.

21 R. D. Sawyer, *The Seven Military Classics of Ancient China*, New York, NY, Basic Books, 2007, S. 202.

22 Zur Entwicklung in Europa siehe G. Chaliand, *Pourquoi perd-on la guerre?* Paris, O. Jacob, 2016.

23 J. Davidson, „How NATO's Military Spending Has Evolved Since 1949", Council on Foreign Relations, 4. 9. 2014, http://blogs.cfr.org/davidson/2014/09/04/explainer-this-graph-shows-how-natos-military-capability-has-evolved-since-1949/

24 J. S. Nye, *Soft Power: The Way to Success in World Politics*, New York, NY, Public Affairs, 2009.

Kapitel I
Die gebändigte Jugend

1 Siehe H. Assa/Y. Yaari, *Anders kämpfen* [hebräisch], Tel Aviv, Hemed, 2015.

2 A. Schlegel/H. Barry, *Adolescence: An Anthropological Inquiry*, New York, NY, Free Press, 1991, insbesondere S. 2.

3 Siehe H. Cunningham, *The Invention of Childhood*, London, BBC Books, 2006.

4 Die folgenden Absätze stützen sich auf R. Epstein, *Teen 2.0: Saving Our Teens and Children from the Torments of Adolescence*, Sanger, CA, Quill Driver Books, Kindle ed., 2010.

5 Dazu H. Cunningham, *Combating Child Labor: The British Experience*, in H. Cunningham/P. P. Viazzo (Hg.), *Child Labor in Historical Perspective, 1800–1985*, Florenz, UNICEF, 1996, S. 42–52.

6 Siehe H. A. Giroux, *America's Education Deficit and the War on Youth*, New York, NY, Monthly Review, 2013; M. A. Males, *The Scapegoat Generation: America's War on Adolescents*, Monroe, ME, Common Courage, 1996.

ANMERKUNGEN

7   Siehe z. B. UNICEF Report, November 2014, http://data.unicef.org/child-protection/child-labour; L. McKenna, „Child Labor Is Making a Disturbing Resurgence around the World", *Business Insider*, 6. 1. 2012.

8   A. S. Wald, „Gingrich Calls Child Labor Laws ‚Stupid'", ThinkProgress, 20. 11. 2011, https://thinkprogress.org/gingrich-calls-child-labor-laws-stupid-wants-to-replace-janitors-with-poor-kids-b042e2118b3c#.szmnfk230; B. Mathis-Lilley, „Rand Paul Suggests Disturbingly That He Enjoyed Having Summer Jobs as a Teen", *Slatest*, 7. 4. 2015, http://www.slate.com/blogs/the_slatest/2015/04/07/rand_paul_summer_jobs_fun.html

9   B. Bettelheim, *Die Kinder der Zukunft. Gemeinschaftserziehung als Weg einer neuen Pädagogik*, Verlag Fritz Molden, Wien – München – Zürich 1969, S. 167.

10 T. Simmons/P. Ingram, „The Kibbutz for Organizational Behavior", in B. M. Staw/R. I. Sutton (Hg.), *Research in Organizational Behavior*, Bd. 22, Amsterdam, Elsevier, 2000, S. 21–31.

11 B. Igou, „The Traditional Family and the Amish", Amish Country News, 1994, http://www.amishnews.com/amisharticles/traditionalfamily.htm

12 J. Laucius, „Many Benefits for Teenagers Who Work During the School Year, Study Finds", *Ottawa Citizen*, 23. 8. 2014.

13 Siehe z. B. „How to Get into Harvard", o. D., Wikihow, http://www.wikihow.com/Get-Into-Harvard-University

14 S. Freud, *Das Unbehagen in der Kultur*, Studienausgabe, Bd. IX., Frankfurt/Main 1979, S. Fischer Verlag, S. 211 f.

15 B. Friedan, *Der Weiblichkeitswahn*, Rowohlt, Reinbek 1966, Kap. 14, insb. S. 221 f.; S. de Beauvoir, *Das andere Geschlecht*, Rowohlt, Reinbek 1951, Vierter Teil, Kapitel XIV, S. 682 ff.

16 Siehe T. J. Matthews/B. E. Hamilton, „Delayed Childbirth: More Women Are Having Their First Child Later in Life", Europe Pubmed, 21, 2009, S. 1–8, http://europepmc.org/abstract/MED/19674536; M. J. Bailey, „More Power to the Pill", *The Quarterly Journal of Economics*, 121, 1, Februar 2006, insbesondere S. 288–292.

17 „Europeese Unie Gaat Social Media Verbieden", Geenstijl, 25. 4. 2016, http://www.geenstijl.nl/

18 C. Mercer, „Europe's Soft Drink Firms Ban Adverts to Children", Beveragedaily.com, 26. 1. 2006, http://www.beveragedaily.com/Markets/Europe-s-soft-drinks-firms-ban-adverts-to-children

19 Schlegel/Barry, *Adolescence*, S. 40, 105, 107–132.

20 P. E. H. Hair, „Bridal Pregnancies in Rural England in Earlier Centuries", Population Studies, 20, 2, November 1966, S. 233–243; J. Knodel, „Law, Marriage and Illegitimacy in Nineteenth-Century Germany", *Population Studies*, 20, 3, 1967, S. 279–294.

21 Siehe W. A. Deresiewicz, *Excellent Sheep*, New York, NY, Free Press, Kindle ed., 2014, locs. 551–583.

22 A. Gomstyn, „When ‚Super Mom' Is Super Sad: Pressures Haunt New Parents", Today's Parents, 19. 8. 2014, http://www.today.com/parents/when-super-mom-super-sad-pressures-haunt-new-parents1D80081732

23 Wie Eltern zur übertriebenen Behütung ihrer Kinder vor (fast ausschließlich) imaginären Gefahren

gedrängt werden, beschreibt in saloppem Ton, aber sehr treffend L. Skenazy, *Free Range Kids*, San Francisco, CA, John Wiley & Sons, Kindle ed., 2009, locs. 492–480, 592–738, 764–858.

24 Siehe A. Parks, *An American Gulag: Secret POW Camps for Teens*, Eldorado Springs, CO, The Education Exchange, 2000.

25 A. Pierce, „California Lawmakers to Raise the Legal Smoking Age to 21", *Utah People's Post*, 31. 1. 2015.

26 City of Hilliard Curfew Law, http://hilliardohio.gov/police/don't-be-a-victim/curfew-laws

27 „Dallas City Council Enacts Daytime Juvenile Curfew in 12-2 Vote", *Dallas Morning News*, 13. 5. 2009.

28 Center for Problem-Oriented Policing, „Responses to the Problem of Cruising", o. D., http://www.popcenter.org/problems/cruising/3

29 J. Fowels, *The Case for Television Violence*, Berkeley, CA, Sage, 1999, insbesondere S. 1–3, 3–6, 25, 30.

30 Epstein, *Teen 2.0*, loc. 873.

31 J. Huggler, „German Beaches in Schleswig-Holstein Ban Sandcastles", *Telegraph*, 12. 8. 2014; „You Can't Do That on Our Beaches, Says Italy", World News, 26. 7. 2001, http://www.theguardian.com/world/2011/jul/26/no-sandcastles-on-italian-beaches

32 L. Stanford, „Bizarre School Rules", ParentDish, http://www.parentdish.co.uk/news-and-views/bizarre-school-rules-strict-uniforms/#!slide=aol_1005005

33 Skenazy, *Free Range Kids*, locs. 999, 1007.

34 J. Goodwin, „Less Play Time = More Troubled Kids", US-News, 22. 9. 2011, http://health.usnews.com/health-news/family-health/brain-and-behavior/articles/2011/09/22/less-playtime--more-troubled-kids-experts-say [Nicht mehr im Netz, d. Ü.]

35 SRTS Guide, „The Decline of Walking and Bicycling", o. D., http://guide.saferoutesinfo.org/introduction/the_decline_of_walking_and_bicycling.cfm; „The Decline of Children's Right to Roam", *The Telegraph*, 13. 1. 2013.

36 M. De Lacey, „Mum's Taxi Service", Daily Mail-online, 29. 8. 2013, http://www.dailymail.co.uk/femail/article-2405436/Mums-taxi-service-Average-mother-drives-children1-248-miles-EACH-YEAR-London-Zurich-round-trip.html; „Children Still Hail Mum's Taxi at 30", *Daily Mail*, 3. 9. 2014.

37 Siehe z. B. „Eltern werden zur Verkehrsgefahr auf Schulwegen", *Die Welt*, 25. 8. 2014.

38 „Schülerin kritisiert Lehre auf Twitter", *Kölner Stadt-Anzeiger*, 13. 1. 2015, http://www.ksta.de/koeln/lehrplan-schuelerin-kritisiert-lehre-auf-twitter-3068220

39 M. Mecija, „Parents: Local School Bathroom Policy Is Making Kids Sick", ABC10 News, 14. 7. 1014, http://www.10news.com/news/investigations/parents-local-schools-bathroom-policy-is-making-kids-sick061214 [Nicht mehr im Netz, d. Ü.]; American Booksellers Association, „Banned Books That Shaped America", September 2014, http://www.bannedbooksweek.org/censorship/bannedbooksthatshapedamerica; M. Zandian u. a., „Children Eat Their School Lunch Too Quickly", *Public Health*, 14. 5. 2012, http://www.biomedcentral.com/1471-2458/12/351

40 Siehe z. B. South Bay's Neighbor, „Schools in Place to Protect Promgoers", o. D., http://www.theneighbornewspapers.com/promandgraduation/article0014.html

Anmerkungen

41 Eine Aufzählung verbotener Esswaren findet sich auf der Homepage einer Schule in der irischen Stadt Killarney: http://www.monkillarney.net/ourschool/history/

42 Siehe „Banned Books That Shaped America".

43 K. Robinson, *Finding Your Element: How to Discover Your Talents and Passions and Transform Your Life*, London, Penguin, 2013.

44 C. O'Keefe, „Dead Zones", GreenBuilder, 24. 6. 2014, http://www.greenbuildermedia.com/blog/deadzones-cell-phones-can-kill; Epstein, *Teen 2.0*, loc. 1470.

45 W. Dersiewicz, *Excellent Sheep*, passim.

46 J. M. Twenge u. a., „It's Beyond My Control: A Cross-Temporal Meta-Analysis of Increasing Externality in Locus of Control, 1960–2002", *Personality and Social Psychology Review*, 8 (3), 2004, S. 308–319.

47 Aspen Education Group, *Your Child and ADHD*, o. O., o. D., S. 14, http://www.4adhd.com/youchildandadhd.pdf/

48 Siehe J. Hechinger/D. Golden, „When Special Education Schools Go Easy on Students", *Wall Street Journal*, 25. 6. 2006.

49 US Department of Labor, „Bureau of Labor Statistics–Social Workers", 2003, abrufbar unter: www.bls.gov/oco/ocos060/htm; Psychiatric News, 36, 5, 2. 3. 2001, abrufbar unter: http://pn.psychiartyonline/prg/cji/content/full/36/5/3

50 Zahlenmaterial nach G. E. Zuriff, „Extra Examination Time for Students with Learning Disabilities", *Applied Measurement in Education*, 13 (1), 2000, S. 99.

51 L. E. Booren/B. K. Hood, „Learning Disabilities in Graduate School", *Observer*, März 2007, http://www.psychologicalscience.org/observer/getArticle.cfm?id=2146

52 Stellvertretend für die zahlreiche Literatur: J. Lorin/J. Smialek, „College Graduates Struggle to Find Employment Worth a Degree", Bloomberg News, 5. 6. 2014, http://www.bloomberg.com/news/2014-06-05/collegegraduates-struggle-to-find-employmentworth-a-degree.html; R. Able u. a., „Are Recent College Graduates Finding Good Jobs?", *Current Issues in Economics and Finance*, 20 (1), 2014, S. 1–8, http://www.newyorkfed.org/research/current_issues/ci20-1.pdf

53 Zahlenmaterial zu diesem Thema siehe S. Pinker, *The Better Angels of Our Nature: Why Violence Has Declined*, New York, NY, Viking, 2011, S. 221, 227, 230, Tabellen 5–11, 6–18.

54 R. L. Mayers, „Semantic Connotations of the Words ‚Adolescent', ‚Teenager', and ‚Youth'", *The Journal of Genetic Psychology*, 129, 1, 1976, S. 1.

55 Online Etymology Dictionary; Dictionary.com.

56 J. Haltung/T. Hoivik, „Structural and Direct Violence", *Journal of Peace Research*, 8 (1), 1971, S. 73.

57 Wikipedia, „Structural Violence".

58 Merriam-Webster, „Oppression".

59 Ebd.

60 P. Evans, *Verbal Abuse Survivors Speak Out*, Avon, MA, Adams, 1993.

61 J. Donovan, *The Way of Men*, Milwaukie, Oregon, Dissonant Hum, Kindle ed., 2013, loc. 574.

62 J. Leicester, „A Cricketer's Courageous Battle with Stress", The Big Story, 25. 11. 2013, http://bigstory.ap.org/article/cricketers-courageous-battle-stress

63 D. J. Siegel, *Brainstorm: The Power and Purpose of the Teenage Brain*,

New York, NY, Tarcher/Penguin, 2015, S. 7.
64 SSCB Event-Checklist – Safety Advisory Group, unsigniert, http://sheffieldscb.proceduresonline.com/pdfs/events_check.pdf
65 Siehe J. Gruber/D. A. Weiss (Hg.), *Social Security Programs and Retirement Around the World: The Effect on Youth Unemployment*, Chicago, IL, University of Chicago Press, 2005.
66 Ph. Aries, *Centuries of Childhood*, New York, NY, Vintage, 1962, S. 30.
67 L. S. Stepp, „Adolescence: Not Just for Kids", *Washington Post*, 2. 1. 2002.
68 V. Woolastone, „Adult at 18? Not Any More", Daily Mail-online, 24. 9. 2013, http://www.dailymail.co.uk/health/article-2430573/An-adult-18-Not-Adolescence-ends-25-preventyoung-people-getting-inferiority-complex.html
69 Ph. Wilan, „Italian Court Tells Father to Support Stay-at-Home Son, 30", *The Guardian*, 6. 4. 2002.
70 D. Albrecht, „A: Now the Most Common Grade in College", 17. 7. 2011, http://profalbrecht.wordpress.com/2011/07/17/a-now-the-most-common-grade-in-college/
71 National Research Council, *Juvenile Crime, Juvenile Justice*, Washington DC, National Academy Press, 2001, S. 5–6.
72 Substance Abuse and Mental Health Services Administration, „Results from the 2007 National Survey on Drug Use and Health: National Findings", http://www.samhsa.gov/data/nsduh/2k7nsduh/2k7Results.htm
73 G. Kant, „Radical Increase in Kids Prescribed Ritalin", WND, 24. 7. 2014, http://www.wnd.com/2013.04.radical-increase-in-kids-prescribed-ritalin/

74 Associated Press, „Psychiatric Drugs Used by Youths Surges", LA Times, 13. 1. 2003.
75 „Mehr Kinder rutschen in eine Depression ab", *Naturheilkunde und Naturverfahren*, 28. 12. 2014, http://www.heilpraxisnet.de/naturheilpraxis/mehr-kinder-rutschen-in-eine-depression-ab901853447201.php
76 „Ritalin Side Effects and Warnings", DrugEnquirer, 5. 8. 2014, http://ritalinsideeffects.net/
77 Donovan, *The Way of Men*, locs. 1643–1649. Noch weitaus detaillierter C. Hoff Sommers, *The War Against Boys*, New York, NY, Simon & Schuster, 2013 [2001].
78 M. Kaldor, *New and Old Wars: Organized Violence in a Global Era*, Oxford, Polity, 2. Aufl., 2006.
79 In absoluten Zahlen waren es 4.944 Männer und 143 Frauen. Zahlenangaben nach „America's Wars; US Casualties and Veterans", Infoplease, http://www.infoplease.com/ipa/A0004615.html, und Center for Military Readiness, „Grim Toll of Military Women Killed in War", 1. 1. 2013, http://www.cmrlink.org/content/home/35891/grim_toll_of_military_women_killed_in_war
80 *Heeres-Dienstvorschrift 300, Truppenführung*, Berlin, Mittler, 1936, Artikel 15.
81 Zum Palmach: http://en.wikipedia.org/wiki/Palmach

Kapitel II
Ein Heer wird zum Papiertiger

1 Siehe B. D. Rostker, *„I Want You!" The Evolution of the All-Volunteer Force*, Berkeley, CA, RAND, 2006.
2 Zahlenangaben nach A. Searle, *Wehrmacht Generals*, Westport, CT, Praeger, S. 18, und „Von der

ANMERKUNGEN

Leyen plant Frauenquote bei der Bundeswehr", *Focus*, 10. 1. 2015.

3   Zahlenangaben nach J. Shay, *Achill in Vietnam*, New York, NY, Simon & Schuster, Kindle ed., 2010, loc. 603. [J. Shay, *Achill in Vietnam. Kampftrauma und Persönlichkeitsverlust*, Hamburger Edition, Hamburg 1998, S. 45.]

4   D. MacGregor, „Five Rules for Defense Spending", BreakingDefense.com 26. 1. 2015, http://fortunascorner.com/2015/01/27/five-rules-for-defense-spending/

5   R. Sisk, „Gates and Panetta Blast Obama for Micromanaging Military", Militarycom, 17. 1. 2014, http://www.military.com/daily-news/2014/11/17/gates-and-panetta-blast-obama-for-micro-managingmilitary.html

6   In absoluten Zahlen: 2.709.918 von 9.087.000; „Vietnam War: Facts, Stats and Myths", US Wings, http://www.uswings.com/about-us-wings/vietnam-war-facts/

7   Athenaeus, *Deipnosophistae*, 561e. Zur genauen Bedeutung des Wortes „aphrodisiazein" in diesem Zusammenhang siehe auch B. Bertosa, „Sacrifice and Homosexuality in the Spartan Army", *War and Society*, 28, 2, October 2009, insbesondere S. 10.

8   Platon, *Der Staat*, 460b.

9   Sueton, *Caesar*, 67, 51.

10 I. Sherer, „Warriors for a Living: The Experience of the Spanish Infantry Soldiers in the Italian Wars, 1521–1546", Dissertation eingereicht an der Hebrew University, Jerusalem, 2014, S. 8, 46.

11 B. R. Haydon, *Autobiography*, London, Longman, 1853, Bd. 1, S. 117.

12 LZ Center, „Myths and Facts of the Vietnam War", http://www.lzcenter.com/Myths%20and%20Facts.html; Statistic Brain, „Demographics of Active US Military", http://www.statisticbrain.com/demographics-of-active-duty-u-s-military/

13 E. Slavin, „Restrictions on US Servicemembers in Japan Could Create More Issues", *Stars and Stripes*, 6. 12. 2012.

14 E. Slavin, „Curfew Eased for Servicemembers in Japan", *Stars and Stripes*, 12. 2. 2013.

15 „Military Curfew in South Korea to Continue", *Stars and Stripes*, 17. 1. 2013; G. I. Korea, „Is Infantilization the New Leadership Philosophy of the US Military", ROK Drop, 12. 12. 2012, http://rokdrop.com/2012/12/12/is-infantilization-the-new-leadership-philosophy-of-the-us-military/

16 J. Vandiver, „US Troops in Europe Banned from Wearing Uniform off Base", *Stars and Stripes*, 23. 3. 2011.

17 Josephus Flavius, *Geschichte des jüdischen Krieges*, 2:254–257; *Jüdische Altertümer*, 20:186.

18 Siehe P. Fussell, *Uniforms*, Boston, MA, Houghton Mifflin, 2002, S. 8–10.

19 B. Fleming, „The Few, the Proud, the Infantilized", *The Chronicle of Higher Education*, 8. 10. 2012, http://chronicle.com/article/The-Few-the-Proud-the/134830/

20 A. Brenneman, „Why the Viet Cong Were Called ‚Charlie'", Today I Found Out, http://www.todayifoundout.com/index.php/2013/04/why-the-viet-cong-were-called-charlie-during-the-vietnam-war/

21 Siehe M. van Creveld, *Kriegs-Kultur*, Ares Verlag, Graz 2011, S. 245–248.

22 Siehe etwa D. Bar Tal, „Delegitimization: The Extreme Case of Stereotyping and Prejudice", *Springer Series in Social Psychology*, 1989, S. 169–182.

23 Siehe etwa D. Grossman, *On Killing*, New York, NY, Back Bay Books, Kindle ed., 1996, locs. 2656, 3051, 3076, 3203, 3399, 3401, 5040, 4914.
24 USAREC Regulation 600–625, „Prohibited and Regulated Activities", 2009, http://docplayer.net/21547941-Prohibited-and-regulated-activities.htm
25 „Cucolo: No. 1 Priority is Training to Serve", *The Frontline*, 44, 4, 29. 1. 2009, http://www.fortstewartfrontline.com/archivedFrontline/Frontline01-29-09News.pdf [Nicht mehr im Netz]
26 C. Carroll, „Air Force Finds Thousands of Inappropriate Items, Including Pornography", *Stars and Stripes*, 18. 1. 2013.
27 J. Dunnigan, „The US Navy Breaks the Wrong Record", Strategy Page, 11. 1. 2012, http://www.strategypage.com/dls/articles/US.-Navy-Breaks-The-Wrong-Record-1-20-2012.asp
28 R. Scarborough, „Navy Too Politically Correct for ‚Old Salts'", *Washington Times*, 28. 5. 2011.
29 B. Mathis-Lilley, „Blue Angels Scandal Involves Genitalia Painting So Large That It Could Be Seen on Google Maps", *Slatest*, 23. 7. 2014, http://www.slate.com/blogs/the_slatest/2014/07/23/blue_angels_sexual_harassment_scandal_google_maps_picks_up_incriminating.html
30 R. Powers, „Adultery in the Military", About.com, http://usmilitary.about.com/od/justicelawlegislation/a/adultery.htm
31 R. v. Krafft-Ebing, *Psychopathia Sexualis. Mit besonderer Berücksichtigung der conträren Sexualempfindung*, 14. vermehrte Auflage, Stuttgart 1912, S. 68.
32 Zahlen für 1999. GAO Report, „Military Personnel: Actions Needed to Better Define Pilot Requirements and Increase Retention", Washington DC, 1999, S. 18.
33 P. J. Boyer, „Admiral Boorda's War", *The New Yorker*, 6. 9. 1996.
34 Siehe „A Tale of Two Paulas", Military Corruption.com, 2003, http://www.militarycorruption.com/paulas.htm
35 CMR: „Military Sexual Assault Numbers Inflated for Political Purposes", 8. 4. 2014, http://www.onenewsnow.com/national-security/2014/04/08/cmr-military-sexual-assault-numbersinflated-for-political-purposes
36 L. C. Baldor, „Sex Is a Major Reason Military Commanders Are Fired", Associated Press, 21. 1. 2013, http://news.yahoo.com/sex-major-reason-military; M. Thompson, „Military Misbehavin", *Time*, 1. 10. 2012.
37 T. Zakaria/S. Cornwell, „US Military Faces Scrutiny over Its Prostitution Policies", Reuters, 29. 4. 2012, http://www.reuters.com/article/2012/04/29/us-usa-agents-military-idUSBRE83S09620120429
38 Sueton, *Caesar*, 50–52, 67–68.
39 D. Chandler, *The Campaigns of Napoleon*, New York, NY, MacMillan, 1966, S. 369.
40 D. Showalter, *Patton and Rommel: Men of War in the Twentieth Century*, New York, NY, Berkeley, 2005, S. 126, 411–412.
41 D. Frum, „Top Ten Military Sex Scandals", *The Daily Beast*, 15. 11. 2012, http://www.thedailybeast.com/articles/2012/11/15/top-ten-military-sex-scandals.html
42 *Othello*, 1. Akt, 3. Szene.
43 S. de Beauvoir, *In den besten Jahren*, Rowohlt Verlag, Reinbek bei Hamburg, 1961, S. 388 ff.
44 Siehe M. L. Roberts, *What Soldiers Do: Sex and the American GI in World War II France*, Chicago, IL,

University of Chicago Press, Kindle ed., 2013, loc. 1263; P. Goedde, „From Villains to Victims: Fraternization and the Feminization of Germany, 1945–47", *Diplomatic History*, 23 (1), 2002, S. 1–20.

45 „Down by the Bahnhof, American Soldat/Ich habe Zigaretten, und beaucoup Chocolat. Das ist prima das ist gut, A zwanzig Mark/für fümp Minute. Wieviel, Lili Marlen."

46 C. Hedges, *War Is a Force That Gives Us Meaning*, Kindle ed., locs. 1532–1586.

47 R. Scarborough, „Doubts on military's sex assault stats as numbers far exceed those for the US", *Washington Times*, 26. 4. 2014; M. Conzachi, „The Sexual Assault on US Military Members", A Voice for Men, 30. 11. 2013, http://www.avoiceformen.com/feminism/feminist-governance-feminism/the-sexualassault-on-us-military-members/; „The Rape Differential", The Ledger, 24. 11. 1996, http://news.google.com/newspapers?nid=1346&dat=19961124&id=IwQwAAAAIBAJ&sjid=6fwDAAAAIBAJ&pg=6674,2194602

48 Thompson, „Military Misbehavin'".

49 R. J. Maginnis, *Deadly Consequences: How Cowards Are Pushing Women into Combat*, New York, NY, Back Bay, 2009, Kindle ed., loc. 1109.

50 J. Huang, „ClassicWHO: Why Petraeus Takedown May Have Been an Inside Job", WhoWhatWhy, 25. 6. 2014, http://whowhatwhy.com/2014/06/25/classicwho-why-petraeus-takedown-may-have-been-an-inside-job/

51 L. M. Schenck, „Sex Offenses under Military Law: Will the Recent Changes in the Uniform Code of Military Justice Re-traumatize Sexual Assault Survivors in the Courtroom?" *Ohio State Journal of Criminal Law*, 11 (2), 2014, S. 438–485.

52 A. Jones, „Some Marines Fear Innocent Men Are Being Convicted of Rape", The Wire, 18. 2. 2014, http://www.thewire.com/politics/2014/02/some-marines-fear-innocent-men-are-being-convicted-rape/358220/; D. Lee, „Women in Combat; Marines Fear Spike in Sexual Harassment Allegations", USAttorneys.com, 5. 2. 2013, http://sexual-harassment-lawyers.usattorneys.com/women-combat-marines-fear-spike-sexual-harassment-allegations/

53 Siehe die kurzen, aber treffenden Ausführungen zur Bedeutung des Begriffs bei William S. Lind, *On War*, Kouvola, Finland, Castalia House, 2014, Kolumne vom 19. 11. 2009.

54 Zu Nancy Parrish: „Protect Our Defenders", http://www.protectourdefenders.com/leadership/

55 Text abrufbar unter: http://protectourdefenders.com/downloads/Smith_ExhibitSelects_20121101.pdf

56 Es gibt zwar ein über Amazon erhältliches Druckwerk namens *The Fighter Pilot's Handbook*, das aber mit dem hier behandelten nichts zu tun hat.

57 Das Originalzitat lautet: „Wen hasst das Weib am meisten? – Also sprach das Eisen zum Magneten: ‚Ich hasse dich am meisten, weil du anziehst, aber nicht stark genug bist, an dich zu ziehen.'" Friedrich Nietzsche, *Also sprach Zarathustra*, München 1987, 7. Auflage, S. 56.

58 Original abrufbar unter: http://www.westernfrontassociation.com/great-war-people/48-brothersarms/372-songs-war.html

59 F. Fukuyama, *Trust: Human Nature and the Reconstitution of Social Order*, New York, NY, Free Press, 2008.

60 Vergleichendes Zahlenmaterial zur Bevölkerungsdichte von Städten siehe: www.demographia.com/db-worldua.pdf

61 Zahlenmaterial zu Großbritannien und Deutschland bei L. Long, *Migration and Residential Mobility in the United States*, New York, NY, Russell Sage, 1988, Tabelle 2.6; zu China siehe C. Cindy Fan, „Interprovincial Migration, Population Redistribution, and Regional Development in China", *The Professional Geographer*, 57(2) 2005, S. 295.

62 Nach D. Brooks, *Paradise Drive*, New York, NY, Simon & Schuster, 2004, S. 76.

63 Nach M. A. Glendon, *Legally Speaking: Contemporary American Culture and the Law*, Boston, MA, University of Massachusetts Press, 1999, S. 76–89.

64 Vergleichendes Zahlenmaterial bei F. K. Upham, *Law and Social Change in Postwar Japan*, Cambridge, MA, Harvard University Press, 1987, S. 166–227.

65 J. R. Glater, „In a Complex World, Even Lawyers Need Lawyers", *The New York Times*, 3. 2. 2004.

66 Eine kurze Darstellung der Organisationsform des Berufsstandes bei L. M. Friedman, *American Law in the Twentieth Century*, New Haven, CT, Yale University Press, 2002, S. 457–504.

67 Siehe A. K. Bailey, „Military Employment and Spatial Mobility across the Life Course", in J. M. Wilmoth/A. S. London (Hg.), *Life Course Perspectives on Military Mobility*, New York, NY, Routledge, 2013.

68 Annual Report to Congress Pursuant to the Uniform Code of Military Justice, 1. 10. 1997 bis 1. 10. 1998, Abschnitt III, S. 8.

69 „Active Duty Military Personnel, 1940–2011", http://www.infoplease.com/ipa/A0004598.html

70 B. Gertz/R. Scarborough, „JAG Proliferation", *Washington Times*, 15. 9. 2006.

71 B. Farmer, „MoD Lawyers Soar as Armed Forces' Budgets Cut", *Telegraph*, 1. 11. 2011.

72 Persönliche Mitteilung von Lt. Jeffrey Clement.

73 S. Rayment, „£ 340 Million Bill as Compensation Culture Infects Our Armed Forces", Daily Mail-online, 20. 4. 2013, http://www.dailymail.co.uk/news/article-2312242/340million-compensation-culture-infects-Armed-Forces-36-000-claims-payouts-past-seven-years.html

74 C. Dickens, *Bleak House*, London, Penguin, 1991 [1853], S. 6, 11, 13, 83.

75 Zu Owen und Sassoon siehe van Creveld, *Kriegs-Kultur*, S. 215–223.

76 T. O'Brien, *The Things They Carried*, Boston, MA, Houghton Mifflin, Kindle ed., 2009, locs. 871–889.

77 CNN.com, 2. 4. 2005, http://edition.cnn.com/2005/US/02/03/general.shoot/

78 „Chaos: General James Mattis Announced as Next Commandant of the Marine Corps", 17. 8. 2012, http://www.abovetopsecret.com/forum/thread872700/pg1

79 Siehe: http://www.bartleby.com/266/63.html

80 A. Chaniotis, *War in the Hellenistic World*, Oxford, Blackwell, 2005, S. 36, 210, 229.

81 van Creveld, *Kriegs-Kultur*, S. 107.

82 M. Polner, *No Victory Parades: The Return of the Vietnam Veteran*, New York, NY, Holt, Rinehart and Winston, 1971.
83 http://www.goodreads.com/quotes/300507-militarism-has-been-by-far-the-commonest-cause-of-the-breakdown-of-civilizations; http://oxforddictionaries.com/definition/english/militarism
84 W. Eckhardt/G. A. Newcome, „Militarism, Personality and Other Social Attitudes", *Journal of Conflict Resolution*, 13, 2, June 1969, S. 212, Tabelle 1.
85 Chaniotis, *War in the Hellenistic World*, S. 192.
86 Siehe zu alldem van Creveld, *Kriegs-Kultur*, S. 224–244.
87 A. Vagts, *A History of Militarism*, New York, NY, Free Press, 1959 [1937], S. 13–14.
88 Siehe dazu van Creveld, *Kriegs-Kultur*, S. 421 f.
89 Thukydides, *Der Peloponnesische Krieg*, I, 3.
90 Siehe M. Domarus, *Hitler. Reden und Proklamationen 1932–1945*, Bd. 3, Löwit, Wiesbaden 1973, S. 1237.
91 C. von Clausewitz, *Vom Kriege*, Ferd. Dümmlers Verlagsbuchhandlung, Berlin 1905, 5. Auflage, S. 641.
92 Alex Ashbourne-Walmsley, zit. nach „How Europe's Five Female Defense Ministers Could Impact the Ukraine Conflict", The Daily Beast, 5. 3. 2014, http://www.thedailybeast.com/witw/articles/2014/03/05/how-europe-s-five-female-defense-ministers-could-impact-the-ukraine-conflict.html
93 N. Rothschild, „Swedish Women vs. Vladimir Putin", Foreignpolicy.com, 5. 12. 2014, http://foreignpolicy.com/2014/12/05/can-vladimir-putin-be-intimidated-by-feminism-sweden/
94 L. Wurster/T. Nollau, „Ursula von der Leyen: Deutschland muss führen—zumindest ein bisschen", Focus-online, 6. 2. 2015, http://www.focus.de/politik/ausland/ukraine-krise/ratlosigkeit-undzurueckrudern-ursula-von-der-leyen-deutschland-muss-fuehren-zumindest-einbisschen_id_4459645.html
95 C. Dale/C. Gilroy, „The Effects of the Business Cycle on the Size and Composition of the US Army", *Atlantic Economic Journal*, 11, 1, März 1983, S. 42–53.
96 J. G. Bachman u. a., „Who Chooses Military Service? Correlates of Propensity and Enlistment in the US Armed Forces", *Military Psychology*, 12 (1), 2000, S. 1–30.
97 „The US Military Helps Naturalize Non-Citizens", Military.com, http://www.military.com/join-armedforces/eligibility-requirements/the-us-military-helps-naturlize-non-citizens.html
98 J. Dunnigan, „Why Foreigners Make Better Soldiers", *Strategy Page*, 7. 8. 2012, http://www.strategypage.com/dls/articles/Why-Foreigners-Make-Better-Soldiers-8-7-2012.asp
99 Ministry of Foreign Affairs of Denmark, „Danish Military Service for Foreign Nationals", http://usa.um.dk/en/travel-and-residence/defense-and-security/danish-military-service-for-foreign-nationals/
100 Persönliche Mitteilung von Prof. Lt. Col. Alexandre Vautravers, Genf.
101 „List of Militaries that Recruit Foreigners", Februar 2010, http://en.wikipedia.org/wiki/List_of_militaries_that_recruit_foreigners
102 Eine Übersicht über das Thema bei P. W. Singer, *Corporate Warriors: The Rise of the Privatized Military Industry*, Ithaca, NY, Cornell University Press, 2011.

103 Zu den USA siehe S. Lendman, „The World of Mercenary Companies and Private Military Contractors", Global Research, 11. 1. 2012, http://www.globalresearch.ca/the-world-of-mercenary-companies-and-private-military-contractors/28603; zu Großbritannien I. Traynor, „The Privatization of War", *The Guardian*, 10. 12. 2003.

104 A. Bones, „How Much Do Private Military Contractors Get Paid?" The Nest, o. D., http://woman.thenest.com/much-money-private-military-contractors-paid-23196.html

Kapitel III
Verweiblichung der Streitkräfte

1 E. Flock, „Gadhafi's Female Bodyguards Say They Were Raped, Abused by the Libyan Leader", *Washington Post*, 28. 11. 2011.

2 C. Bigg, „Army Puts on a Pretty Face", Radio Free Europe, 18. 1. 2015, http://www.rferl.org/content/article/1059432.html

3 Eine kurze Zusammenfassung der Rolle von Frauen in den Streitkräften verschiedener Länder findet sich bei M. van Creveld, *Frauen und Krieg*, Gerling Akademie Verlag, München 2001, S. 54–191.

4 J. Holm, *Women in the Military: An Unfinished Revolution*, Novato, CA, Presidio, 1992, Kapitel 10; J. Ebbert/M.-B. Hall, Crossed Currents: *Navy Women from WWI to Tailhook*, Washington DC, Brassey's, 1993, S. 97 ff.

5 Holm, *Women in the Military*, S. 184.

6 Holm, *Women in the Military*, S. 181; Ebbert/Hall, *Crossed Currents*, S. 122; Breuer, *War and the American Woman*, S. 70–71.

7 Holm, *Women in the Military*, Kapitel 15; W. B. Breuer, *War and American Women: Heroism, Deeds, and Controversy*, Westport, CT, Praeger, 1997, S. 79; H. Rogan, *Mixed Company, Women in the Modern Army*, Boston, MA, Beacon Press, 1981, S. 16; Ebbert/Hall, *Crossed Currents*, S. 160–161, 168, 222–223.

8 M. Binkin/J. S. Bach, *Women in the Military*, Washington DC, Brookings, 1977, S. 2, 12–13.

9 Zitiert nach J. Stiehm, *Arms and the Enlisted Woman*, Philadelphia, PA, Temple University Press, 1989, S. 55.

10 J. J. Mansbridge, *Why We Lost the Era*, Chicago, IL, University of Chicago Press, 1986, S. 72; B. Mitchell, *Women in the Military: Flirting with Disaster*, Washington DC, Regnery, 1998, S. 24–25.

11 Siehe die bei Binkin/Bach, *Women in the Military*, S. 49 ff., zitierten Aussagen.

12 Binkin/Bach, *Women in the Military*.

13 Ebert/Hall, *Crossed Currents*, S. 163–164.

14 Siehe Holm, *Women in the Military*, Kapitel 18.

15 Breuer, *War and the American Woman*, S. 116 ff.

16 Holm, *Women in the Military*, S. 205.

17 N. Montgomery, „Army Uniform Designed for Women Now for All", *Stars and Stripes*, 28. 9. 2012.

18 Stiehm, *Arms and the Enlisted Woman*, S. 55.

19 Siehe zu diesen Fällen Stiehm, *Arms and the Enlisted Woman*, S. 113 ff.

20 Presidential Commission on the Assignment of Women in the Armed Forces, *Report to the President*, Washington DC, 1992, GPO, passim.

21 E. Bumiller/Th. Shanker, „Pentagon Is Set to Lift Combat Ban for Women", *The New York Times*, 23. 1. 2013.
22 „Dempsey: Combat Ban Contributed to Sexual Assault Problem", *Washington Free Beacon*, 24. 1. 2013.
23 Details bei E. Klick, „Utilization of Women by the NATO Alliance", *Armed Forces and Society*, 4, 4, August 1978, S. 673–694.
24 E. MacAskill, „US Hands Command of Libya Air Strategy to Senior Female Officer", *Guardian*, 23. 5. 2011.
25 „Von der Leyen plant Frauenquote bei der Bundeswehr", Focus-online, 10. 1. 2015, http://www.focus.de/politik/deutschland/von-10-5-auf-15-prozent-von-der-leyen-plant-frauenquote-beiderbundeswehr_id_4394796.html
26 Ilias, III, 184. Zur Bedeutung von *antianeirai* siehe J. H. Blok, *The Early Amazons: Modern and Ancient Perspectives on a Persistent Myth*, Universität Leiden, Brill, 1995, S. 155 ff., 167, 173, 223 ff.
27 Zusammenfassung der Daten bei Mitchell, *Women in the Military*, S. 141–142.
28 Nach J. Diamond, *Guns, Germs and Steel*, New York, NY, Norton, 1997, S. 375.
29 D. Morris, *Manwatching: A Field Guide to Human Behavior*, New York, NY, Abrams, 1977, S. 239–240.
30 Presidential Commission on the Assignment of Women in the Armed Forces, *Report to the President*, S. C-74.
31 G. Zorpette, „The Mystery of Muscle", *Scientific American*, 10, 2, Sommer 1999, S. 48.
32 J. F. Tuten, „The Argument against Female Combatants", in Loring Goldman (Hg.), *Female Soldiers*, Beverly Hills, CA, SAGE, 1976, S. 247–248.
33 Morris, *Manwatching*, S. 230–232.
34 D. Kimura, „Sex Differences in the Brain", *Scientific American*, 10, 2, Sommer 1999, S. 27.
35 Presidential Commission on the Assignment of Women in the Armed Forces, *Report to the President*, S. C-64.
36 J. Caba, „Women's Breast Size Could Be Hindering Their Participation in Physical Activity", *Medical Daily*, 24. 6. 2014, http://www.medicaldaily.com/womens-breast-size-could-be-hindering-theirparticipation-physical-activity-289626
37 Sallust, *Der Jugurthinische Krieg*, übersetzt von C. Holzer, Paul Neff Verlag, Stuttgart 1868, S. 198. Tatsächlich werden auch in den „fortschrittlichsten" Streitkräften nur sehr wenige Frauen im Wachdienst eingesetzt, da man befürchtet, sie könnten angegriffen werden.
38 Rogan, *Mixed Company*, S. 62; siehe auch Stephanie Gutman, *The Kinder, Gentler Military*, S. 31– 43, 72–73.
39 Rogan, *Mixed Company*, S. 65.
40 US Army Research Institute for Environmental Medicine, *Incidence of Risk Factors for Injury and Illness among Male and Female Army Basic Trainees*, 1988.
41 Zahlenangaben nach L. B. de Fleur/D. Gilman/W. Marshal, „Sex Integration at the US Air Force Academy: Changing Roles for Women", *Armed Forces and Society*, August 1978, S. 615.
42 „First Woman to Lead Troops in Battle Praised", *Kansas City Star*, 4. 1. 1990.
43 Gutman, *The Kinder, Gentler Military*, S. 266; A. McDonald, „Canada Offers Lessons on Women in Combat", *Wall Street Journal*, 24. 1. 2013.

44 K. Wong, „Few Female Marines Step Forward for Infantry", *Washington Times*, 25. 11. 2012.
45 R. Sagi, *Women Fighting the IDF* [hebräisch], Tel Aviv, Semrik, 2014, S. 149–162.
46 Siehe K. J. Colson u. a., *The Harvard Guide to Women's Health*, Cambridge, MA, Harvard University Press, 1996, S. 238, 241, 322, 379, 388.
47 M. J. Festle, *Playing Nice: Politics and Apologies in Women's Sports*, New York, NY, Columbia University Press, 1996, S. 270 ff.
48 Gutman, *The Kinder, Gentler Military*, S. 248; *Wall Street Journal*, 3. 12. 1999.
49 Ministry of Defense, „Women in Ground Close Combat", Review Paper, 1. 12. 2014, https://www.gov.uk/government/publications/women-in-ground-close-combat-gcc-review-paper
50 Siehe zu diesen Problemen GAO, *Improved Guidance and Oversight Are Needed to Ensure Validity and Equity of Fitness Standards*, Washington DC, Government Printing Office, 1998, S. 3, 4, 5, 9, 12, 16, 26, 28.
51 M. Nichol, „Female RAF Recruits Get 100,000 Pounds Compensation Each… Because They Were Made to March Like Men", Daily Mail-online, 23. 11. 2013, http://www.dailymail.co.uk/news/article2512412/Female-RAF-recruits-100-000-compensation--march-like-men.html
52 Beispiele aus der Praxis verschiedener Streitkräfte bei Maginnis, *Deadly Consequences*, locs. 1343–1347.
53 https://www.google.co.il/webhp?sourceid=chromeinstant&rlz=1C1OPRB_enIL528IL528&ion=1&espv=2&ie=UTF-8#q=gender+norming+definition

54 Gutman, *The Kinder, Gentler Military*, S. 44–79; Force System Directorate, „Valuation of the Military Entrance Physical Strength Capacity Test", Bethesda, MD, US Army Concepts Analysis Agency, Oktober 1985.
55 L. M. Bacon, „In Marines' New Fitness Plan, Pullups for Women Won't Be Mandatory", Marine Times, 18. 4. 2016, http://www.marinecorpstimes.com/story/military/2016/04/18/marines-new-fitness-plan-pullups-women-wont-mandatory/82793128/
56 Eine Fülle von Beispielen für solche Klagen bei Mitchell, *Women in the Military*, passim; L. H. Francke, *Ground Zero: The Gender Wars in the Military*, New York, NY, Simon & Schuster, 1997, S. 200; Gutman, *The Kinder, Gentler Military*, S. 260–261.
57 Thukydides, *Der Peloponnesische Krieg*, 5.66.3–4.
58 Polybios, *Historien*, 6, 38, 2.
59 Zur Entstehung dieses Zusammenhalts siehe M. van Creveld, *Kampfkraft*, Ares Verlag, Graz 2011, 5. Auflage.
60 M. Beal, „41-Year-Old Grandmother Joins the Army", 10News, 15. 6. 2010, http://www.sun-sentinel.com/sfl-mtblog-2010-06-41yearold_grandmother_joins_th-story.html
61 Presidential Commission, S. 40.
62 Vgl. z. B. „Zivildienst in Österreich", WienKonkret, o. D., http://www.wienkonkret.at/leute/bundesheer/zivildienst/
63 „Norway's Military Conscription Becomes Gender-Neutral", Deutsche Welle, 14. 6. 2013.
64 J. Bennetto, „Childless Servicewomen May Sue MoD", *The Independent*, 7. 9. 1994.
65 I. Drury, „200 Women Troops Sent Home for Being Pregnant",

Daily Mail-online, 16. 2. 2014, http://www.dailymail.co.uk/news/article-2560898/200-women-troops-sent-home-pregnant-MoDwontimpose-war-zone-pregnancy-tests-privacy-fears.html
66 Navy Personnel Command, Pregnancy FAQs, o.D., http://www.public.navy.mil/bupersnpc/organization/bupers/WomensPolicy/Pages/FAQs-Women%27sPolicy.aspx
67 Mitchell, *Women in the Military*, S. 210.
68 J. Wilson, „Unplanned Pregnancies May Be on Rise in the Military", CNN News, 23. 1. 2013, http://edition.cnn.com/2013/01/23/health/unplanned-pregnancies-military/
69 J. Leopold, „Top Army Commander Rescinds Order Criminalizing Pregnancy", Truthout, 9. 12. 2009, http://truth-out.org/archive/component/k2/item/87368:top-army-commander-rescinds-controversialorder-criminalizing-pregnancy
70 J. Brown/C. Safilios-Rothschild, „Greece: Reluctant Presence", in Goldman Loring (Hg.), *Female Combatants*, S. 173.
71 Klick, „Utilization of Women in the NATO Military", *Armed Forces & Society*, S. 675; *Moniteur belge*, 7. 5. 1977, S. 236.
72 F. Seidler, *Frauen zu den Waffen?*, Wehr & Wissen, Koblenz 1978, S. 381.
73 Stiehm, *Arms and the Enlisted Woman*, S. 145.
74 „Demographics of Active Duty US Military", 23. 11. 2013, http://www.statisticbrain.com/demographics-of-active-duty-u-s-military/
75 Siehe R. Bragg, *I Am a Soldier, Too: The Jessica Lynch Story*, New York, NY, Vintage, 2003.
76 Center for Military Readiness, „Grim Toll of Military Women Killed in War", 1. 4. 2013, http://www.cmrlink.org/content/home/35891/grim_toll_of_military_women_killed_in_war
77 Zitiert nach E. Donnelly, „Seven Reasons Why Women-in-Combat Diversity Will Degrade Tough Training Standards", Center for Military Readiness, 29. 1. 2013, http://www.cmrlink.org/content/home/36488/seven_reasons_why_women_in_combat_diversity_will_degrade_tough_training_standards
78 Gutman, *The Kinder, Gentler Military*, S. 15, 258.
79 „Casualties of the Iraq War", http://en.wikipedia.org/wiki/Casualties_of_the_Iraq_War; Maginnis, *Deadly Consequences*, locs. 1276, 1332, 1484, 1486.
80 Dazu G. Anderson, *The White Blouse Revolution: Female Office Workers Since 1870*, Manchester, Manchester University Press, 1989.
81 Quoted in Ebbert/Hall, *Crossed Currents*, S. 14.
82 Ebd., S. 78.
83 Siehe van Creveld, *Das bevorzugte Geschlecht*, Gerling Akademie Verlag, München 2003.
84 A. Platell, „What Did Single Mother Tilern Debique Expect?", Daily Mail-online, 19. 4. 2010, http://www.dailymail.co.uk/debate/article-1266654/What-did-single-mother-Tilern-Debique-expectcreche-Afghanistan.html; „Female Soldier Awarded 17,000 GBU by Employment Tribunal", *The Guardian*, 16. 4. 2012.
85 R. H. Bork, *Slouching towards Gomorrah: Modern Liberalism and America's Decline*, New York, NY, Regan Books/Harper Collins, 1996, Kindle ed., 2010, locs. 3818–3883.
86 Siehe W. B. Tyrell, *Amazons: A Study in Athenian Mythmaking*, Bal-

timore, MD, Johns Hopkins U. P., 1984, S. 44–45.
87 Siehe M. van Creveld, *Wargames: From Gladiators to Gigabytes*, Cambridge, Cambridge University Press, 2013, S. 294–297.
88 G. Orwell, *1984*, Harmondsworth, Penguin, 1977 [1949], S. 31.
89 Siehe E. Donnelly, „Constructing the Co-Ed Military", *Duke Journal of Gender Law and Policy*, 14 (2), 2007, S. 854–855.
90 Dazu Maginnis, *Deadly Consequences*, locs. 1637–1664.
91 Statement for the Record of M. E. Gebicke, Director, Military Operations and Capabilities Issues, GAO, „Gender Integration in Basic Training", http://www.gao.gov/archive/1997/ns97174t.pdf
92 „Military Leadership Diversity Commission, Decision Paper No. 3: Retention", Februar 2011, S. 8; A. McAvoy, „Commander: Navy Must Improve Female Retention Rate", Navy Times, 24. 5. 2014, https://www.hsdl.org/?view&did=716005
93 J. McGregor, „Women in Combat: Why Making It Official Matters", *Washington Post*, 25. 5. 2012.
94 M. Thompson, „Women in Combat: Vive la Différence", *Time*, 25. 1. 2013.
95 Siehe M. van Creveld, *Das bevorzugte Geschlecht*, Gerling Akademie Verlag, München 2003, S. 308–330.
96 Stellvertretend für die zahlreiche Literatur siehe C. Hedderman/M. Hough, *Does the Criminal System Treat Men and Women Differently?*, London, HMSO, 1994, S. 3–4 (zu Großbritannien); N. Levit, *The Gender Line: Men, Women and the Law*, New York, NY, New York University Press, 1998, S. 107, sowie R. J. Simon, „Women in Prison", in C. C. Culliver (Hg.), *Female Criminality: The State of the Art*, New York, NY, Garland, 1993, S. 375 (zu den USA).
97 „Joseline", „Single Mothers in the Military Service", Feministing, 13. 5. 2013, http://feministing.com/2013/05/13/single-mothers-in-the-military-service-the-silent-battle-for-their-children/
98 „Single Parent Families – Demographic Trends", http://family.jrank.org/pages/1574/Single-Parent-Families-Demographic-Trends.html
99 „Females in Military Struggle with Higher Divorce Rate", *USA Today*, 8. 3. 2011.
100 Thompson, „Women in Combat".
101 R. Scarborough, „False Reports Outpace Sex Assaults in the Military", *Washington Times*, 12. 5. 2013.
102 Siehe etwa B. Redford, „The Anatomy of False Accusations: A Skeptical Case Study", Center for Inquiry, 26. 2. 2014, http://www.centerforinquiry.net/blogs/entry/the_anatomy_of_false_accusations_a_skeptical_case_study/
103 S. Tokar, „Almost One Third of Iraq/Afghanistan Women Veterans with PTSD Report Military Sexual Trauma", University of California News Service, 14. 9. 2011, http://www.coe.ucsf.edu/coe/research/ptsd-sexualtrauma.html
104 E. O'Keefe, „Senate Easily Passes McCaskill's Military Sexual Assault Bill", *Washington Post*, 10. 3. 2014.
105 Siehe etwa M. O'Toole, „Military Sexual Assault Epidemic Continues to Claim Victims", The World Post, 6. 10. 2012, http://www.huffingtonpost.com/2012/10/06/military-sexual-assault-defense-department_n_1834196.html
106 Hyginus, *Fabulae*, 191.

107 F. Nietzsche, *Jenseits von Gut und Böse*, Aph. 144, München, 1984, 2. Auflage.
108 K. Zivi, „Contesting Motherhood in the Age of AIDS", *Feminist Studies*, 31, 2, Sommer 2005, S. 347–374.
109 Die Literatur zu diesem Thema ist endlos. Eine kleine Auswahl: E. Young-Bruehl, *Freud on Women*, New York, NY, Norton, 1990, S. 346–362, 272–282; K. Horney, „The Flight from Womanhood", *International Journal for Psycho-Analysis*, 7, 1926, S. 330; idem, „The Dread of Women", ebd., 13, 1932, S. 359; H. L. und R. R. Ansbacher (Hg.), *The Individual Psychology of Alfred Adler*, New York, NY, Harper & Row, 1956, S. 50, 452; P. R. Sanday, *Female Power and Male Dominance. On the Origins of Sexual Inequality*, Cambridge, Cambridge University Press, 1987, S. 78; J. K. Conway u. a. (Hg.), *Learning about Women*, Ann Arbor, MI, University of Michigan Press, 1989, S. xxvi; J. Rutherford, *Men's Silences*, London, Routledge, 1990, S. 180–181.
110 D. Siaz, „Trump Knocks Bush for Turning to ‚Mommy'", 23. 1. 2016, http://edition.cnn.com/2016/01/23/politics/jeb-bush-donald-trump-barbara-bush-twitter/
111 Siehe E. Badinter, *XY: on Masculine Identity*, New York, NY, Columbia University Press, 1997, Kapitel 3.
112 Siehe D. G. Gilmore, *Manhood in the Making: Cultural Concepts of Masculinity*, New Haven, CT, Yale University Press, 1990.
113 F. J. Porter Pole, „The Ritual Forging of Identity", in Herdt (Hg.), *Rituals of Manhood*, S. 123.
114 G. H. Herdt, „Fetish and Fantasy in Sambia Initiation", in Herdt (Hg.), *Rituals of Manhood*, S. 79.
115 D. B. Gewertz, „The Father Who Bore Me: The Role of *Tsambunwuro* during Chambri Initiation Ceremonies", in Herdt (Hg.), *Rituals of Manhood*, S. 298.
116 Platon, *Politeia*, 455D. In: Platon: *Sämtliche Werke*, Bd. 3., hrsg. von W. F. Otto, E. Grassi, G. Plamböck, Hamburg 1958, S. 177.
117 Exodus 12.36–37.
118 Tacitus, *Germania. Die Annalen*, München 1960, S. 18.
119 T. Spears, Kenya's Past, London, Longman, 1981, S. 63–67; Ifi Amadiume, *Male Daughters, Female Husbands: Gender and Sex in an African Society*, London, Zed, 1987, S. 94–96; Harry H. Turney-High, *Primitive War, Its Practice and Concepts*, Chapel Hill, SC, University of South Carolina Press, 1971 [1937], S. 162–63.
120 M. B. Davie, *The Evolution of War: A Study of Its Role in Early Societies*, New Haven, CT, Yale University Press, 1929, S. 33; Gilmore, *Manhood in the Making*, S. 67.
121 Zum griechischen Begriff siehe E. Vermeule, *Aspects of Death in Early Greek Art and Poetry*, Berkeley, CA, University of California Press, 1979, S. 101; zu dem hebräischen Begriff „Sion": *Images of Manhood*, S. 90–92. Allgemein zu den begrifflichen Gemeinsamkeiten zwischen Sex und Krieg D. de Rougemont, *Passion and Society*, London, Faber & Faber, o. D., S. 248–250.
122 Siehe D. H. J. Morgan, „Theater of War: Combat, the Military and Masculinities", in H. Brod and M. Kaufman (Hg.), *Theorizing Masculinities*, Los Angeles, CA, Sage Publications, 1994.
123 Die Geschichte stammt aus der „Aethiopis", http://www.livius.org/source-content/epic-cycle/aethiopis/

124 Aristophanes, *Lysistrata*, Vers 672–683.
125 S. Siegel, „Story Claiming Obama Changes Marines' Hat Is Ridiculous", The Daily Beast, 24.10.2013, http://www.thedailybeast.com/the-hero-project/articles/2013/10/24/story-claiming-obama-changed-marines-hat-is-flat-wrong.html
126 M. Mead, *Mann und Weib. Das Verhältnis der Geschlechter in einer sich wandelnden Welt*, Diana Verlag, Zürich 1955, S. 177 f.; noch viel detaillierter B. F. Reskin/P. A. Roos, *Job Queues, Gender Queues: Explaining Women's Inroads into Male Occupations*, Philadelphia, PA, Temple University Press, 1997. Zur Gewohnheit von Frauen, auf andere Frauen herabzuschauen, L. Segal, *Is the Future Female?* New York, NY, Bedrick, 1988, S. 14; E. Reardon, *Sexism and the War System*, New York, NY, Teachers' College, 1985, S. 47; V. Klein, *The Feminine Character*, London, Kegan Paul, 1946, S. 72.

Kapitel IV
Die Posttraumatische Belastungsstörung (PTBS) – ein Konstrukt?

1 Arrian, *Anabasis*, 5.26.
2 Siehe Chaniotis, *War in the Hellenistic World*, S. 204.
3 Vergil, *Aeneis*, 9.59 (dt. Übersetzung nach W. Hertzberg).
4 Zur Geschichte des Ehrbegriffs J. Bowman, *Honor: A History*, New York, NY, Encounter, 2006, Kindle ed., locs. 759–906.
5 Siehe zu diesen Aspekten der Spiele van Creveld, *Wargames*, S. 62–63, 77–78.
6 Froissart, *Chronicles*, Harmondsworth, Penguin, 1979 [1400], S. 179.
7 Louis XIV, *Mémoires pour les années 1661 et 1666*, Paris, Bossard, 1923, S. 124–125.
8 Y. Harari, *The Ultimate Experience*, London, Palgrave, 2008, insbesondere S. 197–298.
9 L. Tolstoi, *Krieg und Frieden*, Insel Verlag, Leipzig 1922, Zweiter Teil, Kap. VIII, S. 262.
10 Der Sassoon-Text ist entnommen aus J. M. Wilson, *Siegfried Sassoon, The Making of a War Poet*, London, Duckworth, 1998, S. 179–180.
11 M. Broszat (Hg.), *Kommandant in Auschwitz. Autobiographische Aufzeichnungen des Rudolf Höß*, DTV, Frankfurt/Main 1979, S. 46.
12 E. Jünger, *In Stahlgewittern*, Mittler Verlag, Berlin 1935, S. 240 f.
13 G. Sajer, *Denn dieser Tage Qual war groß*, Verlag Fritz Molden, Wien – München – Zürich 1969, S. 252, 261, 283.
14 C. von Clausewitz, *Vom Kriege*, S. 21.
15 „Hugh Selwyn Mauberley", 1920, https://www2.bc.edu/john-g-boylan/files/Ezra%20Pound%20Hugh%20Selwyn%20Mauberley.pdf
16 Chaniotis, *War in the Hellenistic World*, S. 1.
17 J. K. Abdul Hamid/J. H. Huge, „Nothing New Under the Sun: Post-Traumatic Stress Disorders in the Ancient World", *Early Science and Medicine*, 19. Juni 2014, S. 549–557.
18 1 Samuel 16,14.
19 Shay, *Achill in Vietnam*, S. 17.
20 Ebd.
21 *Ilias*, 22.445–515, 24.
22 C. Coker, *Men at War*, London, Hurst, 2014, S. 244–245.
23 *Lob der Helena*, Gustav Adolf Seeck (Hrsg.): *Die griechische Literatur in Text und Darstellung. Band 2: Klassische Periode*

1. Reclam, Stuttgart 1986, ISBN 3-15-008062-2, S. 358–371 (*Lob der Helena*, griechischer Text und deutsche Übersetzung).
24 Y. Ustinova/E. Cardeoa, „Combat Stress Disorders and Their Treatment in Ancient Greece", *Psychological Trauma*, 6, Juni 2014, S. 739–748.
25 Polybios, *Historien*, 6.117.
26 Ebd., 7.152.
27 Siehe vor allem K. Yellin, *Battle Exhortation: The Rhetoric of Combat Leadership*, Columbia, NC, University of North Carolina Press, 2008.
28 Z. B. Ovid, *Heroides*, 1.31–5.
29 Zu den Reformen des Marius siehe L. Keppie, *The Making of the Roman Army: From Republic to Empire*, London, Routledge, 1984.
30 Zum Folgenden siehe K. van Lommel, „The Recognition of Roman Soldiers' Mental Impairment", *Acta Classica*, 56, 2013, S. 155–184.
31 A. N. Cabeza de Vaca, *Naufragios y Commentarios*, Madrid, Taurus, 1922, S. 32.
32 O. de la Marche, *Mémoires d'Olivier de la Marche*, Paris, Renouard, 1883, Bd. II, S. 45–46.
33 E-Mail vom 25. 5. 2014 an den Verfasser.
34 Siehe S. Boym, „Nostalgia and Its Discontents", *The Hedgehog Review*, 9, 2, Sommer 2007, S. 7–8.
35 J. C. Beaglehole (Hg.), *The Endeavour Journal of Joseph Banks 1768–1771*, Sydney, Public Library of New South Wales, 1962, 2, S. 145.
36 Siehe etwa die einfallsreichen Empfehlungen von C. Reil, *Rhapsodien über die Anwendung der psychischen Curmethode auf Geisteszerrüttungen*, Berlin, Ebing, 1936 [1803], S. 209.
37 S. Boym, *The Future of Nostalgia*, New York, NY, Basic Books, 2001, S. 5.
38 S. J. Matt, *Homesickness: An American History*, New York, Oxford University Press, 2011, S. 7.
39 C. Ok, „The Upside of Nostalgia", *The Yale Herald*, 21. 11. 2013.
40 Zu den Symptomen siehe „Da Costa's Syndrome", http://en.wikipedia.org/wiki/Da_Costa%27s_syndrome
41 S. A. M. Ford, „Suffering in Silence: Post-Traumatic Stress Psychological Disorders and Soldiers in the American Civil War", *Armstrong Undergraduate Journal of History* 3, Nr. 2 (April 2013).
42 E. Hagerman, *The American Civil War and the Origins of Modern Warfare*, Bloomington, IN, Indiana University Press, 1988, S. xv.
43 Thukydides, *Der Peloponnesische Krieg*, 7.87.
44 G. Taylor, *Martyrs to the Revolution in the British Prison-Ships in The Wallabout Bay*, Ultimo, NSW, Keesing, 2007 [1855].
45 Platon, *Die Gesetze (Nomoi)*, 1.629D. Deutsche Übersetzung nach Franz Susemihl.
46 G.P's Notebook, „Da Costa's Syndrome", United Kingdom, o. D., http://www.gpnotebook.co.uk/simplepage.cfm?ID=181895172; R. I. Murray, *Mitral Valve Prolapse*, Edison, NJ, Medical Research Book Publishing Company, 1977, S. 154.
47 Zum Folgenden siehe S. A. Ashley, „Railway Brain: The Body's Revenge against Progress", *Proceedings of the Western Society for French History*, 31, 2003, S. 177–196.
48 J. M. Charcot, *Leçons du mardi à la Salpêtrière*, Paris, Babé, 1893, 1, S. 52–54.
49 Eine zeitgenössische Darstellung bieten G. H. Savage/E. Goodall,

Insanity and Allied Neuroses, London, Cassell, 1907, S. 96–97.
50 Bundesarchiv/Militärarchiv, H20/480, undatierte, unsignierte Notiz.
51 Siehe dazu die kurze Darstellung bei van Creveld, Kampfkraft, S. 111–118.
52 E. D. Cooke, All But Me and Thee: Psychiatry at the Foxhole Level, Washington DC, 1946, S. 11.
53 W. C. Menninger, Psychiatry in a Troubled World, New York, NY, MacMillan, 1948, S. 345.
54 Roberts, What Soldiers Do, loc. 501.
55 Siehe M. van Creveld, Kampfkraft, Ares Verlag, Graz 2011, 5. Auflage, passim.
56 Eisenhowers Brief an Patton nach dem Vorfall findet sich unter: http://boards.straightdope.com/sdmb/archive/index.php/t-259232.html
57 R. West, The Return of the Soldier, New York, NY, Century, 1918; V. Woolf, The Return of Mrs. Dalloway, London, Hogarth Press, 1925; D. Sayers, The Unpleasantness at the Bellona Club, New York, NY, Payson & Clarke, 1928.
58 Zum Folgenden siehe S. Goltermann, „Negotiating Victimhood in East and West Germany 1945–2005", in A. Mooij/J. Withuis (Hg.), The Politics of War Trauma, Amsterdam, Askant, 2010, S. 107–140.
59 Zu den damaligen Lebensbedingungen K. Lowe, Savage Continent: Europe in the Aftermath of World War II, London, Penguin, 2012.
60 W. Lindenberg, „Grundsätzliches zur Frage der Anerkennung von Hirnverletzungen", Psychiatrie, Neurologie und medizinische Psychologie 1, 1949, S. 145–156.

61 Protokoll der Tagung der Medizinisch-wissenschaftlichen Gesellschaft für Psychiatrie und Neurologie an der Karl-Marx-Universität Leipzig, 1955, in Psychiatrie, Neurologie u. med. Psychologie, 8, 1956, S. 154.
62 Siehe O. Bluth, Uniform und Tradition, Berlin, Ministerium für nationale Verteidigung, 1956, S. 73; van Creveld, Kriegs-Kultur, S. 380 f.
63 Text abrufbar unter: http://www.presidency.ucsb.edu/ws/?pid=8032
64 Zahlenangaben nach H. H. Price, „The Falklands: Rate of British Psychiatric Combat Casualties Compared to Recent American Wars", Journal of the Royal Army Medical Corps, 130, 1984, S. 109.
65 Siehe D. W. Smith/D. C. Frueh, „Compensation Seeking, Comorbidity, and Apparent Exaggeration of PTSD Symptoms among Vietnam Combat Veterans", Psychological Assessment, 8, 1, März 1996, S. 3–6.
66 Washington Post, 29. 3. 2014; „Institute of Medicine: Returning Soldiers Should Be Screened for PTSD Each Year", CBS News, 13. 7. 2012, http://www.cbsnews.com/news/institute-of-medicine-returning-soldiers-should-be-screened-for-ptsd-each-year/
67 R. E. Strange, „Combat Fatigue versus Pseudo-Combat Fatigue in Vietnam", Military Medicine, 133, 10, 1968, S. 823–826.
68 Zu den bekanntesten Werken zu diesem Thema gehören Shay, Achill in Vietnam, und D. Grossman, On Killing, die beide bereits erwähnt wurden.
69 Z. B. A. Sahndera-Ochsner, „Outcome following concussion and psychological trauma: An investigation of long-term cognitive and emotional functioning in veterans with PTSD and deployment-rela-

70 Siehe V. Pupavac, „Therapeutic Governance", *Disasters*, 25 (4), 2001, S. 364.
71 A. Blaszczak-Boxe, „Drone Operators Suffer PTSD Just Like Those in Combat", Livescience, 20. 8. 2014, http://www.livescience.com/47475-drone-operators-develop-ptsd.html
72 *Historien*, 2.70.
73 Die Zeichnung von Urs Graf ist abrufbar unter: https://en.wikipedia.org/wiki/Battle_of_Marignano#/media/File:Urs_Graf_Schrecken_des_Kriegs_1521.jpg
74 Florange, R. de la Marck, *Mémoires du Maréchal de Florange*, Paris, hg. von R. Goubaux und P. A. Lemoisne, Paris, 1923–1924, 1, S. 126–128.
75 R. Parkinson (Hg.), *The Life of Adam Martindale, Written by Himself*, in The Cheltenham Society, Remains... Connected with the... Counties of Lancaster and Chester, 1845, 4, 1, S. 72–74.
76 Siehe „Les Grandes Misères de la Guerre", http://en.wikipedia.org/wiki/Les_Grandes_Mis%C3%A8res_de_la_guerre
77 Siehe Y. Harari, *Renaissance Military Memoirs*, Woodbridge, Boydell, 2004, S. 71–77, und die dort zitierten Quellen.
78 Siehe etwa A. Garwood, „The Holocaust and the Power of Powerlessness: Survivor Guilt an Unhealed Wound", *British Journal of Psychotherapy*, 13, 2, Dezember 1996, S. 243–258.
79 *Ilias*, 11.143–78.
80 Zahlenangaben nach H. H. Price, „The Falklands", *Journal of the Royal Army Medical Corps*, 130, 1984, S. 109.
81 S. Slost, „The UK Understands How to Treat PTSD. Why Does the US Lag Behind?" *New Republic*, 28. 2. 2014.
82 Siehe J. G. Pulley, „The Cohort System", Carlisle Barracks, PA, Army War College, 1988, http://oai.dtic.mil/oai/oai?verb=getRecord&metadataPrefix=html&identifier=ADA195030
83 F. Tick, *War and the Soul*, Wheaton, IL, Quest, 2012, Kindle ed., locs. 3449–3467.
84 S. Milosevic, „Kosovo, Gypsy or PTSD", WorldPost, 22. 4. 2013, http://www.huffingtonpost.com/sasa-milosevic/kosovo-gypsy-curse-or-pts_b_3124830.html; Lazovic, E-Mail vom 15. 2. 2015 an den Verfasser.
85 H. Haux, „AF, Army Train Serbians on PTSD Program", Ramstein Air Base, 29. 2. 2013, http://www.ramstein.af.mil/news/story.asp?id=123342187
86 Institute of Medicine, „Returning Soldiers Should Be Screened for PTSD Each Year", Kapitel IV, FN 66.
87 L. Daniel, „Services Improve Diagnosis of Brain Injuries, PTSD", DoD News, 21. 4. 2010, http://www.archive.defense.gov/news/newsarticle.aspx?id=58849
88 Siehe zu diesem Zugang zur Psychotherapie M. White/D. Epston, *Narrative Means to Therapeutic Ends*, New York, NY, Norton, 1990.
89 *Washington Post*, 29. 3. 2014.
90 Z. B. D. Dobbs, „The PTSD Trap", Wired, 22. 3. 2012, http://www.wired.com/2012/03/the-ptsd-trap/; S. Joseph, „Has PTSD Taken over America?", *Psychology Today*, 18. 11. 2011 u. v. a.
91 L. Braudy, *From Chivalry to Terrorism: War and the Changing Nature of Masculinity*, New York, NY, Vintage, 2003, Kindle ed., loc. 11943.

92 Zu diesem faszinierenden Thema G. Chamayou, *A Theory of the Drone*, New York, NY, New Press, 2015, S. 108–110; in anderem Kontext Pupavac, „Therapeutic Governance", S. 363–364.
93 J. Michaels, „Mattis: Veterans Are Not Victims", *USA Today*, 25. 5. 2014.
94 Shay, *Achill in Vietnam*, S. 51.
95 Translation in J. R. Hale, *War and Society in Renaissance Europe 1450–1620*, London, Fontana, 1985, S. 177.

Kapitel V
Die Delegitimierung des Krieges

1 USA Business List, DMDatabases.com, http://dmdatabases.com/databases/business-mailinglists/how-many-businesses
2 Chaniotis, *War in the Hellenistic World*, S. 18–19, 220–223, 227–240.
3 Platon, *Der Staat*, 374A–76E; 414D–15D.
4 Aristoteles, *Die Politik*, 1.6.
5 J. Bodin, *Sechs Bücher über den Staat*, Reclam, Stuttgart 1986, 1. und 10. Kapitel. Siehe auch van Creveld, *Aufstieg und Untergang des Staates*, Gerling Akademie Verlag, München 1999, 235–253, S. 195–210.
6 Th. Hobbes, *Leviathan*, London, Fontana, 1962 [1652], S. 179–183.
7 *Réfutation de Machiavel*, in Oeuvres, Berlin, Decker, 1857, 8, S. 169, 298.
8 G. W. F. Hegel, *Grundlinien der Philosophie des Rechts*, § 258, Zusatz.
9 Hegel an Nanette Endel, 25. Mai 1798, in: *Briefe von und an Hegel*, Bd. I., 1785–1812, hrsg. von Johannes Hoffmeister, Hamburg 1969, S. 57 f.
10 Zum gerechten Krieg siehe F. H. Russell, *The Just War Tradition in the Middle Ages*, Cambridge, Cambridge University Press, 1973, insbesondere S. 292; Réfutation de Machiavel, 309.
11 F. M. A. Voltaire, *Candide*, übersetzt von G. Ellissen, Europäischer Literaturverlag, Berlin 2015, S. 11.
12 Siehe G. Best, *Humanity in Warfare*, New York, NY, Columbia University Press, 1980.
13 Vagts, *A History of Militarism*, S. 26.
14 M. Howard, *War and the Liberal Conscience*, New Brunswick, NJ, Rutgers University Press, 1978, S. 5269.
15 E. Ludendorff, *Meine Kriegserinnerungen*, Mittler & Sohn, Berlin 1919, S. 484.
16 E. Ludendorff, *Der totale Krieg*, Ludendorffs Verlag, München 1936, S. 10.
17 Alle derartigen Daten siehe Google Ngram.
18 L. Hegermann-Lindencrone, *In the Courts of Memory*, New York, NY, Harper, 1912, S. 100, Eintragung 28. 7. 1870.
19 Die Charta ist abrufbar unter: http://www.un.org/en/documents/charter/
20 Der englische Text ist abrufbar unter: http://www.un.org/en/documents/udhr/
21 Siehe dazu E. M. Hafner-Burton u. a., „Human Rights in a Globalizing World: The Paradox of Empty Promises", *American Journal of Sociology*, 10 (5), März 2005, S. 1373–1411.
22 Der englische Text ist abrufbar unter: http://www.echr.coe.int/Documents/Convention_ENG.pdf
23 *St. Petersburg Times*, 3. 8. 2000.
24 http://en.wikipedia.org/wiki/American_Civil_Liberties_Union#Funding.

25 G. Hodgson, „Ronald Dworkin Obituary", *Guardian*, 14. 2. 2013.
26 R. Dworkin, *Taking Rights Seriously*, Cambridge, MA, Harvard University Press, 1977, S. 184.
27 „Auch Pflanzen müssen würdig behandelt werden", *Neue Zürcher Zeitung*, 14. 4. 2008.
28 J. Twenge u. a., *The Narcissism Epidemic: Living in the Age of Entitlement*, New York, NY, Atria Books, 2010.
29 Siehe dazu J. D. Arras, „Taking Duties Seriously", in C. S. Campbell/B. A. Lustig (Hg.), *Duties to Others*, Dordrecht, Kluwer, 2010, S. 3–16.
30 Dworkin, *Taking Rights Seriously*, S. 171.
31 Siehe dazu D. Marquand, *Decline of the Public: The Hollowing-out of Citizenship*, Oxford, Polity, 2004.
32 I. Kant, *Über den Gemeinspruch: Das mag in der Theorie richtig sein, taugt aber nicht für die Praxis*, Berlin, Heimann, 1870 [1793], 7, S. 286. Hervorhebung vom Verf.
33 Siehe dazu P. Singer, *Hegel: A Very Short Introduction*, Oxford, Oxford University Press, 2001, Kindle ed., locs. 858–886.
34 Comments to *Women's Own Magazine*, 31. 10. 1987.
35 Adam Smith, *Der Wohlstand der Nationen, Buch 5: Finanzpolitik*, C. H. Beck Verlag, München 1974, S. 620.
36 Siehe N. Rogers, *The Press Gang: Naval Impressment and Its Opponents in Georgian Britain*, London, Bloomsbury, 2004.
37 Das diesbezügliche Dekret (in französischer Sprache) ist abrufbar unter: http://ahrf.revues.org/1385#bodyftn15
38 Zahlanangaben: „Lockheed-Martin F-22 Raptor", http://en.wikipedia.org/wiki/Lockheed_Martin_F-22_Raptor#Production_and_procurement
39 Details zur Colin-Powell-Doktrin siehe http://en.wikipedia.org/wiki/Powell_Doctrine
40 Statistische Daten: „Exemption from Military Service in Israel", http://en.wikipedia.org/wiki/Exemption_from_military_service_in_Israel
41 „Women and WWI", firstworldwar.com, http://www.firstworldwar.com/features/womenww1_three.htm
42 Siehe etwa S. Zeiger, „She Didn't Raise Her Son to be a Slacker: Motherhood, Conscription and the Culture of World War I", *Feminist Studies*, 22, 1, spring 1996, S. 6–39.
43 Zu dieser Kontroverse siehe J. Hegeland, „Christians and the Roman Army AD 173–337", *Church History*, 43, 2, (Juni 1974), S. 149–163.
44 Matthäus 5,44.
45 Zur Geschichte dieser Sekten P. Brock, *Pacifism in Europe to 1914*, Princeton, NJ, Princeton University Press, 1972.
46 M. B. Weddle, *Walking in the Way of Peace: Quaker Pacifism in the Seventeenth Century*, Oxford, Oxford University Press, 2001, S. 180, 228–229.
47 S. M. Kohn, *Jailed for Peace: The History of American Draft Law Violators*, 1658–1985, Westport, CT, Greenwood, 1986, S. 9–11.
48 Zur diesbezüglichen Praxis vor und während des Revolutionskrieges E. M. West, „The Right to Religion-Based Exemptions in Early America: The Case of Conscientious Objectors to Conscription", *Journal of Law and Religion*, 10, 2, 1993–1994, S. 367–401.
49 Kohn, *Jailed for Peace*, S. 20–21.

50 Zur Meinung von Karl Marx siehe das *Kommunistische Manifest*, 1848, S. 2. Der Text ist abrufbar unter: https://de.wikisource.org/wiki/Manifest_der_Kommunistischen_Partei_(1848)
51 Dazu C. C. Moskos/J. Whiteclay Chambers, *The New Conscientious Objection: From Religious to Secular Objection*, New York, NY, Oxford University Press, 1993, S. 3–21.
52 Siehe Brock, *Pacifism*, S. 467.
53 J. Bowman, *Honor*, locs. 2131–2139.
54 Zu den Bemühungen der Feministinnen siehe F. H. Early, *A World without War: How US Feminists and Pacifists Resisted World War I*, Syracuse, NY, Syracuse University Press, 1997.
55 C. H. Smith, *Smith's Story of the Mennonites*, Kansas City, KS, Faith and Life Press. 1957, S. 545.
56 B. Nichols, „The Microbes of Mars", in G. K. Hibbert (Hg.), *The New Pacifism*, New York, NY, Garland, 1972 [1936], S. 66.
57 Siehe D. Garbe, *Between Resistance and Martyrdom: Jehovah's Witnesses in the Third Reich*, Madison, WI, University of Wisconsin Press, 2008, S. 341–367.
58 J. Greenberg, *I Never Promised You a Rose Garden*, New York, NY, Signet, 1964, S. 99.
59 Der Text der Resolution ist abrufbar unter: http://assembly.coe.int/nw/xml/XRef/Xref-DocDetails-en.asp?FileID=15752&lang=en
60 Ein kurzer Überblick über die rechtlichen Aspekte des Problems bei D. Malament, „Selective Conscientious Objection and Gillette Decision", *Philosophy & Public Affairs*, 1, 4, Sommer 1972, S. 363–386.
61 Wie das funktioniert, entnehmen Sie dem unter http://girightshotline.org/en/military-knowledgebase/topic/conscientious-objectiondischarge#topicthe-process abrufbaren Informationsblatt.
62 „Wenn Soldaten den Kriegsdienst verweigern", *Die Welt*, 5. 5. 2014.
63 „Wenn Soldaten ihr Grundrecht beantragen", Google.news, 19. 8. 2014.
64 Zum Verhältnis des Staates zum Krieg siehe C. Tyler, „Hegel, War and the Tragedy of Imperialism", *History of European Ideas*, 30 (4), 2004, S. 403–431; zum Verhältnis des Einzelnen zum Krieg vor allem S. R. Steinmetz, *Krieg als soziologisches Problem*, Amsterdam, Versluys, 1899.
65 *Militärische Werke*, Berlin, Mittler, 1891–1893, 4, 1, S. 1.
66 Zu den Physiokraten E. Silberner, *La guerre dans la pensée économique du XVI au XVIII siècle*, Paris, Recueil Sirey, 1939.
67 I. Kant, *Zum ewigen Frieden* [1795], http://homepage.univie.ac.at/benjamin.opratko/ip2010/kant.pdf
68 „The Moral Equivalent of War", 1906, http://www.constitution.org/wj/meow.htm
69 Eine kurze Aufzählung der Werke und der Entwürfe dieser Männer findet sich bei van Creveld, *Aufstieg und Untergang des Staates*, Gerling Akademie Verlag, München 1999, S. 493, FN 32.
70 Eine Liste dieser Verfahren findet sich unter http://www.pcacases.com/web/allcases/
71 Dazu zuletzt erschienen: F. P. Walters, *A History of the League of Nations*, New York, NY, Praeger, 1986.
72 „Allgemeiner Vertrag zum Verzicht auf den Krieg", Paris, 27. 8. 1928, englischer Originaltext abrufbar unter: https://en.wikisource.org/wiki/Kellogg-Briand_Treaty; deut-

sche Übersetzung abrufbar unter: https://de.wikipedia.org/wiki/Briand-Kellogg-Pakt
73 Die beiden UNO-Dokumente sind im englischen Originaltext abrufbar unter: https://treaties.un.org/doc/publication/ctc/uncharter.pdf bzw. http://www.un-documents.net/a25r2734.htm
74 „Noam Chomsky Calls US ‚World's Leading Terrorist State'", RT Question More, 7. 11. 2014, http://rt.com/usa/202223-noam-chomsky-global-terror/
75 „World Ominously Close to Nuclear War", RT Question More, 15. 1. 2015, http://rt.com/news/202995-chomsky-rt-nuclear-war/
76 Siehe dazu vor allem K. Waltz, *The Spread of Nuclear Weapons: More May Be Better*, London, IISS, 1981.
77 B. Duignan (Hg.), *The 100 Most Influential Philosophers of All Time*, New York, NY, Britannica, 2010, S. 313–316.
78 „Interview – John Galtung", *E-International Relations*, 27. 5. 2014, http://www.e-ir.info/2014/05/27/interview-johan-galtung/
79 Zu diesem Endziel siehe „Islamic State (IS) Manifesto Reveals 100-Year Plan for a World Caliphate", Security-Risks.com, 14. 10. 2014, http://www.security-risks.com/security-issues-south-asia/terrorism/islamic-state-is-manifesto-reveals-100-year-plan-for-a-world-caliphate-3652.html
80 N. Machiavelli, *Der Fürst*, 1527, Kapitel 15, http://www.gutenberg.org/files/39816/39816-h/39816-h.html

Conclusio
Hannibal intra portas

1 Memoiren des Generals Koltschak Denikin, zitiert bei S. Drokov, „Der Gründer des Frauen-Todesbataillons" [russisch], *Voprossy Historii*, Juli 1993, S. 164–169.
2 G. Berman/T. Rutherford, „Defence Personnel Statistics", 26. 9. 2014, http://researchbriefings.parliament.uk/ResearchBriefing/Summary/SN02183
3 Grossman, *On Killing*, locs. 138–159.
4 Matthäus 10,34.
5 Zitiert nach Th. Merton (Hg.), *Gandhi on Non-Violence*, Ahmedabad, New Directions, 2007, S. 51.
6 J. Keegan, *Das Antlitz des Krieges*, Reihe Campus, Frankfurt a. M./New York, 1991, S. 379 f.
7 Siehe dazu Sherer, „Warriors for a Living", S. 13–27.
8 Dazu van Creveld, *Wargames*, S. 285–297.
9 Stellvertretend für die äußerst umfangreiche Literatur R. M. Dancygier, *Immigration and Conflict in Europe*, New York, NY, Cambridge University Press, 2010.
10 „Jeder zweite Häftling hat keinen österreichischen Pass", Unzensuriert, 12. 2. 2015, http://www.unzensuriert.at/content/0017145-Jeder-zweite-Haeftling-hat-keinen-oesterreichischen-Pass
11 B. Waterfield, „Mohammed Is Most Popular Boys' Name in Four Biggest Dutch Cities", *The Telegraph*, 13. 8. 2009.
12 S. P. Huntington, „The Clash of Civilizations", *Foreign Affairs*, 72 (3), Sommer 1993, S. 25.
13 Associated Press, „Hundreds Attend ‚Private' Funeral for Copenhagen Shooter", DTV News, 20. 2. 2015, http://www.ctvnews.ca/world/hundreds-attend-private-funeral-for-copenhagen-shooter-1.2245620
14 W. S. Churchill, *The River War*, Longman, London 1899, 2, S. 28–250.

15 S. Kern, „Germany: Hooligans Declare War on Islamic Radicals", Gatestone Institute International Policy Council, 10. 11. 2014, http://www.gatestoneinstitute.org/4859/germany-hooligans-salafists
16 FRA, Hate Crimes in the European Union, http://fra.europa.eu/sites/default/files/frafactsheet_hatecrime_en_final_0.pdf
17 J. Galtung, „Violence, Peace and Peace Research", Journal of Peace Research, 6. 3. 1969, S. 3.
18 J. Keegan, Das Antlitz des Krieges, S. 402.
19 Zu den Autoren der Antike, die diese Geschichtsauffassung teilten, siehe A. W. Lintott, „Imperial Expansion and Moral Decline in the Roman Republic", Historia, 2 (4), 1972, S. 626–638.
20 Zu den Ursachen solcher Stammeskämpfe siehe A. Gat, War in Human Civilization, Cambridge, Oxford, Oxford University Press, 2006, S. 36–113.
21 Zu Rom siehe De rebus bellicis; zu China siehe J. Needham, Science and Civilization in China, Cambridge, Cambridge University Press, 1981, 30, S. 101–486.
22 S. Turnbull, Siege Weapons of the Far East, Oxford, Osprey, 2002, S. 12.
23 Polybios, Historien, 36.17.5–7; 40.6.57.
24 Livius, Ab urbe condita libri, Vorwort, 4.
25 Juvenal, Satiren, 6, 292, S. 111, hrsg. von Joachim Adamietz, Artemis & Winkler, München 1993.
26 Aristoteles, Die Politik, Buch II, Kapitel IX.
27 Cicero, De officiis, 2.26.
28 Polybios, Historien, 32.13.16.
29 Zu der Rede des Numidicus und den Maßnahmen des Augustus siehe M. McDonnell, „The Speech of Numidicus at Gellius N.A 1.6", The American Journal of Philology, 108, Frühjahr 1987, S. 81–94.
30 Discourses on Livy, Chicago, IL, University of Chicago Press, 1996, S. 148.
31 Velleius Paterculus, Römische Geschichte, 2.115.5; H. Dessau (Hg.), Inscriptiones Latinae Selectae, Berlin, Weidmann, 1892–1916, Bd. 1, Nr. 216. Siehe auch W. V. Harris, „Readings in the Narrative Literature of Roman Courage", in S. A. Dillon/K. E. Welch (Hg.), Representations of War in Ancient Rome, Cambridge, Cambridge University Press, 2006, S. 317.
32 S. Fidler, „NATO Countries to Vow to Lift Military Spending (Commitment Would Be Nonbinding)", Wall Street Journal, 4. 9. 2014.
33 Zitiert nach http://thinkexist.com/quotes/George_Orwell/
34 „Schutz für Schwangere: Schützenpanzer kommt später", Junge Freiheit, 6. 2. 2015.

Ausgewählte Literatur

Bacevich, Andrew J.: *The New American Militarism*, New York 2005
Beauvoir, Simone de: *In den besten Jahren*, Reinbek bei Hamburg 1961
Dies.: *Das andere Geschlecht*, Reinbek bei Hamburg 1951
Bettelheim, Bruno: *Die Kinder der Zukunft. Gemeinschaftserziehung als Weg einer neuen Pädagogik*, Wien – München – Zürich 1971
Biddle, Stephan D.: *Military Power: Explaining Victory and Defeat in Modern Battle*, Princeton 2004
Binkin, Martin/Bach, Shirley: *Women in the Military*, Washington DC, Brookings, 1977
Breuer, William B.: *War and American Women: Heroism, Deeds, and Controversy*, Westport/CT 1997
Brock, Peter: *Pacifism in Europe to 1914*, Princeton, NJ, 1972
Broszat, Martin (Hg.): *Kommandant in Auschwitz. Autobiographische Aufzeichnungen des Rudolf Höß*, Frankfurt/Main 1979

Chandler, David: *The Campaigns of Napoleon*, New York 1966
Chaniotis, Angelos: *War in the Hellenistic World*, Oxford 2005
Churchill, Winston S.: *The River War*, London 1899
Clausewitz, Carl von: *Vom Kriege*, Berlin 1905 (5. Auflage)
Creveld, Martin van: *Wargames: From Gladiators to Gigabytes*, Cambridge 2013
  Ders.: *Kriegs-Kultur. Warum wir kämpfen: Die tiefen Wurzeln bewaffneter Konflikte*, Graz 2011 (Orig. *The Culture of War*, New York 2008)
  Ders.: *Kampfkraft. Militärische Organisation und Leistung der deutschen und amerikanischen Armee 1939–1945*, 5. Auflage, Graz 2011 (Orig. *Fighting Power: German and US Army performance, 1939–1945*, Westport, Conn. 1982)
  Ders.: *Das bevorzugte Geschlecht*, München 2003 (Orig. *The Privileged Sex*, Amazon Digital Service 2013)
  Ders.: *Frauen und Krieg*, München 2001 (Orig. *Men, Women, and War: Do Women Belong in the Front Line?*, London 2001)
  Ders: *Aufstieg und Untergang des Staates*, München 1999 (Orig. *The Rise and Decline of the State*, Cambridge 1999)
  Ders.: *The Training of officers*, New York 1990
Cunningham, Hugh: *The Invention of Childhood*, London 2006

Domarus, Max: *Hitler. Reden und Proklamationen 1932–1945*, 4 Bde., Wiesbaden 1973

Evans, Patricia: *Verbal Abuse Survivors Speak Out*, Avon/MA, 1993

Ferguson, Niall: *Colossus: The Rise and Fall of the American Empire*, New York 2005
Francke, Linda B.: *Ground Zero: The Gender Wars in the Military*, New York 1997
Freud, Sigmund: *Das Unbehagen in der Kultur*, Studienausgabe, Bd. IX., Frankfurt/Main 1979
Friedan, Betty: *Der Weiblichkeitswahn*, Reinbek 1966
Fukuyama, Francis: *Trust: Human Nature and the Reconstitution of Social Order*, New York, 2008

Garbe, Detlef: *Between Resistance and Martyrdom: Jehovah's Witnesses in the Third Reich*, Madison 2008

Glendon, Mary A.: *Legally Speaking: Contemporary American Culture and the Law*, Boston 1999

Grossman, Dave: *On Killing*, New York Kindle ed., 1996

Harari, Yaval: *The Ultimate Experience*, London 2008

Herdt, Gilbert H. (Hg.): *Rituals of Manhood: Male Initiation in Papua New Guinea*, Berkeley 1982

Hoff Sommers, Christina: *The War Against Boys*, New York 2013 [2001]

Holm, Jeanne: *Women in the Military: An Unfinished Revolution*, Novato/CA 1992

Jünger, Ernst: *In Stahlgewittern*, Berlin 1935

Kagan, Robert: *Of Paradise and Power: The US and Europe in the New World Order*, New York 2007

Keegan, John: *Das Antlitz des Krieges*, Frankfurt a. M./New York 1991

Klein, Viola: *The Feminine Character*, London 1946

Krafft-Ebing, Richard von: *Psychopathia Sexualis. Mit besonderer Berücksichtigung der conträren Sexualempfindung*, 14. vermehrte Auflage, Stuttgart 1912

Levit, Nancy: *The Gender Line: Men, Women and the Law*, New York 1998

Ludendorff, Erich: *Meine Kriegserinnerungen*, Berlin 1919

Ders.: *Der totale Krieg*, München 1936

Maginnis, Robert L.: *Deadly Consequences: How Cowards Are Pushing Women into Combat*, New York 2009

Mansbridge, Jane: *Why We Lost the Era*, Chicago/IL 1986

Marquand, David: *Decline of the Public: The Hollowing-out of Citizenship*, Oxford 2004

Mead, Margaret: *Mann und Weib. Das Verhältnis der Geschlechter in einer sich wandelnden Welt*, Zürich 1955

Mitchell, Brian: *Women in the Military: Flirting with Disaster*, Washington D. C. 1998

Nietzsche, Friedrich: *Morgenröte. Gedanken über die moralischen Vorurteile*, München 1993

Ders.: *Jenseits von Gut und Böse*, München 1984, 2. Auflage

Nye, Joseph S.: *Soft Power: The Way to Success in World Politics*, New York 2009

Orwell, George: G. Orwell, *1984*, Harmondsworth 1977 [1949] (dt. Erstausgabe: *Neunzehnhundertvierundachtzig*, Rastatt 1950)

Pinker, Steven: *The Better Angels of Our Nature: Why Violence Has Declined*, New York 2011

Platon: *Sämtliche Werke*, hrsg. Von Walter F. Otto u. Ernesto Grassi, Hamburg 1958

Polner, Murray: *No Victory Parades: The Return of the Vietnam Veteran*, New York 1971

Reardon, Betty: *Sexism and the War System*, New York 1985

Roberts, Mary L.: *What Soldiers Do: Sex and the American GI in World War II France*, Chicago, Kindle ed., 2013

Robinson, Ken: *Finding Your Element: How to Discover Your Talents and Passions and Transform Your Life*, London 2013

Rogan, Helen: *Mixed Company. Women in the Modern Army*, Boston/MA 1981

Ausgewählte Literatur

Sajer, Guy: *Denn dieser Tage Qual war groß*, Wien – München – Zürich 1969
Sanday, Peggy R.: *Female Power and Male Dominance; on the Origins of Sexual Inequality*, Cambridge 1987
Schlegel, Alice/Herbert Barry: *Adolescence: An Anthropological Inquiry*, New York 1991
Searle, Alaric: *Wehrmacht Generals, West German Society, and the Debate on Rearmament 1949–1959*, Westport 2003
Shay, Jonathan: *Achill in Vietnam. Kampftrauma und Persönlichkeitsverlust*, Hamburg 1998
Showalter, Dennis: *Patton and Rommel: Men of War in the Twentieth Century*, New York 2005
Singer, Peter W.: *Corporate Warriors: The Rise of the Privatized Military Industry*, Ithaca/NY 2011
Skenazy, Lenore: *Free Range Kids*, San Francisco, Kindle ed., 2009
Smith, Adam: *Der Wohlstand der Nationen: Eine Untersuchung seiner Natur und seiner Ursachen*, 4 Bde., München 1974
Stiehm, Judith H.: *Arms and the Enlisted Woman*, Philadelphia/PA 1989

Tolstoi, Leo: *Krieg und Frieden*, Leipzig 1922

Vagts, Alfred: *History of Militarism*, New York 1959 (1937)
Vermeule, Emily: *Aspects of Death in Early Greek Art and Poetry*, Berkeley 1979

Wallach, Jehuda: *Kriegstheorien. Ihre Entwicklung im 19. und 20. Jahrhundert*, Frankfurt/Main 1972
Zedong, Mao: *Probleme des Krieges und der Strategie*, Ausgewählte Werke, Bd. II., Verlag für fremdsprachige Literatur, Peking 1968

Mein Dank gilt:

Jeff Clement, Samuel Finlay und Emile Simpson, aus deren induktiv aufgebauten Büchern ich ebenso viel über den Krieg gelernt habe wie durch die Lektüre von Clausewitz.

Oberst i. R. Dr. Moshe Ben David, der mir dreißig Jahre lang ein wahrer Freund gewesen ist.

Oberst i. R. Raz Sagi – ich hoffe, dass er mir auch in Zukunft sein Wissen über die Israelischen Verteidigungsstreitkräfte weitergeben wird.

Dem Arabien-Experten Jason Pack, meinem ehemaligen Schüler, der das Manuskript gelesen und kommentiert hat.

Brigadier i. R. Dr. Erich Vad, dem ich wirklich alles sagen kann, und seiner Familie.

Shmulik Alkelai und Amihai Borosh, die mir gezeigt haben, dass „anders" nicht anders sein muss, und die für mich ebenso gut sind wie die beste Familie, die es gibt.

Adi Raz, meiner wunderbaren Stieftochter, und ihrer Familie – meiner Familie.

Meinem Stiefsohn Jonathan Lewy. Seine Redlichkeit und seine Bereitschaft, seine ehrliche Meinung zu sagen, versetzen mich immer wieder in Erstaunen.

Meinem Sohn Eldad van Creveld, der zu mir zurückgekehrt ist, und seiner Familie – meiner Familie.

Meiner Tochter Abigail, die endlich zu mir zurückgekehrt ist, und ihrer Familie – meiner Familie.

Meinem Sohn Uri van Creveld, dem Computerexperten und Psychotherapeuten, auf den ich so stolz bin, und seiner Familie – meiner Familie.

Dvora, die für mich die beste, schönste Frau ist, die Gott je einem Mann gegeben hat.

Dank euch ist mein Glück vollkommen.

Namenregister*

Alexander III. (der Große), König von Makedonien 46, 75, 117, 142
Allon, Yigal 48
Amos, James 70, 80
Anderson, Pamela 106
Aristophanes 36, 116
Aristoteles 117, 142, 148, 187
Augustus (Octavian), römischer Kaiser 47, 148, 187 f.

Barak, Ehud 23
Beard, George M. 131
Beauvoir, Simone de 29, 60
Becher, Ernest 72
Bin Laden, Osama 182
Bismarck, Otto v. 170
Bluntschli, Johann 170
Bodin, Jean 148 f.
Bonet, Honoré 185
Boorda, Jeremy 58
Bowden, Mark 19
Broder, Henryk 188
Brühl, Heinrich Graf 119
Bush, George W. 15, 58
Bush, Jeb 113
Butler, Benjamin 128

Cabeza de Vaca, Álvar N. 126
Caesar, Gaius Julius 47, 50 f., 59
Callot, Jacques 138
Card, Orson 31
Cervantes, Miguel de 121
Charcot, Martin 131
Chomsky, Noam 172 f.
Churchill, Winston 184
Cicero, Marcus T. 187
Clausewitz, Carl v. 76 f., 95, 119, 151, 174, 218
Cook, James 12
Cooper, Isabel R. (Elizabeth) 60
Cortés, Hernán 12

Da Costa, Jacob Mendez 129–131
Daniels, Josephus 103
David, König von Juda/Israel 59

Dayan, Moshe 14, 60
DeBique, Tilern 104
Decker, Brooklyn 106
Dempsey, Martin E. 87, 101, 175
Dickens, Charles 68 f.
Dos Passos, John 122
Dschingis Khan 186
Dworkin, Ronald 156 f.

Eisenhower, Dwight D. 60
Eugen, Prinz von Savoyen 8

Fonda, Jane 106
Foucault, Michel 104
Franz I., König von Frankreich 119
Franz v. Assisi 174
Friedan, Betty 29
Friedrich II. (der Große), König in/von Preußen 8, 47, 62, 71, 119, 148 f., 171
Friedrich Wilhelm IV., König von Preußen 76
Froissart, Jean 118
Fukuyama, Francis 65

Gaddafi, Muammar al- 81, 153
Galtung, Johan 173 f., 184
Gandhi, Mahatma 174, 179
Giáp, Võ Nguyên 16
Goebbels, Joseph 134
Gorgias 123 f.
Goya, Francisco 138
Grant, Robert 71
Graves, Robert 122
Greenberg, Joanne 167
Grotius, Hugo 149
Guevara, Che 16

Hadrian, römischer Kaiser 125
Harari, Yuval 120, 127, 138
Hathaway, Anne 106
Haydon, Benjamin 51
Hedges, Chris 60
Hegel, Georg F. W. 149, 158
Heinrich V., König von England 96

---
* HRR = Hlg. Römisches Reich Dt. Nation

Heller, Joseph 36
Hemingway, Ernest 36, 122
Herodot 124, 185
Hitler, Adolf 73–75, 148, 150, 174 f.
Hochhuth, Rolf 139
Hofer, Johannes 127 f.
Honors, Owen 57
Houellebecq, Michel 188
Huntington, Samuel 183
Hussein I., König von Jordanien 81
Hussein, Saddam 14, 70, 153, 181

Ibn Khaldun 185
Isokrates 187

Jean de Bueil 145
Jeanne d'Arc 47, 145
Johann von Österreich (Juan d'Austria) 47
Jünger, Ernst 121 f.
Juvenal, Decimus I. 187

Kaldor, Mary 46
Kant, Immanuel 157 f., 170
Karl V., Kaiser HRR* 76, 119
Karl XII., König von Schweden 47
Keegan, John 180, 185
Kennedy, John F. 136
Kennedy, Paul 185
Konstantin I. (der Große), römischer Kaiser 162
Korb, Lawrence 84, 86

Lawrence, Thomas E. 16
Lazovic, Rasa 141
Le Cointe, Jourdan 128
Locke, John 169
Ludendorff, Erich 150 f.
Ludwig XIV., König von Frankreich 119
Lykurg 185, 187
Lynch, Jessica 101

MacArthur, Douglas 60
Machiavelli, Niccolò 188
Magellan, Ferdinand 12
Marshall, George 84, 133
Marwitz, Johann F. v. d. 119
Masséna, André 59

Mattis, James 70 f., 80, 144 f.
McWerther, Gregor 57
Mill, John Stuart 170
Moltke, Helmuth v. 169
Mordechai, Yitzhak (Itzik) 23
Moritz, Kurfürst von Sachsen 59
Mussolini, Benito 148, 152

Napoleon I., Kaiser der Franzosen 47, 51, 59, 149, 152, 164
Nelson, Horatio 60, 96, 152
Netanjahu, Benjamin 16, 23
Nietzsche, Friedrich 19, 63, 113, 179
Nixon, Richard 160
Nordau, Max 132
Numidicus, Metellus 187
Nye, Joseph 21

Obama, Barack 17, 49, 64, 97, 116
Octavian (Kaiser Augustus) 47, 148, 187 f.
Olivier de la Marche 127
Orwell, George 39, 107, 189
Owen, Wilfred 69

Parrish, Nancy 63
Pascal, Blaise 150
Patton, George 60, 133
Paul, Rand 27
Petraeus, David 59, 62, 64, 80
Philipp II., König von Spanien 47
Pizarro, Francisco 12
Platon 50, 114, 130, 148, 185, 187
Polybios 186 f.
Polyklet 56
Powell, Colin 160
Pufendorf, Samuel 149
Putin, Wladimir 77, 172

Rice, Susan 49
Roosevelt, Franklin D. 65
Roosevelt, Theodore 144
Rumsfeld, Donald 15

Sajer, Guy (Guy Mouminoux) 121
Saladin, Sultan von Ägypten und Syrien 47
Sallust 90
Sarrazin, Thilo 188

Sassoon, Siegfried   69, 120–122
Sayers, Dorothy   134
Schiller, Friedrich   51 f., 63, 69, 146
Schwarzkopf, Norman   72
Shakespeare, William   30, 36, 96
Shay, Jonathan   123, 145
Spengler, Oswald   185
Stalin, Josef   148, 153
Stanley, Henry Morton   12, 20
Sun Tzu   118
Suttner, Bertha v.   165 f.

Thukydides   75, 94
Tick, Edward   141
Timur Khan   186
Tolstoi, Leo   120, 165 f.
Toynbee, Arnold   73, 185
Trump, Donald   113
Tsolkias, Christos   31

Vagts, Alfred   75
Vattel, Emmerich   149, 170 f.
Vergil   117
Victoria, Königin des Vereinigten
   Königreiches   148
Voltaire (François-Marie Arouet)
   149

Wells, Herbert G.   189
West, Rebecca   134
Wilhelm I., Deutscher Kaiser   76
Wilson, Woodrow   103
Woodward, Margaret   88
Woolf, Virginia   134

Yadin, Yigal   48

Zedong, Mao   16, 173
Ziegler, Maddy   106

Aus unserem Programm

ISBN 978-3-902475-97-8

ISBN 978-3-902475-17-6

ISBN 978-3-902475-51-0

ISBN 978-3-902732-30-9

ARES VERLAG
www.ares-verlag.com